Liebe Leserin, lieber Leser

MICHAEL SCHAPER, Chefredakteur

In dieser Ausgabe gehen wir so weit wie noch nie zuvor in der Geschichte zurück – fast schon auf ihren Anfang. Zurück zu jenem Moment, als der Mensch von einem allein der Natur unterworfenen Lebewesen zum kulturellen Schöpfer wurde, der sich nach und nach über seine Umwelt erhob.

Die weitaus längste Zeit seiner Existenz hatten die Vertreter der Gattung Homo keine Geschichte. Seit dem Beginn der Steinzeit vor gut 2,5 Millionen Jahren zogen mehr als 100 000 Generationen von Menschen unterschiedlicher Entwicklungsstadien in kleinen Horden durch Afrika und Eurasien, manche davon Vegetarier, die sich von Gras und Blättern ernährten, andere Aasfresser oder Wildbeuter, die mit archaischen Waffen Tiere jagten – und häufig selbst zur Beute stärkerer Räuber wurden.

Zwar konnten diese frühen Menschen primitive Werkzeuge aus Stein herstellen, Feuer machen, und sie bedeckten ihre felllosen Körper mit Tierhäuten. Doch eine wirkliche Sprache hatten sie nicht, sie verständigten sich durch Grunzen und Grimassen. Außer ein paar Faustkeilen und einigen Knochen hinterließen diese ahistorischen Lebewesen keine Spuren.

Doch dann geschah etwas Unglaubliches: Eine der Menschenarten, der *Homo sapiens*, lernte abstrakt zu denken. Was diese beispiellose Ausweitung der geistigen Fähigkeiten auslöste, ist unbekannt; vielleicht eine zufällige Genmutation. Die Folgen aber waren gewaltig. Denn der *Homo sapiens* begann nun, eine ausgefeilte Sprache zu entwickeln.

Damit war der „weise Mensch" in der Lage, nicht mehr nur simple Wahrnehmungen mitzuteilen, sondern komplexe Strategien etwa für die Jagd zu kommunizieren – und schuf damit wiederum die Voraussetzung für die Bildung größerer, bald nach Dutzenden und vielleicht sogar Hunderten zählender Gemeinschaften. Gruppen, die nach und nach die kleinen Horden der anderen Menschenarten verdrängen sollten.

Der sprechende *Homo sapiens* machte sich auf, von Afrika aus andere Lebensräume zu erobern: Arabien, Ostasien, Europa; er querte das Meer und erreichte Australien, zog zuletzt nach Amerika. Er ersann immer wirksamere Waffen: Die Harpune, die Speerschleuder, mit der sich ein Spieß auf mehr als 100 km/h beschleunigen ließ, Pfeil und Bogen. Brachte das Boot hervor, die Hochseefischerei und die Talglampe.

In Europa schließlich erfand der Mensch vor gut 40 000 Jahren die Kultur. Er entwickelte eine Vorstellung des Jenseits, er begann seine Toten aufwendig zu bestatten und ihnen kostbare Gegenstände ins Grab zu legen. Er schnitzte aus Elfenbein komplexe Musikinstrumente.

Diese kulturelle Revolution machte den Menschen zum Künstler, zum Denker, zum sich selbst bewussten Chronisten seiner Zeit. Kurz: zu einem Wesen der Geschichte.

Und sie war nur der Auftakt für weitere tief greifende Veränderungen, die das Fundament der modernen Welt schufen, vor allem die Sesshaftwerdung und die Erfindung der Landwirtschaft. Aber auch für Innovationen wie die Keramik, das Rad, die Religion und die Schrift.

Von jenen Umwälzungen in der Steinzeit, vom Aufstieg des Menschen zum Gestalter seiner eigenen Welt, erzählen wir in diesem Heft – also vom ersten Kapitel in der Geschichte der menschlichen Zivilisation.

Herzlich Ihr

P. S. Am 18. April bringen GEO und der Bestsellerautor Peter Wohlleben („Das geheime Leben der Bäume") ein neues Naturmagazin heraus. Eine Leseprobe liegt diesem Heft bei. Ich empfehle sie Ihnen.

MONUMENTE
Imposante Gräber und Kultstätten künden vom Leben, Glauben und Sterben der steinzeitlichen Menschen.
SEITE 6

EISZEITJÄGER
160 000 Jahre lang leben Neandertaler in Europa: Neben dem *Homo sapiens* sind sie die erfolgreichsten Menschen der Steinzeit.
SEITE 32

DIE MALER VON LASCAUX
Steinzeitkünstler verwandeln Höhlen in reich bebilderte Heiligtümer. Das berühmteste liegt in Frankreich.
SEITE 48

VOM WILDBEUTER ZUM BAUERN
Ab 9000 v. Chr. erfinden Menschen in Vorderasien Ackerbau und Viehzucht – die folgenreichste Umwälzung der Geschichte.
SEITE 84

TOD AM BERG
In den Alpen wird um 3300 v. Chr. ein Mann ermordet. Schnee konserviert seine Leiche – und so kündet die heute vom Schicksal des »Gletschermannes«.
SEITE 130

GEISTERGLAUBEN
Angetan mit einer Tiermaske, versetzt sich um 6800 v. Chr. nahe dem heutigen Leipzig eine Schamanin in Trancezustände.
SEITE 94

KREATIVITÄT
Vor 40 000 Jahren entsteht auf der Schwäbischen Alb die erste figürliche Kunst: Sie zeugt von einer kulturellen Revolution.
SEITE 22

STONEHENGE
Über Jahre schuften um 2500 v. Chr. Tausende Arbeiter in Südengland, um eine magische Kultstätte zu erschaffen.
SEITE 148

Nr. 96

Inhalt

Revolution in der Steinzeit

♦ *Die mit diesem Symbol versehenen Beiträge finden Sie links bebildert*

♦ **PROLOG** Relikte einer verschwundenen Welt *ab 9000 v. Chr.*
Aus riesenhaften Steinen entstehen die ersten Bauwerke der Menschheit 6

FRÜHGESCHICHTE Eine Spezies erobert den Globus *vor 300 000 Jahren*
In der Altsteinzeit verbreitet sich der *Homo sapiens* über die ganze Erde 20

♦ **KULTUR** Als der Mensch zum Schöpfer wurde *vor 40 000 Jahren*
In Europa kommt es zu einer kreativen Explosion 22

♦ **NEANDERTALER** Überleben in der Kälte *vor 40 000 Jahren*
Jahrzehntausendelang streifen die Eiszeitjäger durch Europas Steppen 32

♦ **LASCAUX** Die Kathedrale der Kunst *vor 17 000 Jahren*
Maler erschaffen in einer französischen Höhle mystische Tierbilder 48

HÖHLENMALEREI Weltweit bannen Steinzeitkünstler Werke auf Fels 58

DOGGERLAND Von Gletschern und Fluten *vor 11 500 Jahren*
Der Klimawandel lässt ein riesiges Gebiet in der Nordsee versinken 62

ARTEFAKTE Für Jäger und Sammler *5700–2500 v. Chr.*
Immer raffinierter werden die Werkzeuge und Waffen der Menschen 72

GÖBEKLI TEPE Ein Monument für die Götter *9000 v. Chr.*
Der erste Tempel der Geschichte kündet von einer neuen Zeit 82

♦ **NEOLITHISCHE REVOLUTION** Mit Saat und Sichel *9000 v. Chr.*
Im Nahen Osten werden aus Nomaden sesshafte Bauern 84

♦ **KULTWELT** Das Grab der Schamanin *um 6800 v. Chr.*
Hinterbliebene ehren eine Geisterbeschwörerin mit reichen Gaben 94

TALHEIM Mord am Neckar *5600–5000 v. Chr.*
Unter Deutschlands ersten Bauern eskaliert die Gewalt 96

ZEITLEISTE Daten und Fakten 107

SYMBOLE Geheimnisvolle Zeichen *5300 v. Chr.*
Auf dem Balkan entsteht womöglich die erste Schrift der Menschheit 120

BERGBAU Der Schatz in der Tiefe *um 5000 v. Chr.*
Aus Schächten holen Bauern den wichtigsten Stoff der Ära: Feuerstein 122

♦ **GLETSCHERMANN** Ende einer Flucht *3300 v. Chr.*
Von Feinden verfolgt, hastet ein Wanderer durch die Alpen. Und stirbt 130

FORSCHUNG Die Geheimnisse des Toten vom Tisenjoch 142

TECHNISCHE INNOVATION Das Prinzip Rotation *3500 v. Chr.*
Steinzeitmenschen entwickeln das Rad – eine wirkmächtige Erfindung 146

♦ **STONEHENGE** Das Rätsel des Steintempels *2500 v. Chr.*
In Südengland erschaffen Arbeiter ein magisches Monument 148

ENDE DER STEINZEIT Ein Metall, das alles verändert *2800–2200 v. Chr.*
Mit dem Aufkommen von Bronze wandelt sich die Welt tiefgreifend 164

Die Welt von GEO 106
Mitarbeiter, Bildnachweise 119
Vorschau »Der Kolonialismus« 166
Impressum 167

Sie erreichen die GEO*EPOCHE*-Redaktion online
auf Facebook oder unter *www.geo-epoche.de.*

AUF DEN windumtosten Orkney-Inseln wird um 2700 v. Chr. eines der größten Steinmonumente Europas erbaut: ein Kreis aus 60 Kolossen, den die Bewohner des Archipels über Jahrhunderte für mystische Zeremonien aufsuchen

MONUMENTE einer verschwundenen WELT

Verweht sind fast alle Spuren jener Steinzeitmenschen, die einst als Jäger und Sammler durch die Natur zogen, schließlich sesshaft wurden und als Landwirte begannen, die Erde umzugestalten. Keine Schrift zeugt von ihrer Existenz, vergangen sind die hölzernen Häuser der ersten Bauern. Doch etliche Großbauten haben die Zeiten überdauert – imposante Kultstätten, Gräber und Siedlungen, die vom Leben, Glauben und Sterben in jener fernen Ära künden

BILDTEXTE: *Jens-Rainer Berg und Insa Bethke*

Nicht zum Wohnen, sondern für religiöse Zwecke erschaffen Jäger und Sammler die ersten steinernen Großbauten. Die wohl älteste Tempelanlage der Welt entsteht um 9000 v. Chr. in Anatolien – zu einer Zeit, in der die Menschen noch in einfachen Behausungen Unterschlupf finden

IM SÜDOSTEN der heutigen Türkei erhebt sich der Tempel von Göbekli Tepe. Um die aus Hunderten Pfeilern bestehende Anlage zu errichten, erfinden die Erbauer vermutlich die Arbeitsteilung: Träger schaffen die Stelen heran, Aufseher überwachen ihre Verteilung, Steinmetze verzieren sie mit Symbolen

UNTER EINER 13 Tonnen schweren Platte, zwischen drei wuchtigen Pfosten, ruhten einst Gebeine in diesem Grab im englischen Cornwall. Doch die Hinterbliebenen kamen wohl nicht nur zur Bestattung hierher, sondern auch zu rituellen Festen

Heimstatt für die AHNEN

Vor allem in Westeuropa türmen die Menschen gewaltige Steinmonumente auf. Oft erschaffen sie mit diesen Megalithbauten den Verstorbenen ihre letzten Ruheorte – und sich selbst Kultstätten, an denen sie im Gedenken an die Toten die eigene Gemeinschaft beschwören und festigen

DIE WOHL AM BESTEN erhaltene Siedlung der Steinzeit erhebt sich auf den Orkney-Inseln: In den Mauern von Skara Brae suchen ab 3100 v. Chr. Fischer und Bauern Schutz vor den Unbilden der Natur

Eine Zuflucht aus STEIN

Ab 6400 v. Chr. breitet sich die im Zweistromland erfundene Landwirtschaft auch in Europa aus. Die Menschen leben nun zunehmend in Dörfern. Meist bestehen ihre Häuser aus Holz, Lehm, Stroh. Nur in baumlosen Gegenden entstehen Steinsiedlungen – deren Überreste noch heute existieren

DIE HÖHLEN von Hal Saflieni auf Malta sind eine riesige Begräbnisstätte. Die sorgfältige Ausführung des Baus deutet darauf hin, dass die Gruft auch ein Heiligtum für die Toten gewesen ist, in dem wichtige Rituale gefeiert wurden

Der Palast der TOTEN

Auch im Süden Europas entstehen mächtige Monumente. Nicht alle Bauten aber ragen in die Höhe: Auf Malta erschaffen Steinzeitmenschen ab etwa 4000 v. Chr. einen gewaltigen Friedhof im Untergrund – ein drei Stockwerke tiefes Gewölbe, das sie in den weichen Kalkfelsen schlagen

Zeichen für die EWIGKEIT

Es sind mitunter weit ausgreifende Rituallandschaften, die die Menschen der Steinzeit mit viel Mühe entwerfen – Orte, die nach Vorstellung jener Generationen eine Verbindung stiften zwischen Kosmos und Erde, Jenseits und Diesseits, der Welt der Sterblichen und den höheren Wesen der Natur

BEI CARNAC in der Bretagne ragen aufgestellte Steine in kilometerlangen Reihen aus dem Grund, einst waren es mehr als 9000 Felsbrocken. Nur tief empfundene Religiosität kann die Einheimischen um 4500 v. Chr. zu dieser Energieleistung bewegt haben

Verweht und BEWAHRT

Um 2200 v. Chr. endet mit dem Aufkommen der Bronze die Steinzeit in Europa. Wind bedeckt die Häuser auf den Orkney-Inseln mit Sand, die heiligen Orte verwittern. Die größte Errungenschaft jener Ära aber, die sesshafte Lebensweise, wirkt fort – und prägt unsere Welt bis heute

SKARA BRAE auf den Orkneys wird um 2500 v. Chr. aufgegeben. Doch Sandverwehungen konservieren die Häuser mit ihren Regalen, Herdstellen und steinernen Betten. Bis ein Sturm sie 1850 wieder freilegt – und den Blick auf den Alltag der Steinzeit erlaubt ◊

Eine neue SPEZIES erobert den GLOBUS

Die Geschichte der Gattung Homo beginnt vor 2,6 Millionen Jahren in Afrika, als Urmenschen erstmals Steinwerkzeuge nutzen. Immer geschicktere Arten wachsen heran, von denen am Ende nur eine überleben und den gesamten Planeten bevölkern wird: *Homo sapiens*, der »weise« Mensch

TEXT: *Insa Bethke* KARTEN: *Stefanie Peters*

Vor 2,6 Millionen Jahren greift in Ostafrika ein archaisches Wesen mit vorstehendem Kiefer und langen Armen einen Stein, schmettert ihn auf einen Fels – und hält kurz darauf ein scharfkantiges Instrument in der Hand, mit dem sich Fleisch von den Gebeinen verendeten Wildes schaben lässt. Es ist eine Art Hackmesser, mit dem er das Aas zerteilen kann – und das erste menschengemachte Werkzeug der Geschichte.

Mit dieser bahnbrechenden Idee eines noch affenähnlichen Vertreters der Gattung Homo („Mensch") beginnt die erste und längste Periode der Urgeschichte: die Altsteinzeit.

Die Fähigkeit, planerisch zu denken und sich steinerne Hilfsmittel zur Nahrungsgewinnung zu erschaffen, wird es dem Menschen in den folgenden Jahrmillionen ermöglichen, sich die Erde untertan zu machen.

Mehrere Arten von Frühmenschen bevölkern Afrika in jener Zeit, sie entstehen und vergehen wieder. In einem evolutionären, Zehntausende Generationen überspannenden Prozess entwickelt sich vor rund zwei Millionen Jahren schließlich eine Spezies*, die sich über den gesamten Kontinent und darüber hinaus verbreitet: *Homo erectus*, der „aufrechte Mensch".

Dieser hochgewachsene, ausdauernde Läufer macht mit einfachen Holzspeeren vermutlich schon Jagd auf Tiere. Er beherrscht das Feuer, das eine Zubereitung von Fleisch und das Überleben in kühleren Zeiten und Regionen ermöglicht, und er erschafft ein flaches, symmetrisch geformtes Utensil, das zum vielseitigsten und am meisten genutzten Gerät der Menschheitsgeschichte wird: den Faustkeil.

Über die Arabische Halbinsel, den heutigen Iran und Indien gelangt *Homo erectus* bis nach Südostasien und China; er dringt nach Kleinasien, in den Mittelmeerraum und nach Europa vor (wo Knochen in einer nordspanischen Höhle gefunden werden).

Vor 600 000 Jahren erreicht dann eine zweite Welle afrikanischer Einwanderer den europäischen Kontinent: Der aus dem *Homo erectus* hervorgegangene (und nach seinem ersten Fundort benannte) *Homo heidelbergensis* errichtet hüttenartige Behausungen, die ihm in harten Wintern Schutz bieten, und ist imstande, in der Gruppe ganze Wildpferdherden zu erlegen. Aus dem einst noch aasfressenden Menschen, der in Afrika den ersten Stein zu Werkzeug geschlagen hat, ist ein komplex denkender, geschickter Jäger geworden.

Im Laufe von Jahrzehntausenden wird sein Körper immer stämmiger und muskulöser – bis sich aus dem *Homo heidelbergensis* ein Wesen entwickelt hat, das auch kälteste Klimaperioden in Europa zu überstehen vermag: der perfekt an seine raue Umwelt angepasste *Homo neanderthalensis*.

Und während sich dieser Überlebenskünstler von Westeuropa aus bis nach Sibirien und in den Nahen Osten ausbreitet, reift vor wohl 300 000 Jahren in Ostafrika ein noch zäheres und dazu hochintelligentes Wesen heran: *Homo sapiens*.

Dieser „weise Mensch" verfügt über eine ausgereifte Sprache, die Fähigkeit zum abstrakten Denken, einen Sinn für Schönheit, Erfindergeist. Er wird messerscharfe Klingen und raffinierte Projektile aus Stein und Knochen fertigen und sich in vergleichsweise hohem Tempo über die Welt ausbreiten.

Vor gut 190 000 Jahren, so die neueste Forschung, erreichen erste Gruppen von Afrika aus das heutige Israel. Ihre Nachfolger ziehen nach Asien und erreichen vor 65 000 Jahren Australien und Neuguinea. 20 000 Jahre später wandern größere Verbände des *Homo sapiens* über die Levante auch nach Europa ein – und werden dort vor gut 40 000 Jahren jene kulturelle Revolution entfesseln, von der dieses Heft handelt. ◊

* oder Unterarten dieser Spezies; bis heute streiten Forscher über die menschlichen Abstammungslinien

DIE FRÜHEN WANDERUNGEN DES MENSCHEN

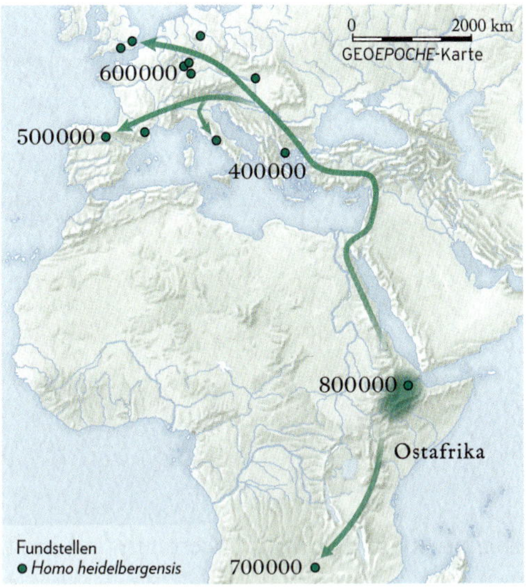

VOR 800 000 JAHREN macht sich *Homo heidelbergensis* von Afrika aus auf den Weg nach Europa: der erste Urmensch, der dort dauerhaft lebt. Sein Körper wird immer kräftiger – bis aus ihm eine neue Art hervorgeht: der Neandertaler

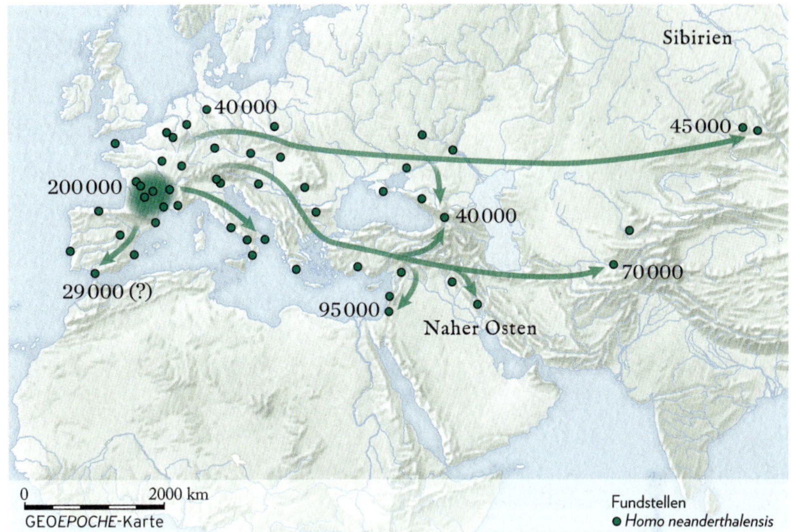

VOR 200 000 JAHREN entwickelt sich *Homo neanderthalensis* im Westen Europas aus dem *Homo heidelbergensis*. Von dort gelangen Neandertaler bis nach Südspanien, Deutschland, in den Kaukasus und nach Sibirien. Und sie leben im Nahen Osten: Diese Region erreichen später auch Vertreter des *Homo sapiens*, mit denen sie Nachkommen zeugen

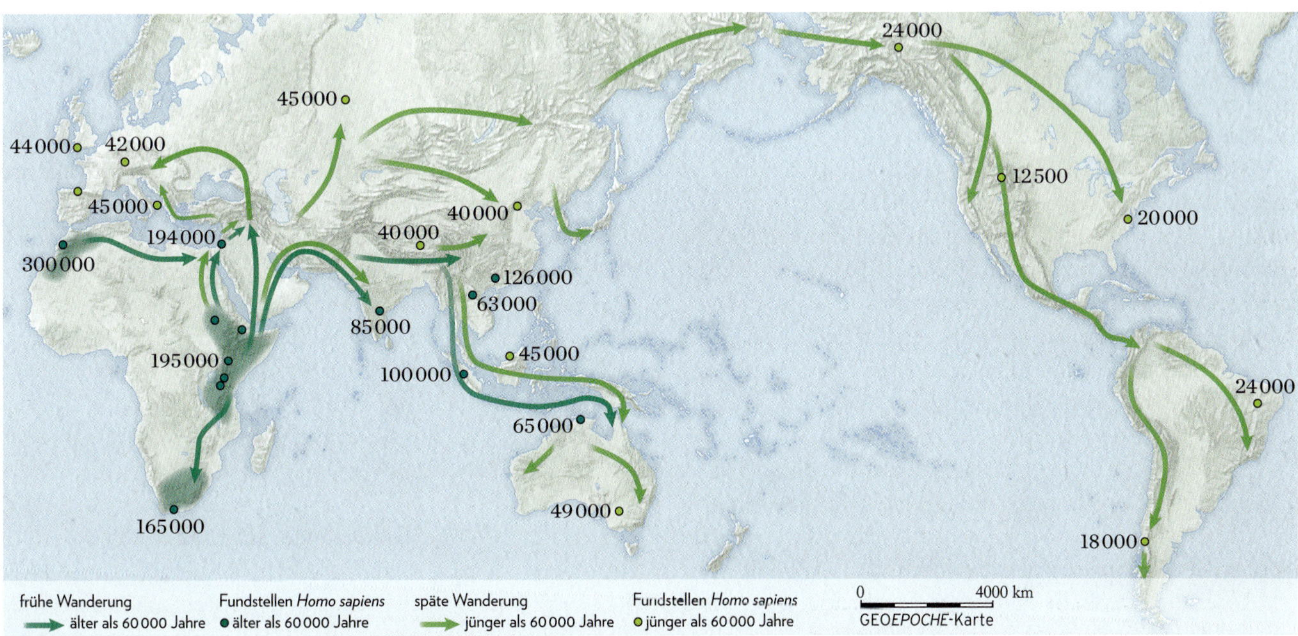

VOR 300 000 JAHREN entwickelt sich in Afrika der *Homo sapiens*. Er verbreitet sich über den gesamten Kontinent und bricht schließlich in immer neuen Wellen in die Ferne auf: Einige Gruppen ziehen bis nach Asien und Australien, andere erreichen vor rund 45 000 Jahren Europa

SINNBILD DER URMUTTER: Die »Venus vom Hohle Fels«, gefertigt aus Mammut-Elfenbein vor etwa 40 000 Jahren auf der Schwäbischen Alb, ist das älteste bekannte figürliche Kunstwerk der Geschichte – und steht für die neue Kreativität des Menschen

ALS DER **MENSCH** ZUM **SCHÖPFER** WURDE

Vor 45 000 Jahren stößt der *Homo sapiens* von Afrika aus nach Europa vor und löst dort 5000 Jahre später eine kreative Explosion aus. Er erschafft Werke, die von seiner komplexen Gedankenwelt künden, imaginiert abstrakte Zeichen und irreale Sphären. Kurz: Er entdeckt die Kunst und die Spiritualität – und wandelt sich endgültig vom Naturwesen zum modernen Menschen

TEXT: *Mathias Mesenhöller*

Schwer ist die Frau, ihre Hüften sind ausladend. Jeder ihrer beiden kurzen Schenkel ist ausgesprochen massiv. Rund und kräftig sind auch die Arme, die auf dem prall vorgewölbten Bauch ruhen – stolz? Liebevoll? Das Fett liegt in Falten; die unterste Rolle ziert ein tiefes, geheimnisvolles Nabelloch. Darunter öffnet sich in einem übergroßen Schamdreieck eine nochmals tiefere, drastisch herausgearbeitete Vulva. Vollends üppig, ja maßlos ragen die Brüste hervor; fast wie eigene Wesen, aus allen Proportionen geschwollene Fremdkörper.

Ein Kopf indes fehlt. Stattdessen ragt aus der Schulterpartie eine Öse, an der sich die nur sechs Zentimeter große Elfenbein-Statuette um den Hals tragen lässt. Oder sie kann am Lagerplatz aufgehängt werden, angefasst, bewundert.

Der Künstler, der diese strotzende Frauenfigur vor rund 40 000 Jahren auf der Schwäbischen Alb aus dem Stoßzahn eines Mammuts schneidet, will weder eine wirkliche Person darstellen noch einfach eine Frau als solche.

Vielmehr will er ein Sinnbild schaffen: einen Inbegriff der Fruchtbarkeit, eine Urmutter. Ein Symbol. Und er bezeugt damit einen dramatischen Moment der Evolution, der das Antlitz der Welt verändern wird: den Aufstieg des *Homo sapiens* zu einem Lebewesen, das sich Bilder machen kann.

Das Dinge zu schaffen vermag, die seine Beobachtungen wiedergeben. Mehr noch: der imstande ist, etwas auszudrücken, das es so gar nicht gibt – eine Idee, einen Begriff, eine Fantasie. Schwer zu Fassendes verwandelt er in Zeichen, die sich anfassen lassen, anschauen: in Kunst.

IN HÖHLEN der Schwäbischen Alb fertigen Menschen vor etwa 40 000 Jahren die ältesten Skulpturen der Geschichte

Die archaische Venus von der Schwäbischen Alb ist das älteste bekannte figürliche Kunstwerk der Geschichte. Um die Zeit ihrer Entstehung entfaltet sich die einmalige Schöpfergabe des *Homo sapiens* auch anderswo. So erschaffen Menschen beiderseits der Pyrenäen die ersten opulenten Höhlenmalereien. Andernorts entwerfen sie verbesserte Steinwerkzeuge – und fügen ihnen Verzierungen hinzu, die für den Gebrauch ohne Nutzen sind.

Und wer es sich leisten kann, legt jetzt prächtigen Schmuck aus Muscheln oder Tierzähnen an. Hochrangige Clanmitglieder werden mit diesen Statussymbolen auch nach ihrem Tod geehrt, nehmen sie im Zuge neuer, aufwendiger Bestattungsrituale mit ins Grab.

Kurz: In jener Zeit kommt es binnen weniger Jahrtausende (einer in der Menschheitsgeschichte eher geringen Spanne) zu einer kreativen Explosion von welthistorischem Ausmaß, an deren Ende der heutige Mensch stehen wird – der endgültig vom Natur- zum Kulturwesen gewordene *Homo sapiens*: jenes spielerische, schöpferische, Sinn suchende, deutende, Geister und Götter erdenkende Geschöpf, das sich nun in immer größeren Verbänden organisiert. Dessen Kreativität es ihm schließlich ermöglichen wird, den gesamte Planeten zu unterwerfen und auf ihm eine völlig neue, menschengemachte Welt hervorzubringen.

Für diesen Aufbruch steht die archaische Venus mit den riesigen Brüsten und der massiven Scham.

Allein: Woher hat der *Homo sapiens* diese Begabung? Und weshalb bricht sie sich gerade vor 40 000 Jahren in Europa Bahn? Wie kam es zu der explosionsartigen kulturellen Menschwerdung?

°

GUT SIEBEN MILLIONEN JAHRE ZUVOR beginnen affenähnliche Wesen in Afrika erstmals aufrecht auf ihren Hinterbeinen zu laufen – ein Vorteil im Savannengras. Unter anderem werden dadurch ihre Vorderpfoten frei und wandeln sich mit der Zeit in immer sensiblere Greifhände.

Zugleich wächst das Gehirn dieser Geschöpfe, und vor 2,6 Millionen Jahren nutzen Frühmenschen beides, Hirn und Hand, um sich gezielt scharfkantige Steine zurechtzuschlagen; mit diesen Hilfsmitteln schneiden sie verendete Tiere auf, um an nahrhaftes Fleisch und fettes Knochenmark zu gelangen.

Binnen weiterer 700 000 Jahre entwickelt sich ein noch intelligenteres Wesen, von Forschern *Homo erectus* genannt, das in Gruppen Jagd auf Tiere macht und Steine oder Hölzer als Waffe nutzt.

Damit hat sich die biologische Evolution des Frühmenschen auf das Gehirn verlagert: Während die meisten Beutegreifer immer stärkere Krallen und Zähne oder schnellere Beine entwickeln, nutzt

HALB MENSCH, HALB LÖWE

Meist erschaffen die Steinzeitmenschen Tierskulpturen, doch zuweilen bilden sie übernatürliche Mischwesen ab – möglicherweise Verkörperungen archaischer Götter

VIELLEICHT SYMBOLISIERT diese 30 Zentimeter hohe Plastik – halb Mensch, halb Höhlenlöwe – eine urzeitliche Gottheit. Oder sie zeigt einen Schamanen, der sich für ein spirituelles Ritual ein Raubtierfell übergestülpt hat

ERST SEINE **KREATIVITÄT** MACHT DEN MENSCHEN ZUM **HERRSCHER** ÜBER DIE ERDE

die neue Art ihre wachsende Intelligenz, um erfolgreicher Jäger zu werden.

Auch die Beschränkung ihres auf große Fleischportionen nicht ausgelegten Darmtraktes überwinden diese frühen Menschen durch Erfindergeist: Indem sie lernen, ihre Beute zu garen, können sie immer größere Mengen der eiweißreichen Kost verdauen. Von dieser Energiequelle profitiert wiederum das Gehirn und entwickelt sich immer weiter.

So überlebensfähig ist der *Homo erectus*, dass er und seine evolutionären Nachfahren sich nach und nach auch außerhalb Afrikas verbreiten, schließlich bis in die unwirtlichen Gefilde jenseits der tropischen und subtropischen Zonen.

Vor etwa 300 000 Jahren kommt es in Afrika zu einem erneuten Entwicklungsschub. Möglicherweise durch die genetische Vermischung verschiedener *Homo erectus*-Populationen entsteht eine neue Art, der *Homo sapiens*: der anatomisch moderne Mensch.

Der ist schlanker und feingliedriger als seine Vorfahren. Er verfügt über kleine, für Allesfresser typische Zähne und einen Rachenaufbau, der es ihm erlaubt, ein ungewöhnlich nuanciertes Spektrum an Tönen und Lauten auszustoßen.

Zudem besitzt er ein raffiniert vernetztes Gehirn und hat die Fähigkeit zu einer komplexen Sprache entwickelt: das Vermögen, bestimmte Lautkombinationen mit beliebigen Gegenständen und sogar abstrakten Gedanken zu verbinden.

Das entspricht seinem stark ausgeprägten Gruppenverhalten. Zwar sind alle Urmenschen überaus gesellig, *Homo sapiens* aber ist ein Extremfall.

Neben seinem beachtlichen technischen Verstand hebt ihn vor allem seine große soziale Intelligenz von anderen Menschenarten ab – also die Fähigkeit, eigene Absichten mit denen anderer Individuen abzustimmen: sich in sie hineinzuversetzen, ihre Stärken, Schwächen, Pläne abzuschätzen und sie für seine eigenen zu nutzen. Bündnisse zu schließen und zu täuschen, sich auszutauschen und zu bekämpfen, Dritten zu helfen oder sie zu manipulieren.

Wie kein Säugetier sonst ist er fähig zur Kooperation, aber auch Konkurrenz. Gepolt auf das Überleben in der Gruppe.

Sein sozial eingebetteter Verstand wird ein einmaliger evolutionärer Erfolg. Erst verbreitet sich die neue Art über Afrika, dann drängt sie hinaus: Über den Nahen Osten erreicht vor etwa 45 000 Jahren eine größere *Homo sapiens*-Gruppe (kaum mehr als 1500 Menschen) Europa.

D

Dort ist das Klima etwas milder als in den Jahrtausenden zuvor; Gletscher gibt es nun fast nur noch in Nordeuropa und im Alpenraum. Den Streifen dazwischen bedeckt eine vorwiegend von Gräsern und Kräutern bewachsene Steppe. Doch finden sich vermehrt Bäume, gar lichte Wälder aus Kiefern und Birken.

Herden von Wildpferden, Rentieren und Bisons ziehen durch das karge Land, Rot- und Riesenhirsche, Mammuts und Fellnashörner. Gefährliche Wölfe, Höhlenlöwen und -hyänen, Bären.

Die Zuwanderer, die vermutlich entlang der Donau von Osten nach Westen vordringen, behaupten sich in der neuen Umgebung mit Geschick und Findigkeit.

So gelingt es ihnen, von Feuersteinen besonders lange und scharfe Klingen abzuschlagen. Vermehrt fertigen sie spezielle Utensilien aus gut formbaren Knochen sowie Horn und Elfenbein – etwa um Tierhäute zu säubern, zu glätten und zu lochen: Rohmaterial für Kleidung und Zelte. Auch produzieren sie Steinspitzen in mehreren Größen für unterschiedliche Beutetiere, die sie in den Schaft einpassen; diese Wurfgeschosse töten effizienter als die zuvor genutzten Speere.

Bald haben einige Werkstücke besondere Formen, zieren sie Zeichen oder Symbole: Ihre Hersteller bilden Traditionen aus oder regionale Identitäten.

FÜR DEN HALT IM ALLTAG

Die frühen Kunstwerke sind weitaus mehr als Zierrat: Sie dienen den Menschen als Zeichen von Herkunft und Status, sollen Schutz geben und Glück spenden

DERART FEIN hat der Künstler dieses Pferd aus dem Stoßzahn eines Mammuts geschnitzt, dass Mähne, Augen, Nüstern und die elegante Dynamik des Leibes deutlich erkennbar sind. Dabei ist das Tier kaum fünf Zentimeter lang – klein genug, um es als Glücksbringer stets mitzuführen

EIN PFERD, das mit halb geöffnetem Maul zu wiehern scheint: Gut möglich, dass dieses Werk aus Frankreich für den Besitzer eine Art Erkennungszeichen seines Clans war

VIELEN TIERFIGUREN werden vermutlich übernatürliche Kräfte zugeschrieben, zur Linderung von Krankheit etwa oder für eine beutereiche Jagd (Wasservogel aus einer Höhle in der Schwäbischen Alb)

TREFFEN MIT DEN GEISTERN

Im Jenseits suchen steinzeitliche Schamanen nach lebens-
wichtigen Hinweisen, etwa auf die Routen von Beutetieren.
Dabei nutzen sie Musik, Tanz – und auch Skulpturen

DIESE FLÖTE ist eines der ersten bezeugten Instrumente der Menschheit. Einen halbierten und ausgehöhlten Elfenbeinstab verklebt ihr Erbauer mit Birkenpech und umwickelt ihn entlang eingeritzter Kerben mit Tiersehnen

BEI FLÖTENKLÄNGEN und unter Schreien der Schamanen erscheint den Menschen wohl auch eine solche Mammutskulptur als spirituelles Wesen

Auch schnitzen die Menschen aus Elfenbein oder Horn kleine Perlen, lochen sie und ziehen sie auf Schnüre. Viele der Einwanderer tragen Gehänge und Anstecker, zudem aufgefädelte Zähne von Füchsen, Wölfen oder Bären sowie Muschelschalen, die über lange Strecken von den Küsten herantransportiert worden sind: Offenkundig haben die Menschen Kontakt zu entfernten Gruppen, mit denen sie Gegenstände austauschen.

Der Schmuck ist oft mehr als hübscher Zierrat. So drücken Form und Material etwa aus, welcher Sippe oder Horde der Träger angehört, dem „Bärenclan", der „Löwenschaft". Oder ob ihm ein bestimmter Status zukommt: der eines Unverheirateten, eines Vaters, eines mächtigen Jägers. Auch lassen sich so regionale Herkunft und möglicherweise schon Zugehörigkeit zu Großverbänden oder Bündnissen demonstrieren.

Denn auch das ermöglicht ihm sein komplexes Gehirn: *Homo sapiens* vermag es, Dingen eine Bedeutung beizumessen. Und er nutzt diese Gabe, um zwischen Einzelnen, Sippen oder Horden Beziehungen zu knüpfen: Kontakte, die auch über große Distanzen und lange Zeiträume stabil bleiben.

Das mehrt seinen Zugang zu Ressourcen, zu Hilfe, zu Partnern – und damit auch seine Chancen zu überleben.

Einer der Orte, an denen sich die Zuwanderer vor 40 000 Jahren niederlassen, ist die Schwäbische Alb. Hier haben Regenfälle sowie Schmelz- und Grundwasser an etlichen Flusshängen unterirdische Abflüsse in den Kalkstein gegraben, die inzwischen trockenliegen, und so ist ein System aus unterirdischen Gängen, Kammern, Hallen entstanden. Viele dienen Hyänen und Bären als Unterschlupf.

Sind aber die wilden Tiere einmal hinausgetrieben, bieten die Höhlen und Felsdächer ideale Unterkünfte für Menschen. Zwar sind sie hochmobile, schweifende Wesen, lagern selten lange an einer Stelle und meist unter freiem Himmel, in einfachen Hütten oder Zelten, doch suchen sie die Höhlen immer wieder auf.

Und eines Tages sitzt nahe der Hohle-Fels-Höhle oberhalb des Flusses Ach eine Frau oder ein Mann und schneidet mit der Steinklinge eine Figur aus dem Stoßzahn eines Mammuts. Langsam, Schnitt um Schnitt, in tagelanger Kleinarbeit wächst aus dem Elfenbein eine üppige Frauengestalt hervor.

Neben den Geschlechtsmerkmalen sind vor allem die Finger der Statue fein und deutlich herausgearbeitet. Ein Hinweis auf den Stellenwert geschickter Hände, die eigene Kunstfertigkeit?

Im Sommer 2008 finden Archäologen die Figur bei einer Grabung in der Höhle, zerbrochen in neun Stücke. Nachdem sie die Teile zusammengesetzt haben, fehlen lediglich der linke Arm und die linke Schulter. Dann leiten die Forscher aus der Tiefe der Fundschicht sowie datierbaren Knochenresten das Alter der bald „Venus vom Hohle Fels" genannten Statue ab: rund 40 000 Jahre.

Andere Künstler fertigen über viele Jahre zahllose weitere Werke. Die stellen vor allem Tiere dar. In der Vogelherd-Höhle, etwa 40 Kilometer vom Fundort der Venus entfernt, entdecken Archäologen ein elfenbeinernes Pferdchen von höchster Raffinesse. Maul, Nüstern, Augen und Ohren sind ungemein präzise ausgeführt, Hals und Körper vereint ein eleganter Schwung, eine vollendete Balance von Dynamik und Statik.

Nach und nach finden die Forscher auf der Schwäbischen Alb ein fast vollständiges Tierreich: einen tückisch pirschenden Löwen; ein trutzig seine Beinsäulen in den Boden stemmendes Mammut; einen stolzen, massigen Bison; einen grazilen, im Sturzflug kurz vor dem Eintauchen festgehaltenen Wasservogel.

Die meisten Figuren messen nur wenige Zentimeter und lassen sich in der Hand oder einer Tasche tragen, sodass ihre Besitzer sie stets bei sich haben – als Amulett, als persönliches Symbol, zur Erinnerung an ihren Clan oder die Sippe.

Auf etlichen der kleinen Körper finden sich eingekerbte Wellenlinien, Rauten, Punkte. Sollen sie eine Kontur betonen, das Fell wiedergeben? Oder sind es womöglich magische Zeichen? Denn vieles spricht dafür, dass die Schnitzereien nicht nur reale Tiere abbilden, sondern auch übernatürliche Wesen und Mächte aus einem Jenseitsreich.

Anders als jedes Tier kann sich der Mensch an seine Träume erinnern, kann über sie reden – und ähnliche Bewusstseinszustände gezielt herbeiführen, etwa durch extremes Fasten, durch halluzinogene Giftpilze oder indem er sich meditierend, singend oder tanzend in Trance versetzt. Was er danach sieht und erlebt, erschließt ihm eine zweite, magische Realität: ein Reich der Geister, in dem die Landschaften und Tiere seines Alltags neue Bedeutung und Macht gewinnen.

Eine vermeintlich höhere Wahrheit.

Jene Wahrheit, die nicht seiner Intelligenz entspringt, sondern der intuitiven, dem Intellekt kaum zugänglichen Seite des menschlichen Geistes, auf der Ängste, Schuldgefühle und Hoffnungen sich unkontrolliert in Fantasien und Bildern wandeln.

Wahrscheinlich sollen die Tierfiguren solche halluzinierten Erscheinungen für das Hier und Jetzt festhalten.

Und so entsteht die Kunst aus der Vision alternativer Welten. Aus der Suche nach übernatürlicher Hilfe bei Jagdpech und Kälte, bei Dürre oder Krankheit, Kummer oder Sorge um die Liebsten.

Unheimliches Zeugnis von dieser Hoffnung legt eine rund 30 Zentimeter große Elfenbeinfigur ab, ähnlich alt wie die Venus vom Hohle Fels, gefunden tief im abgelegenen Winkel einer Nachbarhöhle des Pferdchens.

Die aufrechte Haltung, Beine und Schultern der Plastik sind menschlich – Kopf, Taille und Pranken jedoch die eines Höhlenlöwen, des gefährlichsten Raubtiers in der eiszeitlichen Landschaft.

VIELLEICHT DIENT DIE **KUNST** DAZU, DEN **TOD** ERTRÄGLICHER ZU MACHEN

Selbstbewusst und wild, athletisch, voll entschlossener Kraft steht das Mischwesen da. Ein wenig schief der breite Mund. Mächtig auch hier das Genital. Sieben waagerechte Kerben zieren den linken Oberarm. Sind es Tätowierungen? Oder Schmucknarben?

Stellt der Löwenmensch ein im Trancezustand erblicktes Geistwesen dar? Eine Art Gott? Oder einen Schamanen, der sich im Löwenfell auf den Weg zur anderen Seite macht, als Mittler zwischen den Welten?

Vielleicht ist dies die wichtigste Funktion der frühen Kunst: Sie soll das Unheimliche durch seine Abbildung bannen. Die gefahrvolle Natur ebenso wie die Nöte des Unterbewussten.

Möglicherweise spielt zudem das beunruhigende Wissen um die eigene Sterblichkeit eine Rolle. Schon frühe Menschen bestatteten zuweilen Tote, machten sich also Gedanken über ihr Ende, hofften womöglich auf eine Fortexistenz danach. Und immer wieder scheint dieses Endlichkeits-Wissen die menschliche Produktivität befeuert zu haben: als Ehrgeiz, etwas Bleibendes zu schaffen – oder sich symbolisch mit der Gemeinschaft zu verbinden, die das Individuum überdauert.

S

Spätestens um diese Zeit wird die Musik ein Hilfsmittel, die Geister der Intuition heraufzubeschwören. In kunstvoller Feinarbeit fertigen die Elfenbeinschnitzer auf der Schwäbischen Alb Röhren mit scharf herausgeschabten Löchern: Flöten.

Das Prinzip kennen sie von den hohlen Knochen großer Vögel, denen sich aber nur ein eingeschränktes Spektrum pfeifender Töne entlocken lässt.

Mit einiger Sicherheit werden diese ersten bezeugten Musikinstrumente der Geschichte zu rituellen Anlässen auch in den Höhlen der Alb gespielt. Hier kommen die Menschen hinter oft engen Felsöffnungen zusammen, unter dem flackernden Schein von Fackeln oder Feuern. Vielleicht füllen an einer Schnur geschwungene Knochen- und Geweihstücke den tiefen, hallenden Raum mit einem dumpfen Brummen. Geben angetrommelte Steine einen wummernden Klang. Ertönt das Gellen schriller Knochenpfeifen, der melodischere Ton von Elfenbeinflöten.

Tanzend und singend ergeben sich die Menschen der anderen Welt. Schamanen treten auf – Männer oder Frauen mit der besonderen Gabe, sich an die jenseitige Realität zu verlieren. Dort forschen sie nach überlebenswichtigen Hinweisen auf das Wetter, die Wanderwege von Beutetieren, ringen um den Beistand der Mächte, Heilung für Kranke.

Ihre Ekstase steht für einen menschheitsgeschichtlichen Aufbruch: zu Spiritualität und Kunst, zu neuen Techniken, zu Ungleichheit, Hierarchie. Modernität.

Nicht nur auf der Alb.

So malen moderne Menschen in Höhlen beiderseits der Pyrenäen eine Vielzahl von Bildergalerien auf den Fels: beeindruckend fein und lebendig getroffene magische Wildpferde und Bisons, Auerochsen und Löwen sowie Mischgestalten aus Mensch und Tier – Werke von grandiosem Ausdrucksreichtum.

Wohl ganze Sippen hinterlassen farbige Handabdrücke an den Wänden, um in Kontakt mit der Unterwelt zu treten. Zudem eine große Menge geometrischer Formen wie Rauten, Punktmuster oder Zickzacklinien (siehe Seite 48).

Wenig später kommen aufwendige Beerdigungsrituale in Gebrauch, eines davon spielt sich vor 32 000 Jahren nahe dem heutigen Moskau ab. Ein vornehmer Knabe tritt da seine letzte Reise unter einer dicht mit Schnitzperlen verzierten Kappe an, um die Lenden ein Gürtel, an dem Hunderte Zähne von Polarfüchsen baumeln; daneben eine Schmucklanze aus Elfenbein, eine Mammutfigur und zahlreiche Anhänger aus dem gleichen kostbaren Material. Viele Tausend Stunden haben die Künstler aufgewandt, um den Schmuck zu fertigen. Entsprechend groß müssen Macht, Reichtum und Einfluss der Familie des Toten gewesen sein.

Spätestens jetzt ist der anatomisch moderne Mensch auch kulturell modern. Er verfügt über ausgefeilte Werkzeuge und eine komplexe Sprache, unterhält ein weites Netz sozialer Beziehungen über seine Nächsten und Nachbarn hinaus. Ist sich seiner selbst bewusst und denkt über Tod und Jenseits nach. Kennt Rituale, ein umfassendes Reservoir an Symbolen und Zeichen. Kunst.

Gewiss hat sich dieser Durchbruch über Jahrzehntausende aufgebaut. Bereits vor 300 000 Jahren gingen Urmenschen mit ballistisch perfekten Holzspeeren auf die Jagd. Schon vor dem *Homo sapiens* konnten frühe Menschen Geräte aus Knochen und Holz mit Birkenpech verkleben, das sie in einem Schwelbrandverfahren gewannen. Bereits in Afrika schmückte sich der *Homo sapiens* mit glänzenden Perlen aus Straußeneischalen, versteinerten Seelilienstängeln oder gelochten Muscheln, bemalte er seinen Körper mit Rötel. Ritzte einfache Zeichen in Gegenstände. Und bestattete vereinzelt seine Toten.

Doch erst nach seiner Wanderung vor 45 000 Jahren in Richtung Norden fügten sich in den eurasischen Steppen alle diese Ansätze zu einer kreativen Explosion, an deren Ende ein neues Wesen stand.

Weshalb gerade dort? Und wieso nicht früher?

Vielleicht musste sich das evolutionär gewachsene, kreativ übermotorisierte Gehirn des *Homo sapiens* einfach irgendwann entladen – und Zeit und Ort waren letztlich Zufall.

Vielleicht führte aber auch das Anwachsen der Bevölkerung zu dichterer Kommunikation, mehr Kooperation und Austausch, mehr Ideen; möglicherweise bei verschärfter Konkurrenz um eiszeitlich begrenzte Ressourcen. Etliche Forscher weisen zudem auf eine Besonderheit hin, die nur für Europa und den Nahen Osten gilt: die Begegnung zwischen *Homo sapiens* und dem Neandertaler (siehe Seite 32).

Wie mögen die Neuankömmlinge auf ein Wesen reagiert haben, das zweifellos kein Tier war, sondern ein Mensch wie sie? Dem allerdings ganz wesentliche Fähigkeiten fehlten.

Denn die sozialen Netze des Neandertalers (der in seinem technischen Einfallsreichtum nicht entscheidend hinter *Homo sapiens* zurückstand) waren kleiner und über Raum und Zeit weniger stabil, weniger hierarchisch, im Wesentlichen auf den persönlichen Umgang begrenzt. Seine Sprache war einfacher, sehr beschränkt.

Vor allem aber fehlte ihm wohl ein voll ausgebildetes Bewusstsein, der Sinn für symbolische Bedeutung und das Potenzial, alternative Realitäten zu imaginieren: Was soll das sein, ein Geisterreich? Ein Jenseits?

Als beide Arten aufeinandertrafen, vielerorts nebeneinander lebten, entdeckte *Homo sapiens*, so die These der Wissenschaftler, wie außergewöhnlich seine Gaben waren – und nutzte und erweiterte sie nun erst recht. Grenzte sich ab.

Dann wäre die kulturelle Revolution in erster Linie ein Sich-Erheben kreativer Pioniere über weniger Begabte gewesen – nicht nur über die Neandertaler, sondern bald auch über andere aus der eigenen Art: Die spirituell besonders talentierten Mitglieder einer Gruppe erhielten dann von anderen aus ihrer Gruppe gejagtes Fleisch, gesammelte Nüsse. Aber auch: Ansehen und Macht.

Die Neandertaler wiederum übernahmen zwar einige verbesserte Werkzeuge. Doch der Kern der neuen Kultur blieb ihnen verschlossen – schon neurologisch. Dann, vor rund 39 000 Jahren, verschwanden sie.

Vielleicht überstand der *Homo sapiens*, der kreativer war und flexibler, eine plötzliche, durch einen gewaltigen Vulkanausbruch verursachte Kälteperiode besser als der Neandertaler, machte ihm zunehmend Nahrung und Jagdgründe streitig. Vielleicht verschafften ihm weiträumige Vernetzung und soziale Differenzierung eine größere Machtbasis.

Zwar gibt es keine Hinweise auf eine bewusste, gewaltsame Vertreibung. Doch zweifellos trug seine zunehmende Fähigkeit symbolischer Kommunikation entscheidend dazu bei, dass der moderne Mensch den Neandertaler verdrängte.

Nichts auf Erden blieb in den folgenden Jahrzehntausenden von seiner Kreativität verschont. Überall hin drang *Homo sapiens* vor. Aber als einzige Spezies begann er auch zu zweifeln, ob es sich so gehört. Begann nach einer Moral fragen. Nach dem Sinn seines zugleich zerstörerischen und schaffenden Tuns.

Danach auch, was die „Venus vom Hohle Fels“ am Ende bedeutet. Fruchtbarkeit, gewiss, Fortpflanzung und Weitergabe. Aber Weitergabe von was?

Eine Antwort findet sich bis heute nicht. Aber seinem ureigensten Medium, um diese Antwort zu ringen, ist der Mensch treu geblieben: dem Bild, der Musik, dem Tanz, der Erzählung.

Mit anderen Worten: der Kunst. ◊

LITERATURTIPPS

NICHOLAS J. CONARD/ CLAUS-JOACHIM KIND
»Als der Mensch die Kunst erfand«
Spannend erzählte, reich bebilderte Einführung der führenden Experten (Theiss).

DAVID LEWIS-WILLIAMS
»The Mind in the Cave«
Thesenfreudige Studie darüber, wie Bewusstsein und Kunst in die Welt gekommen sein könnten (Thames & Hudson).

IN KÜRZE

Vor etwa 40 000 Jahren vollzieht sich in Mitteleuropa ein dramatischer Schritt der kulturellen Evolution: Mit den ersten Kunstwerken der Geschichte offenbart der *Homo sapiens* seine einzigartige Fähigkeit, abstrakt und spirituell zu denken. Mit meisterhaften Skulpturen, komplexen Ritualen und hoher Kreativität emanzipiert sich der moderne Mensch von der Natur und macht sie sich, vorangetrieben von seiner Schöpferkraft, nach und nach untertan.

DIE AUGEN UNTER kräftigen Stirnwülsten, die Nase lang und breit, die Haut derb: Im Vergleich zum Homo sapiens wirkt der Neandertaler grobschlächtig. Doch der frühe Verwandte des modernen Menschen kann sprechen, ist sozial veranlagt und besitzt ein hoch entwickeltes Vorstellungsvermögen

ÜBERLEBEN in der KÄLTE

Neben dem *Homo sapiens* ist der Neandertaler die erfolgreichste Menschenart der Steinzeit. Über Jahrzehntausende durchstreift er Europas Steppen und breitet sich immer mehr aus: weil er kräftig genug ist, um Mammuts und Bisons zu erlegen – und sozial genug, um Schwächeren in seiner Gruppe zu helfen

TEXT: *Bertram Weiß* **ILLUSTRATIONEN:** *Samson J. Goetze für* GEOEPOCHE

Es ist kalt an diesem Spätwintertag, in der Zeit vor etwa 40 000 Jahren. Frühnebel überzieht die Kalkfelsen in dem engen Tal nicht weit vom Rhein. Fahl dämmert das Morgenlicht, als der Mann aus der Höhle tritt. Sein Körper ist kräftig und gedrungen; er bewegt sich geschmeidig und leicht nach vorn geneigt.

Über seinen Augen wölben sich Wülste, der Mund tritt über dem fliehenden Kinn weit hervor. Seine Haut ist derb, bedeckt von Schrammen, Narben und Schorf. Langsam reckt er seinen in Felle eingehüllten Körper, streckt Arme und Beine aus. Im Verhältnis zu seinem stämmigen Rumpf wirken sie kurz.

Der massive Brustkorb hebt und senkt sich. Schnaufend hält der Mann sein Gesicht in die eisige Luft, zieht sie ein durch seine breite und lange Nase.

Er steht auf einem Vorsprung, hinter sich eine schroff aufragende Felswand. Vor ihm liegt das Tal zwischen kargen Anhöhen. In der Mitte der Schlucht, 20 Meter unter ihm, ist im Dunst ein schmales, eisbedecktes Flüsschen zu erkennen. Der Ort ist eine ideale Wohnstätte für Wildbeuter, die jetzt, in der kalten Jahreszeit, um ihr Überleben kämpfen.*

Später, sehr viel später, werden Menschen die Schlucht „Neandertal" nennen. Hier werden Archäologen die Überreste dieses Mannes finden. Anhand seiner Knochen werden Forscher erstmals erkennen, dass neben dem *Homo sapiens* einst eine weitere Variante des Menschen auf Erden lebte, und sie nach dem Fundort benennen: *Homo neanderthalensis*.

Jäger und Sammler von derber Gestalt sind die Neandertaler. Ihr Vorfahr war der *Homo heidelbergensis*, eine von mehreren Arten der Frühmenschen, die einst Afrika besiedelten. Vor etwa 600 000 Jahren ist er von dort nach Mitteleuropa vorgedrungen – in ein Gebiet, das geprägt war von heftigen Klimaschwankungen und in dem nur kleine Gruppen überleben konnten.

Nach und nach entwickelte sich vor rund 200 000 Jahren aus dem *Homo heidelbergensis* eine neue, robustere Spezies – eben der Neandertaler. Angehörige dieser Art konnten als erste Menschen auch in den kalten Phasen auf dem Kontinent ausharren und sich schließlich bis auf die Iberische Halbinsel, nach Sibirien und in den Nahen Osten ausbreiten.

Sie sind Überlebenskünstler mit mächtigen Muskeln, stark genug, selbst ausgewachsenen Mammuts mit Speeren schwere Verletzungen zuzufügen. Aber sie besitzen auch ein hoch entwickeltes Vorstellungsvermögen und sind so sozial, dass sie beispielsweise schwächere Verwandte unterstützen, die nicht selbst für sich sorgen können.

Seit Jahrzehntausenden ziehen sie in Familienverbänden durch Europas Steppen zwischen Mittelmeer und Nordsee. Sie haben Warmperioden durchstanden, in denen sich auf dem Kontinent dichte Laubwälder ausbreiteten und Elefanten umherstreiften, wie auch eisige Zeiten, in denen es im Sommer im Durchschnitt kaum wärmer war als zehn Grad.

Und doch werden sie aussterben und dem *Homo sapiens* weichen, diesem Meister des kreativen Denkens.

In der Zeit vor 40 000 Jahren aber helfen ihnen Jagdgeschick und handwerkliches Können, ihre Fähigkeit zur Sprache und ihre perfekt angepassten Körper, um Winter für Winter zu überstehen.

Wispernd mag an jenem Morgen im Neandertal das Knirschen der Eisplatten aus der Schlucht zu dem Mann auf dem Felsvorsprung hinaufsteigen. Er und seine Gefährten haben das Tal bewusst als Zuflucht gewählt. Hier, in dem nur knapp 1000 Meter langen Bergeinschnitt und dem umgebenden Hügelland, gibt es keinen Winkel, den sie noch nicht er-

* Diese Szene ist, wie jede folgende, notgedrungen fiktiv. Sie basiert jedoch auf wissenschaftlichen Erkenntnissen und begründeten Spekulationen über das Leben der Neandertaler.

DIE HEIMAT DES URMENSCHEN

VOR RUND 200 000 JAHREN entsteht der Neandertaler. Knochenfunde zeigen, dass er aus seinem europäischen Kerngebiet bis nach Sibirien und in den Nahen Osten vorstößt

kundet haben, es ist ihr Revier. Nur selten wandern andere Gruppen hindurch.

Von einem Felsen am westlichen Ende der Schlucht bietet sich den Neandertalern an klaren Tagen ein beeindruckender Anblick. Dann erstreckt sich vor ihnen eine weite Ebene, durch die sich ein in etliche Arme aufgespaltenes Flusssystem windet, der Rhein. Und von hier aus können die Urmenschen auch frühzeitig Herden von Wildpferden oder Mammuts erspähen, die durch die Umgebung ziehen.

Im Sommer werden sie dort in der Ebene, an den Ufern von Wasserläufen und Seen, ihre Lager beziehen, sich immer wieder neue Unterkünfte aus Ästen, Tierhäuten und Gebeinen errichten. Niemals wird man Überreste dieser urzeitlichen Behausungen finden. Denn organische Materialien überdauern im Freiland nur selten Jahrtausende. Doch Forscher gehen davon aus, dass auch die Urmenschen sich ein Obdach schufen.

Im Winter findet die Gruppe in ihrer Felshöhle Schutz vor Frost, Wind und Schnee. Sickerwasser hat über Jahrmillionen Hohlräume in das Kalkgestein gewaschen. In Kälteperioden ist es hier um einige Grad wärmer als draußen. Vermutlich schützt die Neandertaler überdies ein Wall aus Knochen, Fellen und Steinen vor dem frostigen Wind.

Zur Gruppe gehören vermutlich zehn oder 15 Mitglieder. Einige sind Kinder oder halbwüchsig, andere schon merklich gealtert. Sie halten eng zusammen und teilen alles – einen klaren Anführer gibt es nicht. Niemand muss einen besonderen Rang markieren, denn jeder ist mit jedem gleichermaßen vertraut. Nicht brutale Dominanz schweißt sie zusammen, sondern der gemeinsame Kampf ums Überleben.

Hingestreckt oder eng aneinandergerollt liegen Männer, Frauen und Kinder in der Höhle; die Atemluft steigt in dünnen Fahnen von ihren Gesichtern auf.

In diesen Tagen schlafen sie viel, um ihre Kräfte zu schonen. Manchmal verlassen sie die Höhle auch tagsüber nicht, sondern harren aus, dicht zusammengedrängt, still und reglos. So überdauern sie wohl auch Perioden, in denen Stürme vor der Höhle toben und den Eingang mit Eis und Schnee bedecken.

°

SACHTE STOCHERT der Mann an diesem Morgen in der Feuerstelle, bläst hinein, um sie neu zu entfachen. Doch die Glut ist über Nacht erloschen. Er ergreift einen Feuerstein und schlägt damit auf einen Brocken schwefelhaltigen Minerals.

Das Klacken hallt durch die Morgendämmerung. Schließlich springen Funken auf ein Stück Zunderschwamm. Der poröse Fruchtkörper des Pilzes, den die Neandertaler von Birkenstämmen sammeln, entflammt so schnell, als trüge er die Glut in seinem Inneren.

Seine Werkzeuge zeugen von hoher INTELLIGENZ

Die Feuerstelle glimmt auf, und die anderen erwachen. Mit halb geschlossenen Lidern hocken sie im flackernden Schein. Die Flammen sind für die Neandertaler wie die Seele des Lebens: Sie halten Hyänen fern, verschrecken Wölfe und Bären; sie spenden Licht und Wärme und machen Nahrung besser verdaulich.

Als Brennmaterial dient vor allem Reisig von Sträuchern, dazu getrocknetes Gras und Dung. Und von Fett durchsetzter Knochen. Das Verbrennen der Gebeine sorgt zudem dafür, dass weder Aasfresser noch Ungeziefer von verrottenden Fleischresten angelockt werden.

Die Gruppe schart sich um das Feuer, löst mit steinernen Klingen Fell von Fleisch und Knochen. Einige Wochen zuvor haben sie unten am Fluss einen Hirsch erlegt, der sich zum Trinken niedergebeugt und sie nicht bemerkt hatte. Eine leichte Beute, doch schon lange her. Sie haben ihre Vorräte fast aufgebraucht.

Bei ihrer Arbeit hinterlassen die Neandertaler Schnittspuren auf dem Gebein, die Wissenschaftler Jahrtausende später entdecken werden. Mit den abgerundeten Rippen von Rentieren schaben sie über die abgelösten Häute, bis die geschmeidig und glatt sind. Winzige Schleifspuren an solchen Knochenwerkzeugen lassen noch heute ihre Funktion erkennen.

Um Kleidungsstücke zu fertigen, bohren die Neandertaler Löcher in Felle und fügen mehrere aneinander. Lederriemen, Tiersehnen oder gedrillte Pflanzenfasern halten die Teile zusammen. Denn obwohl die Urmenschen zäh sind und Kälte gut ertragen, könnten sie nicht ohne Körperbekleidung überleben.

Andere Mitglieder der Gruppe stellen an diesem Morgen Werkzeuge aus Feuerstein her. Das Material ist gut geeignet, um Faustkeile, Messer, Lanzenspitzen oder Schaber zu fabrizieren.

Dazu nimmt der Handwerker eine Knolle, in der das Gestein gefunden wird, und schlägt zunächst mit einem anderen Stein ringförmig die helle, poröse Außenschicht ab. Auf einer Seite führt er dann mit einer Art Hammer aus Geweih oder Knochen Schläge gegen die zuvor entstandenen Kanten, sodass auch hier das dunkle, harte Gestein freigelegt wird und eine leicht gewölbte Fläche entsteht.

Schließlich sprengt er mit einem einzigen gezielten Hieb von dem Steinkern das gewünschte Werkzeug ab. Es geht bei dieser Arbeit darum, den Roh-

ETWA EIN DUTZEND Mitglieder zählt eine Neandertaler-Sippe wohl. Eine Höhle bietet den Urmenschen Schutz vor Frost, Wind und Schnee. Mit Feuersteinen entfachte Flammen spenden Wärme und Licht, machen die Nahrung besser verdaulich, verschrecken Hyänen, Wölfe und Bären

AUF DIE SELTENEN JAGDEN im Winter kommen alle mit, die stark und gesund sind, Männer wie Frauen. Ihr Revier ist den Neandertalern vollkommen vertraut. Unzählige Male haben sie es auf der Suche nach Rentieren, Mammuts oder Bisons durchstreift

ling so zu präparieren, dass ein bestimmtes Endprodukt mit langen, scharfen Kanten entsteht. Für diese Technik ist Geschick nötig – und die Gabe, sich einen Gegenstand plastisch vorzustellen.

Als die Glut des Feuers nach einigen Stunden sehr heiß ist, machen sich die Eiszeitjäger daran, etwas abseits eine Art Ofen einzurichten. Sie schichten Birkenrinde auf einen großen, flachen Stein, überdecken sie mit Asche und entzünden darüber ein Feuer. Durch die Hitze verschwelt die luftdicht abgeschlossene Rinde, schließlich sickert eine Flüssigkeit hervor, zäh und schwarz: Birkenpech.

Nachdem das Feuer ausgebrannt und die Herdstelle erkaltet ist, kann die Masse von der Steinplatte gekratzt werden. Es ist der erste Klebstoff der Geschichte – und ein wichtiges Hilfsmittel. Denn damit können die Urmenschen Steinklingen mit Holzgriffen verleimen.

Oder sie stecken Steinspitzen in Kerben, die sie in die Enden von Holzspießen geschnitzt haben, umwickeln die Stellen mit Tiersehnen oder Pflanzenfasern und fixieren sie mit dem Birkenpech. Diese Waffen sind mehr als todbringende Geräte. Es sind Zeichen dafür, dass die Neandertaler in Ansätzen etwas ganz Besonderes beherrschen: kreatives Denken.

°

DER IMMER GLEICHE KAMPF gegen Wind und Kälte, Raubtiere, Ungeziefer und Krankheit hat die Gruppe im Neandertal fast ans Ende ihrer Kräfte gebracht. Der Hirsch ist nahezu vollständig verspeist, seit Tagen schon haben die Urmenschen sich nicht mehr satt gegessen.

Nun zehren sie von dem Fett, das sie im Sommer und Herbst angesetzt haben. Ihre Körper sind dazu geschaffen, sehr rasch Reserven zu bilden. Und doch hat sich der Hunger tief in ihre Körper gefressen – ein gewohntes Gefühl, denn im Winter ist die Nahrung rar.

Viel zu selten ziehen Pferde, Rentiere oder Bisons durch die Umgebung und bieten die Chance, größere Mengen Fleisch zu erbeuten. Häufig kehren die Urzeitjäger nach Stunden im Gelände mit leeren Händen ins Lager zurück.

Am Feuer stoßen sie kehlige Laute aus, sparsam und einförmig. Neandertaler besitzen ein Zungenbein, das dem des modernen Menschen ähnelt: einen hufeisenförmigen, ausschließlich von Bändern und Muskeln gehaltenen Knochen, der mit Kehlkopf und Zunge verbunden ist und beiden große Beweglichkeit verleiht (die nötig ist, um vielfältige Laute hervorzubringen).

Zudem nimmt der Stimmapparat in etwa die gleiche Position im Hals ein wie beim *Homo sapiens*. Deshalb sind die Neandertaler vermutlich fähig, Laute zu erzeugen, die in nahezu jeder heutigen Sprache vorkommen: die Vokale i, a und u sowie die Konsonanten b, p und d.

Die lang gezogene Form des Schädels verleiht ihren Äußerungen vermutlich einen dunklen, nasalen Klang.

Doch allzu vielfältig ist ihre Sprache nicht. Sie dient dazu, andere zu beschwichtigen oder zu überzeugen, Orte und Gegenstände zu bezeichnen. Vermutlich nutzen sie ihre Laute, um Techniken der Werkzeugherstellung weiterzugeben oder die Jagd zu organisieren.

Während die Gruppe am Feuer kauert, verstreichen die Morgenstunden, und die Sonne steigt am Himmel immer höher. Zeit ist für die Neandertaler nicht wertvoll. Nichts drängt sie – nur der Hunger. Und so müssen sie heute ins Gelände hinaus, es gibt keinen anderen Weg.

Sie müssen etwas erlegen.

Doch jede Jagd ist riskant. Daher bleiben Kinder und Gebrechliche im Lager zurück. Gemeinsam hüten sie das Feuer, machen sich für die Gemeinschaft nützlich. Vielleicht veredeln sie Steinwerkzeuge: rollen sie auf Tierknochen ab, um die Kanten zu bearbeiten; glätten Oberflächen, schaffen geeignete Griffe für Schaber und Messer.

Manche Stücke, die bis heute überdauert haben, sind so sorgfältig gearbeitet, dass offenbar nicht nur die Funktion der Werkzeuge von Bedeutung war, sondern auch ihr Aussehen.

Nur in der GRUPPE kann der Urmensch überleben

Stumm legt der Mann, der am frühen Morgen als Erster aus der Höhle getreten ist, seine Waffen bereit, prüft den langen Holzspieß mit der steinernen Spitze, die scharfkantigen, rundlichen Faustkeile, den länglichen Steindolch mit hölzernem Griff. Die tödlichen Werkzeuge sind der wertvollste Besitz der Gruppe.

Aus den schlanken Stämmen etwa von Birken fertigen die Männer Spieße. Tagelang sind sie fast ununterbrochen damit beschäftigt, das Holz mit ihren Klingen zu bearbeiten. Sie entfernen die Rinde, schaben Schicht für Schicht das weiche äußere Holz ab, bis ein glatter, gerader Kern zurückbleibt, federnd und doch hart. Eine Waffe, die gut in der Hand liegt – und für die Urzeitjäger lebenswichtig ist.

Denn ohne Lanzen könnten sie kein großes Wild erlegen. Nur die mit Steinspitzen versehenen Spieße, aus geringer Entfernung geworfen oder gestoßen, ermöglichen es ihnen, selbst gewaltigen Beutetieren tödliche Wunden zuzufügen.

Nun machen sich die Jäger auf. In der kalten Zeit muss jeder, der stark und gesund ist, bei der Suche nach Wild helfen, gleichgültig ob Mann oder Frau. Mit

Fellen, die sie sich um die Füße gebunden haben, schreiten sie über den hart gefrorenen Grund.

Sie kennen die Landschaft genau, die Farben der Steine, die Geräusche der Tiere, die Eigenschaften der Pflanzen.

Moose und Flechten bedecken die kalkigen Felsen der Schlucht. Beifuß und Silberwurz, Hahnenfuß und Krautweide, Sauerampfer und Wegeriche wachsen auf den Hügeln und ebenen Flächen der Umgebung, dazu Sträucher wie Meerträubel, Sanddorn und Wacholder.

Rentiere, Mammuts, Bisons, Wildpferde und Moschusochsen weiden im Sommer auf der nahrhaften Kräutersteppe. Manchmal treffen die Urmenschen auch auf Füchse, Wölfe oder Höhlenbären – Tiere, die sie nicht ob ihres Fleisches, sondern wegen der Felle jagen.

All das ist den Neandertalern vertraut. Sie kennen auch die wenigen Orte, an denen schmächtige Bäume, etwa Birken, Weiden oder Kiefern, der trockenen Kälte widerstehen: windgeschützte Stellen am Ufer eines Wasserlaufes meist.

Lange stapfen die Jäger schweigend durch das Gelände. Mal klauben sie ein paar Rindenstücke von Zweigen, um die faserige Innenseite zu essen, mal klopfen sie ein paar Samen aus trockenen Hülsen. Aufmerksam halten sie Ausschau nach niedergedrücktem Gras, abgebrochenen Ästen, frischer Losung. Vielleicht ist hier kurz zuvor ein Tier gewesen?

Aber jede Fährte verliert sich rasch wieder. Also harren sie aus, verborgen in Senken oder hinter Sträuchern. Doch kein Wild zeigt sich. Sosehr sie auch versuchen, lautlos zu sein – die Tiere scheinen dem Zug immer auszuweichen.

Schließlich machen sie Rast, müde, erschöpft und hungrig. Sie lagern auf freiem Feld, es gibt kein Feuer. Kleine Eisbrocken, die auf ihrer Zunge zergehen, löschen den Durst und lindern ein wenig das Nagen in ihren Bäuchen.

Plötzlich aber sind die Jäger hellwach: Ein Späher meldet, einen alten Bison gesichtet zu haben. In dieser Jahreszeit ziehen Bullen allein umher; nur im Herbst, während der Paarungszeit, schließen sie sich für einige Zeit einer Gruppe von Kühen und Jungtieren an.

Als die Jäger den massigen Buckel erblicken, regt sich zunächst niemand. Jungtiere können die Männer mitunter mit bloßen Händen niederringen und ihnen mit ein, zwei Hieben mit einem Stein den Schädel einschlagen, doch ein ausgewachsener Bulle ist gefährlich. Ein einziger Schlag seines Gehörns kann einem Jäger die Knochen zertrümmern.

B

Behutsam kreisen sie allmählich das Tier ein, umstellen die Beute wie ein Rudel Wölfe. Oft schon haben sie Raubtiere bei der Jagd beobachtet und gelernt, wie man die feinen Sinne des Wildes überlistet. Mit Blicken und Gesten geben sie sich gegenseitig Signale, kaum merklich und absolut geräuschlos pirschen sie vorwärts. Auch auf die Windrichtung achten sie, damit das Tier sie nicht wittert.

Eine Stunde später sind sie so nah an den Bison herangerückt, dass sie ihn fast berühren könnten. Plötzlich springen sie auf, heben ihre Spieße, schleudern sie mit Wucht auf den zotteligen Rumpf.

Manche verfehlen ihr Ziel, andere dringen tief in das Fleisch ein. Ein Blutstrahl schießt hervor, grollend stampft das Tier von einer Seite zur anderen.

Mit raschen Sprüngen nähert sich der Mann, der am Morgen als Erster aufgestanden war, und wirft sich auf den Rücken des Tieres, stößt ihm seinen Spieß in den Nacken zwischen die Schulterblätter und gleitet wieder herab. Er ist schnell, doch nicht schnell genug. Mit einem Brüllen bäumt sich der Bulle auf, schlägt den massiven Schädel gegen den Jäger und wirft ihn mit Wucht zu Boden.

Der Bison wankt, bebt am ganzen Körper, versucht zu fliehen. Immer wieder strauchelt und stürzt er. Schließlich können ihm die Verfolger den tödlichen Stoß versetzen, ist die Jagd vorbei. Doch der eine Mann ist verletzt. Sein linker Unterarm hängt schlaff und verdreht am Ellenbogen, der Ellenknochen ist gebrochen. (Ob es sich genau so zugetragen hat, wird niemals herauszufinden sein. Doch am Skelett des Mannes werden Forscher später erkennen, dass er seinen linken Arm nach einer Verletzung bis zum Ende seines Lebens mit etwa 40 Jahren kaum mehr hat gebrauchen können.)

Eilig beginnen die Jäger, die Beute zu zerlegen. Bald schon werden Hyänen durch die Umgebung gleiten, angelockt vom Geruch des Kadavers. Die Tiere sind gefährlich, vor allem im Rudel.

Brocken um Brocken des dampfenden Fleisches schichten die Männer aufeinander, um es heim zum Lagerplatz zu transportieren. Steinerne Abschläge benutzen sie wie Tranchiermesser. Einige Reste lassen sie zurück. Doch sicherlich versuchen sie, so viel wie möglich vor Aasfressern zu bewahren. Vermutlich schleifen sie Teile des Tieres auf Ästen hinter sich her oder zerren sie mit Schnüren aus Pflanzenfasern über den Boden.

Zwei Jäger tragen den Verletzten, vielleicht in einem schaukelnden Fell. Der Mann ist vom Schmerz so benommen, dass er sich nicht allein auf den Beinen zu halten vermag. Doch er kann auf die Hilfe der anderen vertrauen. Denn es ist ein großes Unglück für die Gruppe, wenn sie ein Mitglied verliert.

Der Tod bedeutet den Neandertalern vermutlich wenig, er ist nur eine Verwandlung, eine von den vielen, die die Welt ihnen beständig vorführt. Doch fehlt ihnen jeder Verstorbene, seine Kraft, sein Geschick, sein Wissen.

Und sie gehen, wohl auch aus einem Gefühl der Trauer, keineswegs achtlos

MIT SPEEREN GREIFEN Neandertaler einen Bison an. Die Waffe ist überlebenswichtig für die Jäger – denn die mit Steinspitzen versehenen Spieße ermöglichen es ihnen, auch großen Beutetieren tödliche Wunden beizufügen. Pfeil und Bogen kennen die Urmenschen noch nicht

VON EINEM ERLEGTEN BISON nutzen die Jäger fast alles, etwa die Haut für Kleidung, das Haar für Bänder, die Sehnen für Schnüre. Wenn einer aus der Gruppe sich bei dem Angriff verletzt, tragen ihn die Neandertaler zurück zur Höhle. Kranke oder Versehrte pflegen sie mit Hingabe

mit den Toten um: Stirbt einer von ihnen fern vom schützenden Unterschlupf, breiten sie zuweilen ein Fell über die Leiche. In ihrer Höhle betten sie den Körper eines Toten in eine kleine Grube und bedecken ihn mit Erde.

Manchmal legen Neandertaler einen Leichnam wohl auch in die Landschaft und überlassen ihn den Tieren. Was dann nach einiger Zeit an Knochen übrig bleibt, säubern sie. Dann deponieren sie die gereinigten Gebeine in einer Grotte. So bleibt von dem Verstorbenen noch etwas in ihrer Welt zurück.

°

SCHNELL FINDEN die Jäger an diesem Tag den Weg zurück zu ihrer Höhle. Dort nimmt sich die Gruppe des Verletzten an. Einige Mitglieder, vor allem die Älteren, wissen viel über Schmerzen und Wunden, Schnitte und Brüche. Sie haben während des kurzen Sommers Beeren, Wurzeln, Knollen, Blätter, Blüten gesammelt – alles, was die Natur bietet und was nützlich zu sein scheint, um Linderung oder gar Heilung zu verschaffen. Vor allem aber kümmern sie sich um den Mann, versorgen ihn auch weiterhin mit Nahrung, geben ihm Hilfe und Zuwendung.

Und sie haben Erfolg: Der Verletzte überlebt. Der gebrochene Knochen wächst (wenn auch in falscher Position) wieder zusammen, das Ellenbogengelenk allerdings ist irreparabel geschädigt.

Obwohl er zudem an verschiedenen Krankheiten leidet – auch an einer chronischen Entzündung der Nasennebenhöhlen, an der er womöglich stirbt –, verbringt er noch viele Jahre im Kreise seiner Gruppe. Und beteiligt sich trotz seiner Behinderung aktiv an der Gemeinschaft: Zwar verkümmert der linke Arm, doch dafür nutzt der Mann (auch das verrät sein Skelett) umso stärker den rechten.

Als die Dämmerung sich über das Neandertal senkt, versammeln sich alle um die Flammen und garen den Speck des Bisons an Stöcken. Fett trieft in das aufqualmende Feuer. Mit gekonnten Schlägen zerbrechen die Urmenschen die langen Beinknochen des Tieres und schlecken das Mark heraus. Auch öffnen sie den Schädel und verspeisen das nahrhafte Gehirn.

Im Sommer, wenn die Jagd reiche Beute liefert, schneiden sie oft Fleisch in Streifen und legen es zum Trocknen aus. So ist die Kost noch Monate später genießbar. Im Winter hilft ihnen die Kälte, das Fleisch zu lagern. Manche Stücke hängen sie vielleicht in den Rauch des Feuers, um sie so haltbar zu machen.

Wie bei jeder Beute lassen sie bei dem Bison kaum etwas ungenutzt: Aus den langen Haaren des Tieres flechten sie Bänder, aus der derben Haut machen sie Kleidung und Taschen. Die Sehnen verwenden sie als Schnüre, das Horn ist ein begehrter Rohstoff für feine Werkzeuge oder dient als Gefäß.

Neandertaler und *Homo sapiens* zeugen NACHKOMMEN

Als es dunkel ist, liegen alle unter Fellen dicht beieinander in der Höhle, nahe bei der Glut. Der Mann aber, dem der Bulle den Ellenknochen gebrochen hat, findet vor Schmerz keinen Schlaf. Denkt er daran, dass er mit seiner Verletzung den anderen wohl nie mehr bei der Jagd von Nutzen sein wird? Stellt er sich vor, wie er in kommenden Wintern mit den Jungen und Alten am Feuer bleibt? Oder wie er in den Sommern Pflanzenteile und Pilze sammeln wird, um zumindest etwas Nahrung beizusteuern?

Vermutlich lauscht er in die Schwärze der Nacht. Er hat gelernt, sich nicht nur auf seine Augen zu verlassen, sondern die Natur auch mit Nase und Ohren wahrzunehmen. Ein leises Schnauben, ein knackender Ast, ein kaum hörbares Rascheln – die Welt der Neandertaler ist belebt. Ihre Existenz hängt davon ab, Zeichen richtig zu deuten.

Selbst die nahende Veränderung der Natur kann der Mann förmlich riechen. Einige Wochen noch, dann wird die Sonne höher über ihre Köpfe steigen und jene kurze Zeit anbrechen, in der sich seine Welt völlig wandelt.

Endlich wird der Mann wieder das Gefühl haben, dass seine Haut warm ist. Er wird seine Gliedmaßen kneten und befeuchten, den Schorf abschaben, der sich im Winter gebildet hat. Rinnsale werden durch die Kalkfelsen rieseln, auch vom Himmel wird es gelegentlich tropfen.

Schließlich wird das Eis auf dem Flüsschen in der Schlucht platzen und das Wasser zutage treten, wie es gurgelnd über die Kiesel springt. Die Jäger werden mit ihren Fellschuhen nicht mehr trittsicher über den harten Boden laufen, sondern immer wieder in halbgefrorenem Matsch versinken.

Auch der Panzer auf dem Fluss draußen in der Ebene wird aufbrechen. Wenn das Eis verschwunden ist, werden die Wasserläufe voller Fische sein, sodass die Neandertaler sie an seichten Stellen mit ihren Spießen erlegen oder sogar mit bloßen Händen fangen können.

Fast über Nacht schießen neue Halme und Blätter hervor, schließlich werden die Blüten der Pflanzen die Kräutersteppe mit farbigen Tupfen übersäen.

Dann beginnt die Gruppe, Beeren und Knollen, Wurzeln und Samen zu sammeln (aus Stärkekörnern im Zahnstein von Neandertaler-Gebissen werden Forscher schließen, dass die Urmenschen auch pflanzliche Nahrung verzehren). Mammuts und Rentiere, Pferde und Rinder wandern durch das Gelände; mit unbeholfen daherstaksenden Jungtieren.

Die Neandertaler jagen dann mehr denn je; sie trocknen Fleisch in großen Mengen, verscharren manches wohl in Erdgruben oder Winkeln der Höhlen.

Sie ziehen zu sorgfältig geplanten Hetzjagden aus, vielleicht tun sie sich dafür vorübergehend mit anderen Gruppen zusammen. Gemeinsam treiben sie einzelne Tiere von den Herden fort, drängen sie in einen Sumpf oder eine zuvor ausgehobene Grube. Selbst gewaltige Beute wie ein Mammut oder ein Wollnashorn können die Urzeitjäger so überwinden.

Wo sie geeignetes Gelände vorfinden, eine Klippe, einen Abgrund, gelingt es ihnen manchmal, an gleicher Stelle immer wieder Tiere über die Kante zu treiben – bis sich am Fuße Berge von Knochen häufen. Für einige Monde gibt es alles im Überfluss.

Doch dieser Sommer mag anders sein, als der Mann es gewohnt ist. Vielleicht hat er im Tal Wesen beobachtet, die er nie zuvor gesehen hatte.

Auf den ersten Blick wirken sie wie seine eigenen Gefährten. Und doch ist etwas anders: Die Eindringlinge sind schlanker und größer, sie bewegen sich eigenartig steif und hoch aufgerichtet. Auch ihre Hauttöne, ihre Augen und Haare sind dunkler als die der Neandertaler.

Denn genau in jener Zeit vor rund 40 000 Jahren, in der im Neandertal jener Mann lebt, der seiner Spezies eines Tages ihren Namen geben wird, erobert ein anderer Mensch Europa: *Homo sapiens*.

Bereits einige Jahrzehntausende zuvor sind die beiden Arten, die sich zeitlich annähernd parallel, aber geographisch weit voneinander entfernt in Europa und Afrika entwickelt haben, in der Levante aufeinandergetroffen. Haben sich dort und später wohl auch im östlichen Europa und in Sibirien vermischt, vielleicht hier und da bekämpft, auf jeden Fall aber gemeinsame Nachkommen gezeugt (außer in Afrika stammen heute zwei Prozent des menschlichen Erbmaterials vom Neandertaler).

Als *Homo sapiens* vor etwa 45 000 Jahren das Stammland des Urmenschen nördlich und westlich des Mittelmeeres erreicht, existieren beide Spezies wohl noch eine Weile nebeneinander her.

Doch die Neandertalergruppen sind zumeist klein – und schon deshalb stets in ihrer Existenz bedroht. Vielleicht sorgt ein Vulkanausbruch, der heftige Klimaschwankungen und extreme Winter bewirkt, dafür, dass die Urzeitjäger in einigen Regionen ganz aussterben. Auch kleinere Tragödien werden ihnen vermutlich zusetzen: Eine Gruppe verhungert womöglich, weil sie nicht genug erjagen konnte; eine andere erliegt womöglich Seuchen oder verliert zu viele Frauen durch Unfälle. Und noch ehe sich die Populationen erholen können, erobern mancherorts die Neuankömmlinge den frei gewordenen Lebensraum. Denn der *Homo sapiens* benötigt dank seines leichteren Körpers weniger Kalorien als der massige Neandertaler, er ist geschickter darin, Kleider zu nähen und wärmende Unterkünfte zu bauen, und fertigt bessere Jagdwaffen an.

Vor allem aber vermehrt er sich viel schneller als der Neandertaler. Seine Frauen empfangen ihre Kinder in kürzeren Abständen, und eine generell höhere Lebenserwartung sorgt dafür, dass in ihren Gruppen Ältere auf den Nachwuchs achtgeben können.

Vielleicht auch hat der *Homo sapiens* tödliche Infekte aus Afrika mitgebracht – Krankheiten, die er überstehen kann, nicht aber der Neandertaler.

Vor etwa 39 000 Jahren jedenfalls, so lässt sich aus dem Fehlen jüngerer Knochenfunde schließen, verschwindet der Neandertaler. Möglich, dass danach einzelne Grüppchen an der Mittelmeerküste noch ein paar Tausend Jahre überdauern – darauf deuten Werkzeuge in einer Höhle auf Gibraltar hin.

Der *Homo sapiens* dagegen wird die Welt verändern wie keine andere Spezies zuvor.

Doch vorerst wird er noch viele Jahrtausende lang in Europa als Jäger und Sammler umherstreifen; er wird, wie der Neandertaler, von und mit der Natur leben, seine Tage zubringen mit der Jagd, dem Töten und Zerlegen großer Säugetiere. Und er wird sich in den Wintern in Höhlen zurückziehen – mancherorts sogar in genau jene Felsgrotten, in denen schon seine urzeitlichen Verwandten einst Schutz gesucht haben. ◊

IN KÜRZE

Vor rund 200 000 Jahren entsteht der Neandertaler. Seine körperliche Robustheit, seine denkerischen Fähigkeiten sowie eine hohe Sozialkompetenz ermöglichen es ihm, sich über große Teile Europas, den Nahen Osten und bis nach Sibirien auszubreiten. Wahrscheinlich führt eine Vielzahl von Gründen zu seinem Ende vor etwa 40 000 Jahren. Der *Homo sapiens* jedoch, erst kurz zuvor nach Europa eingewandert, überlebt – und prägt die Erde bis heute.

LITERATURTIPPS

FRIEDEMANN SCHRENK, STEPHANIE MÜLLER
»Die Neandertaler«
Kompakter Überblick (C. H. Beck).

SVANTE PÄÄBO
»Die Neandertaler und wir«
Die spannende Geschichte der Entschlüsselung des Neandertalergenoms (Fischer).

Die **KATHEDRALE** der KUNST

Vor mehr als 60 000 Jahren beginnen Menschen erstmals, Bilder auf Felswände zu bannen. Ihren Höhepunkt erreicht die Höhlenmalerei beiderseits der Pyrenäen. Dort verwandeln die Künstler mächtige Grotten in reich verzierte Heiligtümer. Das berühmteste entsteht vor 17 000 Jahren in Lascaux

TEXT: *Cay Rademacher*

DER »SAAL DER STIERE« ist einer der bilderreichsten Räume von Lascaux – und der einzige, in den Sonnenlicht fällt. In den übrigen Abschnitten des Höhlensystems nutzen die steinzeitlichen Künstler Lampen mit Hirschtalg als Lichtquelle. Um die mitunter viele Meter großen Motive zu malen, steigen sie vermutlich auf Leitern. (Da die Luft durch die Besuchermassen wärmer und feuchter wurde und Schimmel die Wände befiel, ließ das Kulturministerium die Grotte 1963 sperren und nachbauen. Einige der hier gezeigten Bilder sind Replika aus diesen künstlich angelegten Gewölben)

Am Anfang ist das Licht. Denn ohne Licht ist diese Höhle ein gefährlicher, womöglich tödlicher Ort – eine Grotte, die wie ein gigantischer Axthieb in der Kuppe eines Berges klafft. Auf den ersten Metern am Eingang schimmert noch Sonnenlicht auf dem weißlichen und rötlichen Kalkstein und dem unebenen Boden, der sich in sanftem Winkel in die Tiefe senkt. Doch schon nach wenigen Schritten weitet sich die Höhle, teilt sich dann in zwei enge Gänge. Durch manche Passagen kann man nur noch kriechen, am Ende des rechten Gangs weitet sich eine Kammer, hoch und weit wie ein Saal – ein Raum in ewiger Nacht, denn nie wird die Sonne bis hierher scheinen.

Der perfekte Ort für ein Bild voller Magie.

Irgendwann vor vielen Tausend Jahren dringt ein namenloser Künstler bis in diesen Höhlensaal vor, vielleicht an einem späten Winter- oder ersten Frühlingstag, aber das ist, wie so vieles hier, reine Spekulation.

Der Künstler trägt sein Licht mit sich: einen flachen Stein, der wie eine Schale ausgeschliffen ist. In dieser Schale glänzt Hirschtalg, in dem ein Docht aus Wacholderholz steckt. Dessen Flamme brennt fast rauchfrei, im lodernden, gelblichen Licht scheint der Fels vor und zurück zu tanzen.

Vielleicht ist der Künstler allein, vielleicht begleiten ihn Helfer, Kinder womöglich, viele werden es auf keinen Fall sein, die Höhle ist zu eng.

Er hält an einer natürlichen Einbuchtung inne, eine durch irgendeinen geologischen Zufall geformte, etwa mannsgroße Nische in Kopfhöhe. Der Künstler nimmt eine Handvoll groben Sand, den er von draußen mitgebracht hat, und beginnt, damit die Wand glatt zu schmirgeln. Den schwärzlichen Belag, der im rauen Stein wuchert, reibt er fort, die polierte Fläche glänzt schließlich gelbbraun, viel heller als die Umgebung.

Nun mischt er die Farbe an: Von draußen hat er einen Klumpen Manganoxid mitgebracht, einen Erzbrocken, den man hier überall findet. Mit einer Feuersteinklinge schabt er winzige Flocken ab, schüttet dieses Pigment auf einen flachen Stein, der ihm als Palette dient. Er gibt Sand und Wasser dazu, rührt die Mischung an, bis eine flüssige schwarze Farbe auf der Palette glänzt.

Und dann wirft der Künstler ein Bild auf diese tief im Berg verborgene Wand, er malt mit freier, sicherer Hand, ohne Skizze. Ein am Ende zerfaserter Pflanzenstiel dient ihm als Pinsel. Mit raschen Strichen zeichnet er Formen. Die Flächen sprüht er auf: Mit einem Röhrenknochen bläst er Farbe aus dem Mund auf den Felsen, verreibt sie vielleicht auch noch mit den Händen, bis sie große Bereiche bedeckt.

Von einem Ockerklumpen schmirgelt er anschließend rötliche Pigmente auf die Palette und trägt die Farbe auf bestimmte Stellen auf.

Etwa eine Stunde lang brennt die Lampe, dann ist der Hirschtalg verzehrt. Helfer werden ihm neue Leuchten bringen und neue und neue. Stunde um Stunde malt er, durch die Höhle zieht bloß ein schwacher Zug, die Luft ist so stickig, dass sie benommen macht. Es ist immer rund elf Grad Celsius kalt, ob im Winter oder Sommer, ob mittags oder nachts, und die Luft ist feuchtigkeitssatt. Als der Künstler endlich zurücktritt, weiß er womöglich nicht einmal, ob draußen nun Tag herrscht oder Nacht, im flackernden Lampenschein schimmert sein Werk.

Es zeigt zwei brünstige, kämpfende Bisons (siehe Abbildung links). Die mächtigen Tiere haben die Köpfe abgewendet, stehen Kruppe an Kruppe, der linke Bulle scheint mit seinem Hinterteil den Hinterleib des Rivalen gegen die Felswand zu quetschen, das rechte Tier schlägt aus, als wollte es sich aus dieser Bedrängnis befreien.

Der Künstler muss die Bisons lange beobachtet haben, auf dass er im Erdinneren, fern von jedem lebenden Vorbild, so leichthändig ihr Wesen trifft: den wuchtigen, niedrigen Kopf, die Hörner,

OFT NUTZEN DIE MALER die Beschaffenheit der Höhle aus: So liegen etwa die Hinterteile dieser Bisons in einer Nische, wodurch das Bild eine gewisse Tiefe bekommt

INDEM SIE VERSCHIEDENE ERZE schmirgeln und mit Wasser vermischen, gewinnen die Künstler von Lascaux rund 25 unterschiedliche Farbtöne. Damit stellen sie wichtige Beutetiere der Steinzeitmenschen dieser Region dar: Pferde, Bisons, Steinböcke, Hirsche, Auerochsen. Raubtiere malen sie dagegen nur selten – und Pflanzen nie

die sich mächtig aufwölbende Schulterpartie, das zottelige Brust-, das sich kampflustig aufsträubende Nackenhaar, die abfallende Rückenlinie, das Geschlecht, den in höchster Erregung aufgerichteten Schwanz, die gespaltenen Hufe der Kolosse.

Den rechten, bedrängten Bullen hat der Maler ganz in Braunschwarz gehalten, er trägt sein dunkles Winterfell. Dem linken Tier hat er mit Ocker rotbraune Flächen auf die Flanke gelegt: Dieser Bison trägt frühlingshaft geschecktes Fell, an manchen Stellen noch das schwarze Winterkleid, an den Seiten schon das braune Sommerfell.

Der Künstler hat jedoch nicht allein die Tiere genauestens beobachtet – sondern auch die Höhle. Die übereinander gemalten Hinterteile der Bullen füllen den tiefsten Teil der Nische aus, ihre gewaltigen Rückenlinien folgen genau dem oberen Rand der Einbuchtung.

Ein genialer optischer Trick; die Bisons scheinen aus der Tiefe des Felsens hinauszustürmen. Und in der saalartigen Kammer hallt der Ton: Wenn man mit den Knöcheln gegen den Felsen klopft, klingt es wie Hufgetrappel.

Donnernde Hufe, aus dem Felsen stürmende Bisons, flackerndes Licht: Tief im Berg können Eingeweihte fortan die beiden Kolosse zum Leben erwecken.

Mit einem Talglicht, nicht größer als die Hand, die es trägt, wagen sie sich in die Unterwelt. Totale Finsternis. Die gelbrote, im Luftzug tanzende Flamme leuchtet bloß wenige Schritte weit. Vollkommene Stille. Und auf einmal stürzen zwei Bisonbullen aus der Dunkelheit.

Brunft und Kampf, Leben und Tod, schiere animalische Kraft, verborgen im Inneren der Erde – fürwahr ein magisches Bild.

°

DIE SICH KREUZENDEN BISONS sind nur eines von unglaublich vielen magischen Bildern in dieser Höhle: der Grotte von Lascaux. Nicht allein diese *zwei*, sondern ungefähr *zweitausend* Tiere sind ab 15 000 v. Chr. an diesem Ort in der südwestfranzösischen Dordogne gemalt oder in den Felsen geritzt worden: galoppierend oder stehend,

DIE EINZIGE DARSTELLUNG eines Menschen zeigt offenbar einen Jäger, der von einem verletzten Bison attackiert wird. Doch der Mann hat einen Vogelkopf, und auch unter ihm hockt ein Vogel. Steinzeitliche Schamanen trugen bei Ritualen vermutlich oft Tiermasken, und Vögel galten wohl als Begleiter der Seelen von Verstorbenen. Möglicherweise handelt das Bild also von einer kultischen Zeremonie

brünstig oder kämpfend, stürzend, schleichend, ja sogar schwimmend. Lascaux ist die berühmteste jener rund 150 Grotten beiderseits der Pyrenäen, in denen Steinzeitmenschen in staunenswerter Meisterschaft Tiere auf ewig dunkle, unzugängliche Wände bannten. 30 Jahrtausende währte ihre Kunst, die uns noch heute ehrfürchtig macht.

30 Jahrtausende, 150 Höhlen, Zehntausende Bilder – die Grotten sind so etwas wie Sixtinische Kapellen jenes Zeitalters. Monumente einer Kunst, deren Schöpfer sich die Welt noch mit Mammuts und Höhlenlöwen teilten.

Doch niemand weiß, *wer* die Höhlen wirklich ausgemalt hat. Und vor allem: *weshalb*. Warum haben – und fast ausschließlich in dieser Region Europas – Menschen die verborgensten Orte ihrer Welt mit einigen der schönsten Bilder aller Zeiten geschmückt?

Denn obwohl es doch in weiten Gebieten Europas Höhlen gibt, sind sie nur in Nordspanien und Südwestfrankreich in ausgemalte Heiligtümer verwandelt worden, und das über einen unfassbar langen Zeitraum: Die frühesten Höhlenbilder im spanischen El Castillo sind vor 40 000 Jahren geschaffen worden, die letzten Grotten wurden vor 12 000 Jahren ausgeschmückt.

Forscher sprechen von der „franko-kantabrischen Höhlenkunst", und es ist unbestritten, dass es sich um eine gemeinsame Kultur handelt. Die Bilder in den Höhlen zeigen fast nur große Tiere, und mit der Ausnahme von Löwen und Hyänen sind es alles Pflanzenfresser: Pferde, Bisons, Steinböcke, Nashörner, Hirsche, Auerochsen, Mammuts.

Kein Wolf ist festgehalten worden, kein Hase, kein Adler, aber auch kein Baum, keine Blume, überhaupt keine Pflanze. Und kein Erdboden, auf dem die Tiere stehen; manches Wesen scheint an der Höhlenwand zu schweben.

Dafür haben die Maler überall abstrakte Zeichen hinterlassen, zuweilen mitten in den Tierleibern: Linien, Punkte, Rauten, Quadrate. Manche Forscher sehen darin Symbole für Speere oder Fallen, für Sterne oder Vulven, aber das ist reine Spekulation.

Bei allen Gemeinsamkeiten der franko-kantabrischen Kunst fallen doch auch lokale Besonderheiten auf. So kommt in jeder Höhle ein Tier besonders häufig vor: In Lascaux dominieren Pferde, in Chauvet (im Tal der Ardèche) Wollnashörner, in Niaux (Pyrenäen) Bisons.

Und während die Künstler von Lascaux in insgesamt etwa 25 Farbtönen malten – in Schwarz und in braunen, gelben Ockertönen, in Rot aus Hämatit sowie in Weiß aus Kaolin und sogar Violett aus Eisenoxid –, sind in Chauvet die Tiere überwiegend schwarz. Dafür haben dort Menschen Abdrücke hinterlassen, indem sie ihre Hände gegen den Fels hielten und dann mit Farbe aus dem Blasrohr besprühten oder die eingefärbte Hand daraufpressten. Rund ein Dutzend solcher Signaturen haben sich in Chauvet erhalten – und eine charakteristisch verkrüppelte Hand findet sich überall in der großen Höhle und dabei so weit oben an den Wänden, dass Forscher schätzen, dieser von seiner Deformation gezeichnete Künstler muss mindestens 1,80 Meter groß gewesen sein.

In Lascaux hingegen: kein einziger Handabdruck.

Einige Jahrzehnte lang haben Forscher eine Theorie zur Entwicklung der Kultur verfolgt. Demnach begann alles mit ein paar eingeritzten und gemalten Symbolen und den besprühten Händen, vor allem auf Steinplatten und nicht auf Felswänden. Dann folgten erste erkennbare Tierzeichnungen, noch in vorderen, von der Sonne beschienenen Bereichen der Grotten. Schließlich wurden die Künstler immer sicherer, drangen tiefer ins Innere vor, nutzten Lampen und schufen immer bessere Bilder.

Lascaux erschien wie die Apotheose der Höhlenmalerei, denn die Grotte ist eine der buntesten und bilderreichsten überhaupt.

Inzwischen jedoch weiß man, dass die Höhle von Chauvet bereits vor rund 20 000 Jahren durch einen Felssturz verschüttet worden ist, ihre Bilder vor 30 000 Jahren entstanden sind – und schon die waren perfekt. Fast nirgendwo sonst sind Löwen oder Nashörner in solcher Meisterschaft gezeichnet worden.

Die franko-kantabrische Höhlenmalerei scheint sich also nicht langsam über Äonen entwickelt zu haben, sondern ist wohl eher in einer Art kreativem Urknall entstanden. Plötzlich begannen in dieser Region Europas Künstler, Tiere in Höhlen zu malen, und sie taten dies von Beginn an mit sicherer Hand und scharfem Blick.

D

Die Menschen, die die Kunstwerke von Lascaux vor 17 000 Jahren schaffen, gehören zur Art *Homo sapiens*, doch sind ihre Muskeln und Knochen massiger, robuster als bei uns, vermutlich wirken auch ihre Gesichter flacher, die Wangen breiter. Davon zeugen beispielsweise fünf Skelette – drei Männer, eine Frau, ein Kind –, die 1868 unter einem Felsvorsprung ausgegraben wurden, dem Abri de Cro Magnon in der Dordogne, im Tal der Vézère.

Dank weiterer Skelett- und anderer Funde können Wissenschaftler inzwischen ihren Alltag rekonstruieren: Die Menschen leben in kleinen Gruppen, vielleicht ein, zwei Dutzend pro Clan. (Die Fläche von ganz Frankreich, so schätzen Experten, teilen sich zur Zeit von Lascaux einige Zehntausend Menschen.)

Fast die Hälfte der Kinder übersteht die ersten Lebensjahre nicht, auch viele Frauen sterben bei der Geburt. Trotzdem leben in den Gruppen weitaus mehr Alte als bei früheren Hominiden: Frauen und Männer, deren fruchtbare Phase vorüber ist, erfahrene Veteranen von 45, 50, gar 60 Jahren. Doch kaum jemand stirbt schließlich an Altersschwäche, irgendwann wird fast jeder durch Krankheiten oder Unfälle dahingerafft. Kampfspuren allerdings sind auf den Skeletten selten.

Die Menschen sind Jäger und Sammler. Rentiere sind ihre wichtigste Beute, dazu Fische aus den Flüssen, Hasen und Vögel, Nüsse und Beeren aus den Wäldern. Als Halbnomaden stellen sie der Nahrung nach: Vermutlich gebietet jeder Clan über sein Land, vielleicht den Abschnitt eines Flusstals, in dem er, je nach Jahreszeit und Nahrungsangebot, hin und her zieht.

Die Vézère etwa, in deren Nähe Lascaux liegt, hat ein rund 40 Kilometer langes, gewundenes Tal durch die Kalksteinfelsen der Dordogne gefräst, die Hügel an ihren Flanken ragen bis zu 200 Meter auf. Allein in diesem Tal sind 25 mit Bildern versehene Höhlen entdeckt worden, so viele auf so engem Raum wie nirgendwo sonst in Westeuropa. Es ist nicht anders vorstellbar, als dass mehrere Großfamilien nach und nach alle diese Höhlen dekoriert haben. Dieses Tal muss, nach eiszeitlichen Maßstäben, relativ dicht besiedelt gewesen sein.

Manchmal hausen die Menschen vermutlich in Hütten aus Zweigen und Laub oder Zelten, zuweilen leben sie unter Felsvorsprüngen, die vor Wind und Regen schützen – wie in der knapp 20 Kilometer stromabwärts von Lascaux gelegenen sogenannten Laugerie Basse.

Diese Nische in der grauen, lotrecht aufragenden Felswand oberhalb der Vézère ist mehr als 100 Meter lang, reicht aber nur zehn bis 20 Meter tief ins Gestein hinein.

Wer hier steht, hat nicht den Eindruck, in einer Höhle zu sein, eher auf einem weiten, geschützten Balkon mit Blick auf Fluss, Wälder, Hügel. An großen Feuern, deren Ruß noch Jahrtausende später die Felsdecken schwärzt, haben die Menschen gekocht, geschlafen, haben Tieren die Häute abgezogen und zu Lederumhängen verarbeitet, haben aus Rentierknochen widerhakengespickte Speerspitzen sowie Nadeln oder Angelhaken geschnitzt. Nicht ausgeschlossen, dass die namenlosen

Künstler der geschmückten Höhlen dieses Tals in Laugerie Basse gelebt haben, dass hier die Spuren ihres Alltags zu sehen sind – beweisen kann das aber niemand. In den Felswänden entlang der Vézère klaffen Dutzende Balkone wie dieser, die Meister von Lascaux könnten irgendwo aus diesem Tal gekommen sein.

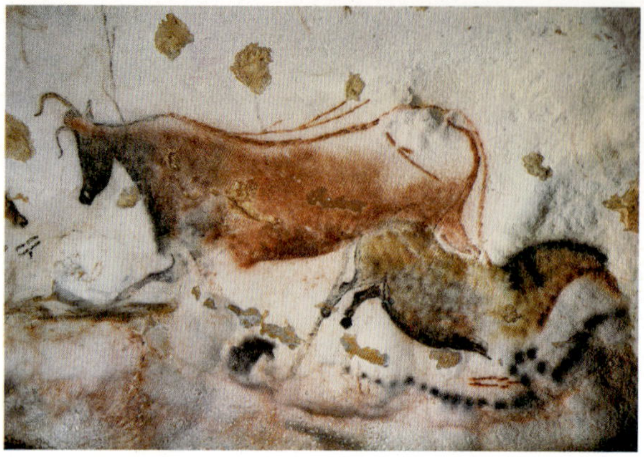

KONTUREN ZIEHEN die Maler mit Pflanzenstielen oder spitzen Steinen. Flächen wie die Körper großer Tiere sprühen sie oft mithilfe von Röhrenknochen auf

EINIGERMASSEN SICHER immerhin ist, dass die Menschen erst beginnen, die Höhle von Lascaux auszumalen, als sich ihre Welt dramatisch ändert. Denn sie leben zwar während der Eiszeit, doch ist die keineswegs eine schier ewig währende Phase sibirischer Kälte, sondern eher eine Epoche klimatischer Extreme.

Zwar muss das Tal der Vézère jahrtausendelang wirklich so gewirkt haben, als läge es in Sibirien – ein Fluss in einer kahlen, von eisigen Winden heimgesuchten Steppe: lange Winter, wenig Regen, keine Bäume. Die Tundra der großen Rentierherden, der Mammuts und Wollnashörner, Moschusochsen und Bisons.

Doch vor 17 000 Jahren beginnt sich das Klima zu ändern. Noch immer gibt es lange Winter, doch sommers reichen Temperaturen und Niederschläge nun für Wälder: Wacholder, Kiefern, Kastanien, Nussbäume, Weiden, Erlen, Linden, Farne gedeihen – das beweisen Pollen, die in Lascaux geborgen worden sind. Neue Tierarten wandern ein, Hirsche etwa, die im Wald leben. Andere weichen von hier, wie die Mammuts. Wieder andere werden zu Wanderern: Rentiere kommen im Winter aus dem Norden durch das Vézère-Tal, verschwinden aber im Frühjahr.

Genau auf diesen – vorübergehenden – Klimawechsel lassen sich die ältesten Werke der Maler von Lascaux datieren: Erst als es vor 17 000 Jahren wärmer und feuchter wird, beginnen Menschen, in dieser Grotte zu malen.

Womöglich ist es daher nur wenig übertrieben, wenn man sagt, dass sie zum ersten Mal ein Bewusstsein bekommen für Jahreszeiten – und dass sie dieses Wissen hier in Bilder bannen. Selbstverständlich hat es auch in der eiszeitlichen Tundra zwischen Januar und Juli Schwankungen der Temperatur gegeben, doch blieb eigentlich immer die kalte, karge Steppe, in der stets Rentiere lebten, die wichtigste Nahrungsquelle. Auf einmal jedoch kommt diese Beute nur noch im Herbst aus dem fernen Norden an und verschwindet wieder im Frühjahr. Ein Zyklus entsteht, von dem das Überleben des Clans abhängt.

Anzeige
Wem gehört der deutsche Wald?
Können uns Bäume gesund flüstern?
Wo herrschen im Forst die Frauen?
Wie hört sich eine Wiese an?

Aus einer flüchtigen Begegnung im Wald entwickelt sich eine innige Freundschaft zwischen Mensch und Fuchs

Text: Tilman Botzenhardt Fotos: Klaus Echle

Mein Jahr mit Sophie

Das erste Mal begegnet sie ihm an einem warmen Abend im Mai. Zwischen Grasbüscheln tauchen zwei Ohren und ein kleiner runder Kopf aus dem Wald auf: ein weiblicher Fuchswelpe. Langsam tapst er auf den Hochsitz der Freiburger Forstwirtin Anna Rummel zu. Sie ahmt das hohe Fiepen einer Maus nach, er schaut ohne Scheu zu ihr auf. Neugierig betrachten sich beide. Es ist der Beginn einer wunderbaren Freundschaft.

Denn als Anna Rummel ein paar Tage später in das Waldstück zurückkehrt, erscheint auch die junge Füchsin erneut. Anfangs wirft sie ihr ein paar Hundekuchen zu, die sie bald ohne Angst akzep-

Gefährtinnen

Die junge Füchsin ist so zutraulich wie verspielt – und weicht Forstwirtin Anna

ihre natürliche Angst vor dem Mensch nicht verlieren.

Anna Rummel tauft sie Sophie – und fährt bald fast täglich hinaus in das Waldstück, um das neugierige Tier zu treffen. Sobald sie das Auto verlässt, pfeift die Forstwirtin eine Melodie. Und auch ohne Leckerli dauert es selten lang, bis Sophie erscheint. Geduckt und mit wedelndem Schwanz springt sie herbei, grüßt oft schon von fern mit Winsel- und Kreischlauten, die Jungfüchse an ranghöhere Tiere richten.

Eine Freundschaft entsteht

Schnell werden die Treffen mit Sophie für Anna Rummel zu sehnsüchtig erwarteten Höhepunkten

Ungewöhnliche Freundschaft

Begegnen Sie einer Frau, die das Glück hatte, eine Füchsin kennenzulernen – und sich von ihr den Wald zeigen zu lassen

$1 m^3$ *Waldboden*

In der Dunkelheit des Erdreichs wimmelt es nur so von Leben. Zigtausende teils skurrile Wesen siedeln dort in dieser verborgenen Welt. Ohne sie würde es den Wald darüber gar nicht geben

Faszinierende Einblicke

Aufwendige Illustrationen offenbaren geheime Details und veranschaulichen verblüffende Zusammenhänge

Willkommen in meinem Revier!

Kein Smartphone, kein Bett, kein Herd: Wie lebt es sich im Wald? Ich probiere es mit Gästen in der Eifel aus

Text: Peter Wohlleben Fotos: Ramon Haindl

Zurück zur Natur!

Einfach mal rauskommen, abschalten, den Wald genießen – zum Beispiel bei einem Seminar mit Peter Wohlleben

Vielleicht erwacht erst mit dieser Wahrnehmung der Menschen, dass sich etwas ändert, dass es verschwindet und wiederkehrt, ein Interesse daran, die sich wandelnde Welt in Bilder zu bannen. Jedenfalls fällt auf, dass die Protagonisten dieses Wandels in Lascaux gemalt werden: die Tiere der Steppe, etwa Pferde und Bisons, und die des Waldes, so Hirsche und Auerochsen.

364 Pferde und 26 Bisons haben Forscher in Lascaux gezählt sowie 90 Hirsche und 28 Auerochsen. Zudem 35 Steinböcke, sieben Höhlenlöwen, einen Bären – und mehr als 2000 weitere, übereinander geritzte Tierleiber.

Auf den ersten Blick wirkt dieser Bilderzoo chaotisch, doch folgt er vielleicht einer rätselhaften Ordnung.

Wie ein zweifaches „Y" ist die Höhle von Lascaux geformt, alle Gänge zusammen sind 250 Meter lang (siehe Seite 56). Der Eingang – der untere Strich des ersten Y – wird von den Forschern „Saal der Stiere" genannt, denn vier große Rinder dominieren die Halle. Ein schwarzer Auerochse misst 5,20 Meter vom Kopf bis zur Schwanzspitze und ist damit nicht nur die mächtigste Kreatur von Lascaux, sondern auch größer als in der Realität.

Der Saal der Stiere ließ sich besonders gut ausmalen, weil herabtropfendes Wasser den Kalkstein in Kalkspat verwandelt hat, der wie eine natürliche Grundierung wirkt und die mit Wasser gemischten Farben lange konserviert. Zudem ist dies fast der einzige Abschnitt der Grotte, in den noch natürliches Licht fällt, am längsten zum Sonnenuntergang während der Sommersonnenwende.

Möglich also, dass die Künstler im Tal der Vézère unter Dutzenden Höhlen in der Dordogne gerade Lascaux nach dem Lauf des Gestirns ausgewählt haben. Vielleicht ist ein Teil ihres Geheimnisses gar nicht im Berg verborgen, sondern im Himmel (in der Grotte von El Castillo glauben Forscher die Abbildung einer partiellen Mondfinsternis erkannt zu haben).

Vom Saal der Stiere zweigt als linker Balken des ersten Y ein Seitengang ab, zweieinhalb Meter hoch, selbst die Decke ist bemalt – wahrscheinlich stiegen die Künstler auf Leitern, zumindest finden sich hier menschengemachte Mulden im Fels, in denen womöglich einst (längst verwitterte) Holzpfosten standen. Pferde, Hirsche und

IN DER REGEL ZEIGEN die Bilder reale Tierarten – und in Gruppen meist auch nur jene, die sich einen Lebensraum teilen, den Wald etwa oder die Steppe. In dieser Szene aber findet sich ganz links ein Wesen, das offenbar aus der Kultwelt der Steinzeitmenschen stammt: Es hat den Leib eines Bisons und einen Hirschschwanz, ist gefleckt wie ein Leopard und trägt den Kopf eines Löwen sowie zwei Hörner

DIE HÖHLE VON LASCAUX

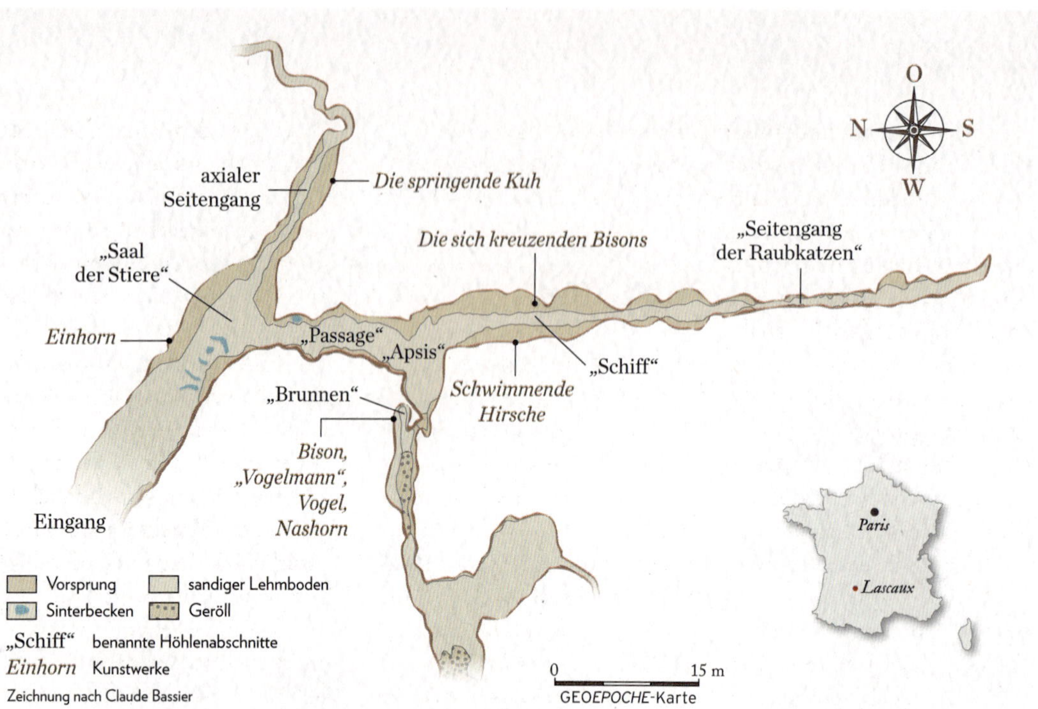

DIE INSGESAMT RUND 250 Meter lange Grotte besteht aus mehreren Gängen und Kammern. Sie ist sehr trocken und hat sehr ebene und große Wände. Vermutlich findet sich auch deshalb hier eine der vielfältigsten Bildersammlungen der Steinzeit

Steinböcke wimmeln durcheinander, es wirkt, als würden sie in alle Richtungen stieben. Ein weiblicher Auerochse scheint über Pferde zu setzen, vor seinen Füßen hat der Künstler ein Rechteck mit einer Art Muster gemalt – eine von Jägern gestellte Falle, in die das gehetzte Tier stürzt?

Rechts vom Saal der Stiere formt Lascaux ein zweites Y. „Passage“ nennen Forscher dessen Anfang: ein schmaler, scheinbar schmuckloser Gang, in dem die Bilder kaum noch sichtbar sind, da die Grotte hier sehr eng ist und damit der Luftzug stärker, die Verwitterung größer.

In der darauf folgenden „Apsis“ liegt ein weicher, feuchter Kalkstein offen, in den Tierdarstellungen vor allem geritzt und kaum gemalt wurden: ein offenbar immer und immer wieder erneuertes Werk, ein Labyrinth millimeterfeiner Linien, aus denen sich nur noch mühsam die Konturen Hunderter Tierleiber herauslesen lassen.

Von der Apsis zweigt das „Schiff“ ab – jene Halle, in der die gekreuzten Bisons kämpfen. Ein Höhlensaal, in dem über einem Riss im Felsen nur die Oberkörper einer Gruppe von Hirschen gemalt sind, die ihre Köpfe hoch werfen; es wirkt, als schwämmen die Tiere in einem Gewässer.

Und so genau die Künstler auch alle anderen Tiere beobachtet haben: Bei den Hirschen formen sich die Geweihe oft zu fantastisch vielendigen, ganz und gar unrealistisch gewaltigen Gebilden. Weshalb übertreiben sie gerade dieses Detail? Niemand hat darauf eine Antwort.

Am Ende verengt sich das Schiff zu einem Felskanal, in dem man noch gebückt, schließlich nur noch kriechend, dann gar nicht mehr vorankommt: dem „Seitengang der Raubkatzen“. Hier, und nur hier, sind Höhlenlöwen dargestellt. Und nur hier hallt der Ton nicht, wenn man gegen den Felsen klopft, wird jedes Geräusch verschluckt. Ist es ein Zufall, dass trampelnde Großtiere in den hallenden Grotten gemalt werden und nur im stillen Seitengang die lautlos schleichenden Raubkatzen?

°

AUF DER ANDEREN SEITE der Apsis zweigt der bei Weitem unzugänglichste Bereich der Höhle ab. „Brunnen“ haben Forscher diesen tückisch engen Schacht genannt, der hinter einer kaum 50 Zentimeter hohen Passage plötzlich acht Meter tief nach unten fällt. Es ist ein vollkommen dunkles Loch, in das man nur mit großem Risiko hinuntersteigen kann – hinunter auf einen Boden, wo die Luft so stickig und deshalb kohlendioxidhaltig ist, dass sie bei jedem Menschen, der länger hier verweilt, Beklemmungen und einen Dämmerzustand, ja den Tod verursachen kann: In der Luft draußen beträgt der Gehalt an Kohlendioxid 0,03 Prozent – im Brunnen sind es sechs Prozent, mehr als das Zehnfache der gerade noch unschädlichen Dosis.

Und ausgerechnet hier, mitten in diesem wortwörtlich atemraubenden Schacht, findet sich das rätselhafteste Bild von Lascaux, ja das vielleicht rätselhafteste Motiv der gesamten steinzeitlichen Höhlenmalerei.

Wenn es nicht einen zweiten Eingang gegeben hat, muss der Maler sich mit einem Seil in die Schwärze hinuntergelassen haben – zumindest hat der Abdruck eines aus Pflanzenfasern geflochtenen Taus am schlammigen Brunnenrand die Zeiten überdauert. Die Wände sind größtenteils unbemalt. Wenn sich von oben jemand durch die ganze Höhle bis zum Schacht vorgearbeitet und mit einem Talglicht in die Tiefe geleuchtet hätte: Er hätte nichts entdeckt. Erst ein Eingeweihter, der sich an einem Seil hängend hinunterwagt, baumelt mehr als einen Meter über dem Brunnengrund plötzlich vor den nur in Schwarz gemalten Bildern.

An einer Stelle springt ein Pferd – und gegenüber: eine mit nur wenigen Strichen meisterhaft gezeichnete und doch seltsam „falsche“ Szene.

Ein großer Bison hat den Kopf zum Angriff gesenkt, das Nackenhaar ist gesträubt, der Schwanz erhoben. Doch zugleich scheint das Tier den Kopf, als wäre der unabhängig von Halsbehaarung und Hörnern, irgendwie nach hinten zu wenden. Die Beine sind ganz starr. Und unterhalb des Schwanzes, vom Anus bis zum Unterbauch, durchbohrt ein gerader Strich den Körper, die Eingeweide quellen aus dem Unterleib.

Vor diesem angreifenden und zugleich vielleicht tödlich verwundeten Tier fällt: ein Mann zu Boden.

Es ist der einzige Mensch von Lascaux – und fast der einzige in der ganzen franko-kantabrischen Kunst. Nur in der südfranzösischen Trois-Frères-Höhle findet sich eine annähernd vergleichbare Szene.

Dieser Mann hat einen Vogelkopf. Er fällt stocksteif nach hinten, als hätte ihn der Bison bereits umgestoßen. Doch sein Penis ist erigiert. Und an beiden Händen, die er im Fall weit abspreizt, hat er nur vier Finger.

IN KÜRZE

Bis heute ist nicht eindeutig geklärt, weshalb Steinzeitkünstler Höhlen bemalt haben. Forscher gehen davon aus, dass es um mehr als nur Verzierung ging. So scheinen viele Arrangements einem Plan zu folgen, nehmen die Tiere nicht zufällig ihre Plätze ein, erzählen die Kompositionen Geschichten und waren vielleicht Bestandteil kultischer Rituale. Manche Experten vergleichen die Bilder sogar mit einer Art Schrift, die damalige Menschen zu lesen vermochten.

Unter dem stürzenden Mann sind Striche gezeichnet, und auf einem Strich hockt ein Vogel. Der einzige Vogel der Höhle, und sein Kopf ähnelt dem Vogelkopf des Menschen. Eine Reihe aus drei Doppelpunkten führt links von Mann und Vogel fort, bis zu einem abgewandten Wollnashorn. Es ist das einzige Nashorn von Lascaux.

Selbst nach 17 000 Jahren springen einem Betrachter beim Anblick der Szene Bilder in den Kopf: Mensch und Tier, Zeugung und Kampf, Leben und Tod, reale Welt und magische Welt.

Mehr noch – im Schachtboden haben Archäologen Objekte geborgen, die niemals auf natürlichem Weg an diese entlegene Stelle gelangt sein können: Farbreste und zwei mit roten Pigmenten eingeriebene Speerspitzen aus Rentierknochen. Und Muschelschalen, die von der Atlantikküste stammen. Von Lascaux aus sind das mehr als 200 Kilometer und eine andere Welt.

Symbolisiert die rote Farbe Blut? Stehen die Muscheln für das Ende der Welt, denn Atlantik und Kontinentalgletscher sind ja Barrieren, die kein Mensch damals überwinden konnte? Sind das „Opfergaben“, niedergelegt vor dem „Vogelmann“?

M

Mit der Szene im Brunnen beginnt jedenfalls jede Frage nach dem *Warum* von Lascaux. Welcher Sinn verbirgt sich hinter den Bildern?

Es ist außerordentlich verführerisch, in all diesen Werken einen Jagdzauber zu sehen (und so haben sie die ersten Forscher auch interpretiert). Dann erblickte man hier einen Jäger, der mit seinem Speer einen Bison durchbohrt, doch von dem tödlich verwundeten Tier seinerseits niedergeworfen wird. Und all die Kreaturen in den besser zugänglichen Abschnitten sind Beutetiere, die man zu jagen hofft – oder, im Fall der Löwen, gefährliche Feinde, deren sich die Jäger erwehren müssen.

Nur: Rentiere, das beweisen Knochenfunde, sind vor 17 000 Jahren die mit Abstand wichtigste Beute der Menschen dieser Region. Aber nur ein einziges Rentier wird in Lascaux dargestellt. Und kein steinzeitlicher Speer hätte den gewaltigen Leib eines Bisons so durchbohren können, wie auf dem Bild im Brunnen dargestellt.

Auch hatte wohl kein Jäger einen Vogelkopf. Und nackt sind sie sicher auch nicht gewesen. Und weshalb sollte ein stürzender, ja sterbender Jäger einen erigierten Penis haben? Und warum nur vier Finger an jeder Hand?

Andere Forscher sehen in den Tieren daher eher Clansymbole. Demnach wäre etwa das Pferd das Totemtier eines Stammes von Lascaux. Andere Geschöpfe zeigen dann Szenen, Mythen, Geschichten, die sich Jahrzehntausende später nicht mehr rekonstruieren lassen.

Eine neue Generation von Wissenschaftlern ist durch die Szene im Brunnen von Lascaux auf eine Analogie gestoßen. Sie vergleichen den Vogelmann mit Schamanen bei sibirischen und nordamerikanischen Völkern, die noch weit in die Neuzeit hinein archaisch und zudem in rauem Klima lebten, also womöglich in ihrer Lebensweise dem Menschen jener prähistorischen Epoche näher waren als irgendjemand sonst.

Bei ihnen wirkten Schamanen als Heiler und Weise. Es waren auserwählte Menschen, die bei Ritualen Tiermasken trugen und oft in Trance fielen, um mit Geistern und anderen jenseitigen Wesen Kontakt aufzunehmen.

Ist der Vogelmann ein Schamane? Oder ein Wesen, das einem Schamanen in Trance erscheint? Sprechen nicht auch die Opfergaben für Rituale?

Und was ist mit der giftigen Luft im Brunnen? Begünstigte die womöglich das Hinübergleiten in die Trance? War also ausgerechnet dieser erstickende, lichtlose, enge Schacht im Berg jener Ort, an dem die Seele aus dem Körper flog? Und wurden gerade deshalb ausschließlich hier Vogel und Vogelmann gemalt?

°

ES BLEIBT EIN RÄTSEL, zumal auch anderswo in der Höhle das Fantastische durchbricht – am prominentesten am anderen Ende der Grotte. Im Saal der Stiere, also gleich am Anfang, noch in Sonnenlicht und klarer Luft, eröffnet ein geradezu wahnwitziges Wesen den Reigen der Tiere.

„Einhorn" haben Forscher es getauft, aber das trifft es nun wirklich nicht: ein Leib wie ein Bison, gefleckt wie ein Leopard, ein Bauch wie ein Nashorn, der Widerrist wie ein Rentier, Löwenkopf, Hirschschwanz, keulenförmige Beine und zwei Hörner, die möglicherweise an ihrer Spitze zusammenlaufen und so ein Horn bilden.

Wacht am Höhleneingang ein Monster, wie man es nur in Trance sehen kann? Und offenbart sich am Ende ein Mythos, den man ebenfalls nur in Trance erfasst? An-

Die franko-kantabrische Höhlenmalerei ist die bekannteste, aber weder die älteste noch die einzige steinzeitliche Kunst in Grotten und Felsvorsprüngen. Nach derzeitiger Überzeugung der Experten haben sowohl der Neandertaler als auch der *Homo sapiens* die Höhlenkunst entwickelt – und zwar unabhängig voneinander und an mehreren Orten.

So ist eine Höhle im nordspanischen Monte Castillo bereits vor mindestens 64 800 Jahren ausgemalt worden. Der *Homo sapiens* war da noch gar nicht nach Europa eingewandert – also müssen es Neandertaler gewesen sein, die in der engen, versteckten Grotte unter anderem mit Rötel einen Bison und Kühe gemalt sowie Pferde und Auerochsen eingeritzt haben. Auch in Zentralspanien und Andalusien wurden inzwischen Grotten erforscht, deren Schmuck die Fachleute Neandertalern zurechnen.

Vor maximal 52 000 Jahren ist eine Höhle auf Borneo ausgemalt worden. In ihr haben Wissenschaftler einen Handabdruck entdeckt sowie ein rätselhaftes Tier, womöglich ein Rind. Zu der Zeit lebte der *Homo sapiens* bereits in Asien.

Anatomisch moderne Menschen müssen auch die bislang ältesten Höhlenbilder Afrikas geschaffen haben. Ein Forscher hat in einer Höhle im südlichen Namibia mehrere rund 27 000 Jahre alte Bilder einer Raubkatze, eines Nashorns und anderer Tiere aufgefunden. Hier sind die Darstellungen nicht auf die Grottenwände gemalt worden, sondern auf natürlich abgeplatzte flache Steine, die in der Höhle lagen.

Vor 16 000 bis 14 000 Jahren, also etwa zur Zeit von Lascaux, wurde eine Höhle im südlichen Ural mit Mammuts und anderen Tieren ausgeschmückt.

In der Sahara, die in früheren Zeiten feuchter und lebensfreundlicher war als heute, sind vor rund 10 000 Jahren an

KÜNSTLER AUF ALLEN KONTINENTEN

Die verzierten Grotten in Südfrankreich und Nordspanien sind die berühmtesten, aber nicht die einzigen bemalten Höhlen: Menschen auf der ganzen Welt haben in der Steinzeit Felswände in Kunst verwandelt

DIESER STEPPENBISON aus der Höhle von Altamira in Nordspanien zeigt die typischen Brauntöne, die die Steinzeitmenschen aus fein geriebenem Ocker gewinnen

ANDERS ALS in Lascaux sind die Bilder in der nahe gelegenen Höhle von Chauvet überwiegend in Schwarz gehalten

VOR 9000 JAHREN verzieren Menschen in Patagonien diese Wand, indem sie ihre Hände auf den Fels drücken und mit Farbe um sie herumsprühen

gleich mehreren Orten Zeichnungen in Felsüberhänge geritzt worden, etwa von Elefanten, Giraffen und Krokodilen.

Auch in Amerika wurden Felsen zu Leinwänden steinzeitlicher Künstler. In der südargentinischen Cueva de las Manos etwa wurden vor 9000 Jahren die ersten Strichzeichnungen von Menschen und Tieren angefertigt, und die Höhle wurde nach und nach zudem mit zahllosen Handabdrücken verziert (die sind beinahe universell, mit ihnen wurden Höhlen auf mehreren Kontinenten quasi signiert).

Meist stellten die Künstler vor allem diverse Tierarten dar, selten Menschen, relativ oft bestimmte Zeichen wie Punkte oder Rechtecke – und sehr wenig sonst. Eine Ausnahme ist ein vor 6000 Jahren ausgemalter Felsüberhang auf Timor, wo sich neben Handabdrücken und Schildkrötenzeichnungen auch Bilder von Booten erhalten haben.

Eine Schwierigkeit ist bei vielen Fundstellen die Datierung. Mit Holzkohle ausgeführte Zeichnungen sind mit der C-14-Methode (bei der über radioaktive Kohlenstoffteilchen das Alter organischer Materialien berechnet wird) noch relativ präzise zu datieren. Doch Bilder aus mineralischen Farben, etwa Ocker, oder Ritzzeichnungen (die ja nichts sind als künstliche Rillen in uraltem Gestein) sind oft gar nicht oder nur indirekt datierbar.

In der Höhle von Monte Castillo, dem Meisterwerk der Neandertaler, hat sich beispielsweise *nach* der Vollendung der Werke Kalk auf den Bildern abgelagert. Winzige Uranspuren darin sind auf ein Alter von fast 65 000 Jahren datiert worden; daher wissen die Forscher, dass die Bilder *davor* entstanden sein müssen.

Doch wie lange davor? Theoretisch könnten die Darstellungen also auch 70 000 oder 100 000 Jahre alt sein.

Vielleicht wird es irgendwann neue Verfahren geben, die endlich das Alter bislang kaum zu schätzender Bilder angeben.

Gut möglich, dass die Wissenschaftler dann bei so mancher Höhle Überraschungen erleben. *Cay Rademacher*

DIESER FELS auf Timor ist mit geheimnisvollen Malereien geschmückt. In dem Inselstaat haben sich zudem Bilder von Booten erhalten – anderswo eine Seltenheit

DIE ÄLTESTEN HÖHLENMALEREIEN Afrikas sind etwa 27 000 Jahre alt. Dieses Bild, in dem Menschen, manche von ihnen mit Pfeil und Bogen, um ein unsichtbares Zentrum zu wirbeln scheinen, entsteht vor rund 6000 Jahren in Algerien

dererseits: Wenn der Schamanismus der Ursprung der Höhlenmalerei ist – warum zeigen dann die allermeisten Höhlen *keine* Schamanen, keine Menschen, Tiermenschen oder Fabelwesen?

Der französische Spezialist Marc Bruet, der sich intensiv mit der Szene aus dem Brunnen befasst hat, offeriert noch eine weitere Theorie: die einer mythischen Reise in den eisigen Norden.

Die Muscheln von der Atlantikküste bewiesen, so Bruet, dass irgendjemand von Lascaux aus bis in die Tundra an der fernen Küste vorgestoßen sein muss. Steht dafür vielleicht auch das Wollnashorn? Es lebt vor 17 000 Jahren nicht mehr im waldreichen, feuchten Tal der Vézère. Doch auf einer Reise in den Norden können Menschen es sehr wohl noch gesehen haben.

Und vielleicht ist der Vogel ein Schneehuhn, wie es sie in der Tundra gibt, und vielleicht stürzt der Mann gar nicht, sondern erhebt sich zum Flug und einer fantastischen Reise? Demnach verbirgt sich im Inneren von Lascaux eine Art Odyssee dieses Zeitalters, Geschichte und Mythos zugleich von einer Reise zum Ende der Welt.

LITERATURTIPP

IRIS NEWTON
»Die Bilderwelt von Lascaux«
In diesem Bildband erklärt die britische Archäologin anschaulich die Entstehung der beeindruckenden Höhlenmalereien, deren Entdeckung und Bedeutung (Palm Verlag).

S

Sicher ist: Die Bilder von Lascaux sind über einen Zeitraum von mehreren Jahrhunderten (vielleicht sogar zwei Jahrtausenden) entstanden, und ihr Arrangement folgt einem Plan. Bestimmte Tiere finden sich in bestimmten Bereichen. Und manchmal werden regelrecht Grenzen gezogen: Im Brunnen ebenso wie in dem entlegenen Seitengang der Raubkatzen markieren drei Doppelpunkte jeweils das Ende der Höhlenbemalungen (insgesamt sind in Lascaux 400 Punkte, Rechtecke, Striche zu finden).

Drei Doppelpunkte und dann nichts mehr – das könnte also bedeuten: „Hier setzen wir ein Ende."

Und ist das nicht ein Wunder? Ein Zeichen, das wir auch nach 17 000 Jahren noch lesen können? Vielleicht ist ja jedes Bild in dieser Höhle, vom kleinen Strich bis zum fünf Meter durchmessenden Auerochsen, ein Symbol – und bedeutet irgendetwas. Die Bilder sind noch keine Hieroglyphen, sind keine Schrift einer Sprache. Aber sie sind doch schon abstrakte Symbole für Gedanken, Mythen, Vorstellungen: abstrakte Symbole, die der Maler versteht und die ein Betrachter seines Clans noch Jahrhunderte danach lesen, also ebenso verstehen kann, wie sie einst gemeint worden sind.

Nur ist diese Sprache längst verweht.

Vor Jahrtausenden sind Felsen eingestürzt und haben die Höhle verschüttet. Doch Lascaux ist bereits zuvor nur noch sporadisch besucht worden. Irgendwann vor etwa 8000 Jahren steht das letzte Mal ein Mensch vor den kämpfenden Bisons und dem Vogelmann, vor dem Einhorn und der springenden Kuh. Danach kommt niemand mehr wieder.

Hat eine Katastrophe den Clan ausgelöscht? Verschwindet mit den Bewohnern das Wissen um Lascaux? Nicht mehr zu beantworten.

Auf jeden Fall hat sich die Lebenswelt der Menschen im Tal der Vézère längst gewandelt, als die letzte Kaltzeit vor 11 500 Jahren endgültig zu Ende geht. Die Bewohner der Schlucht bleiben zwar Jäger und Sammler, aber die Rentierherden sind aus Mitteleuropa verschwunden. Die Menschen passen sich an andere Beutetiere an, wählen womöglich fortan andere Wege für ihre Wanderungen, müssen sich anderen jahreszeitlichen Zyklen unterwerfen. Vielleicht verliert Lascaux dabei seine Bedeutung. Die Grotte wird zum Ort, der für die Menschen nicht länger wichtig ist – und dessen Bilder deshalb irgendwann niemand mehr lesen kann.

Werden wir diese Darstellungen irgendwann besser verstehen? Archäologen haben in Europas 150 bemalten Steinzeithöhlen gegraben, datiert und analysiert, doch alle Interpretationen sind bis heute pure Spekulation. Niemand hat einen Beweis dafür, dass eine bestimmte Theorie richtig ist, und für jedes Indiz, das für eine Vermutung spricht, findet sich ein Gegen-Indiz, das sie zu widerlegen scheint. Uns fehlt der Schlüssel zum Öffnen einer längst versunkenen, steinzeitlichen Gedankenwelt.

Allerdings werden immer noch Grotten entdeckt. Ein Taucher etwa stieß 1991 an der Mittelmeerküste auf prähistorische Wandmalereien in einer Kaverne. Die Höhle von Chauvet, eine der schönsten überhaupt, wurde erst 1994 entdeckt. Gut möglich also, dass noch weitere Darstellungen in den Felsen Spaniens und Frankreichs verborgen sind. Dass Forscher auch dort auf Pferde und Auerochsen stoßen, auf Nashörner und Mammuts, Löwen und Fabelwesen, Bisons und Vogelmänner.

Und dass sie schließlich doch noch eine plausible Erklärung für die magischen Bilderwelten finden.

Vielleicht schon morgen. ◊

Von GLETSCHERN und FLUTEN

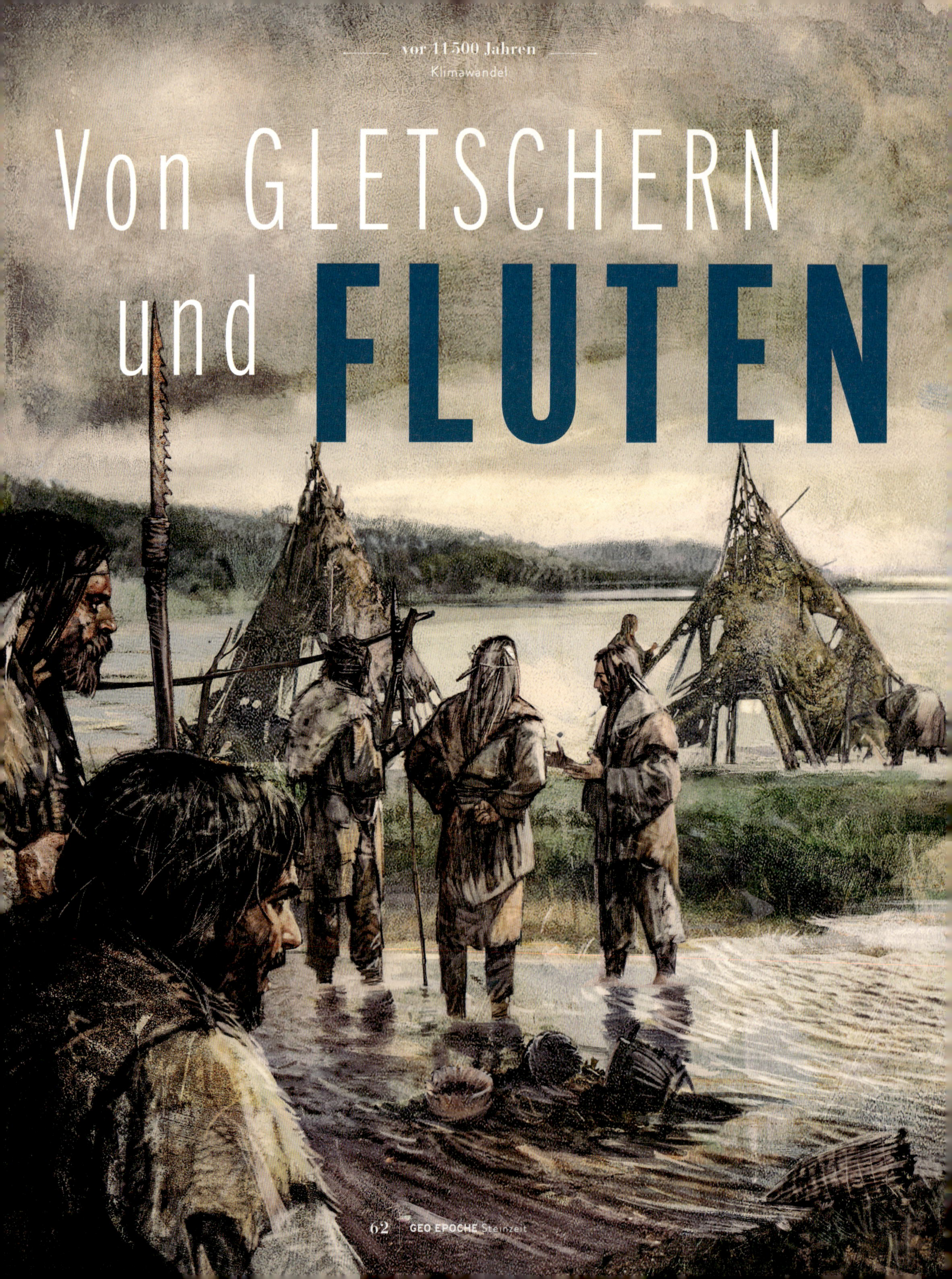

Nichts prägt die Lebenswelt der steinzeitlichen Menschen so wie der Wechsel der Kalt- und Warmzeiten. Als in der letzten Kaltzeit vor 23 000 Jahren der Meeresspiegel extrem sinkt, entsteht zwischen Skandinavien und den Britischen Inseln eine Landbrücke: das Doggerland. Nach einem rasanten Anstieg der Temperaturen vor 11 500 Jahren breitet sich dort eine blühende Flora und Fauna aus. Ein ideales Gebiet für Jäger und Sammler entsteht – in das nun aber wieder das Wasser der schmelzenden Eisschilde vordringt

TEXT: *Martin Pfaffenzeller*

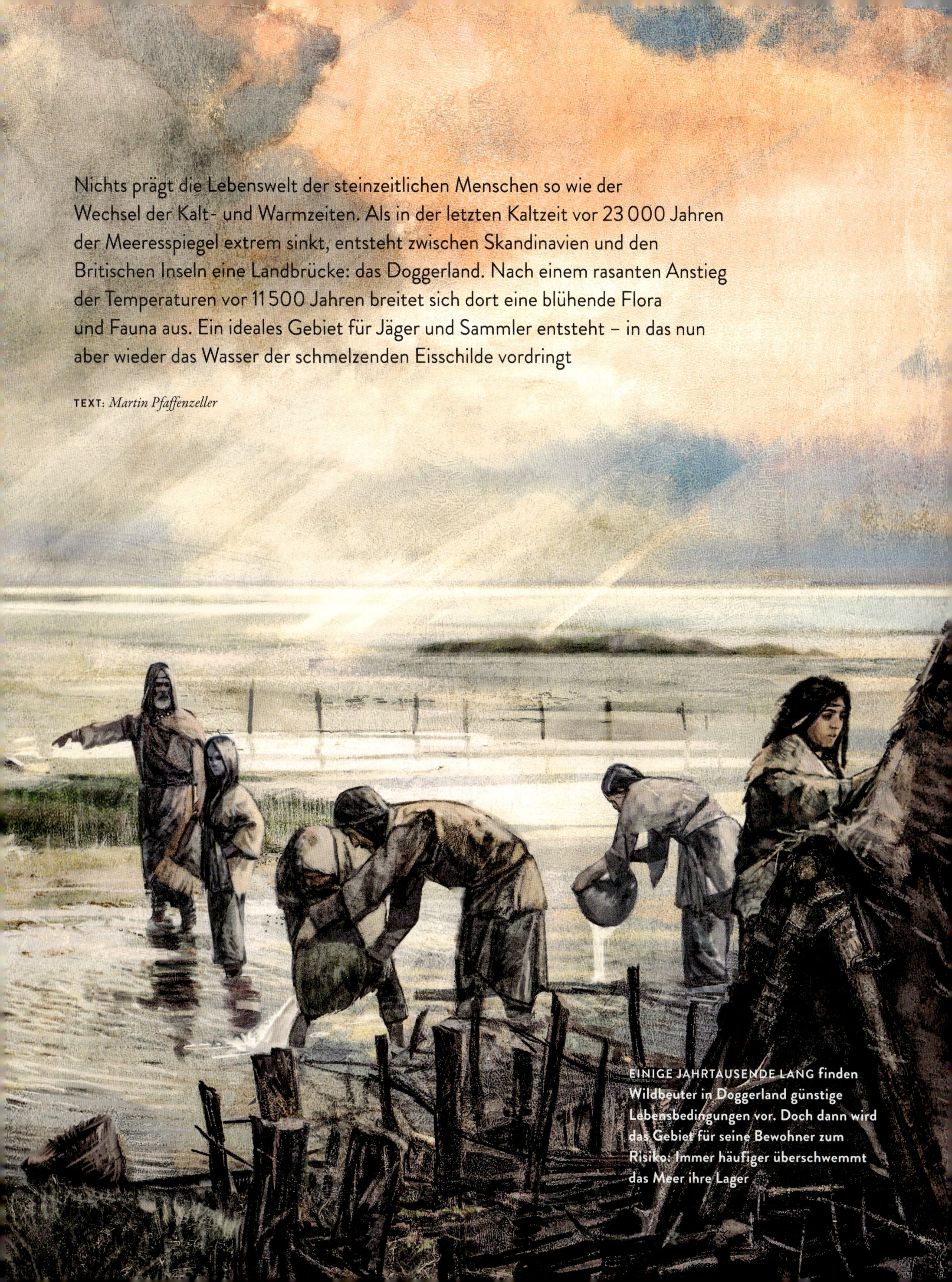

EINIGE JAHRTAUSENDE LANG finden Wildbeuter in Doggerland günstige Lebensbedingungen vor. Doch dann wird das Gebiet für seine Bewohner zum Risiko: Immer häufiger überschwemmt das Meer ihre Lager

OPFER DER WÄRME
Der rasche Klimawandel vertreibt eiszeitliche Tiere aus Europa – oder bedeutet gar ihr Ende

MAMMUT
Braucht Pflanzen der Kaltsteppe; stirbt in Europa vor 11 000 Jahren aus, als die Gewächse verschwinden

RENTIER
Durchzieht jahrtausendelang Mitteleuropa – bis steigende Temperaturen es nordwärts zwingen

WOLLNASHORN
Bis zu vier Meter lang, ernährt sich vor allem von Gras, das es lange in Europas Steppen findet

Nach dem Ende der jüngsten Kaltzeit, vor rund 11 500 Jahren, erstreckt sich zwischen dem heutigen England und Dänemark ein blühendes Land. Dort, wo zum Höhepunkt der eisigen Phase noch meterhohe Gletscher das Land bedeckt haben, sind jetzt Hügel und Ebenen zu sehen, in denen Haseln, Kiefern und Birken wachsen, Rehe und Wildschweine laufen durch die Wälder, Eichhörnchen springen von Ast zu Ast.

In den Ebenen graben Flüsse weite Täler. Jeden Frühling kämpfen sich Lachse und Stichlinge die Strömung hinauf zu ihren Laichgebieten. Wo das Wasser langsam fließt, bauen Biber ihre Bauten ans Ufer. In Senken stauen sich nach und nach Seen und Sümpfe, die von Auwäldern und Schilfhainen begrenzt werden.

Die Flüsse münden über weitverzweigte Deltas in die Nordsee. Dazwischen erheben sich mit niedriger Vegetation bewachsene Dünen, in denen Wildgänse und Singschwäne brüten.

Bei Ebbe kommt das Watt zum Vorschein. Auf Sandbänken ziehen Kegelrobben ihre Jungen groß. Vor der Küste schwimmen Flundern, Kabeljaue und Schweinswale.

Die Menschen, die hier leben, haben sich an die reiche Landschaft angepasst. Sie jagen Hirsche, fischen Hechte und sammeln Haselnüsse. Doggerland, wie Forscher dieses Land später nennen werden, ist ein ideales Gebiet für Wildbeuter.

Rund 3000 Jahre später aber wird es in den Fluten der Nordsee versinken. Und schon jetzt steigt der Meeresspiegel langsam, doch unablässig, und das Salzwasser dringt bei Herbststürmen tief ins Landesinnere. Vorboten des kommenden Untergangs sind tote Bäume, die an Flussufern und Küsten kahl und gespenstisch in den Himmel ragen. Die Menschen in Doggerland müssen bald fliehen – oder sterben.

Denn die Sammler und Jäger der Steinzeit sind vollkommen abhängig vom Klima. Temperaturen und Niederschlag bestimmen, was sie essen, wie sie jagen und wo sie leben. Über die Jahrtausende wandelt sich das Klima immer wieder radikal: So gibt es Zeiten, da trampeln Elefanten durch die Wälder Europas – und andere Epochen, in denen es fast nur Mammuts in den Eiswüsten des Kontinents aushalten. Jeder Wechsel zwingt die Menschen, ihre Lebensweise umzustellen oder auszuwandern.

Vor rund 11 500 Jahren erwärmt sich der Kontinent so dramatisch wie wohl noch nie, seit hier Menschen leben. Dieser Klimawechsel formt wesentlich das heutige Antlitz Europas und beendet die Ära der eiszeitlichen Wildbeuter. Es ist eine unruhige Zeit voller unbekannter Dramen. Die Menschen in Mittel- und Nordeuropa müssen völlig neue Überlebensstrategien entwickeln.

Manche Regionen erblühen, werden zur Heimat der ersten Ackerbauern und Viehzüchter. Andere aber fallen dem Klimawechsel zum Opfer – so wie Doggerland, das eines Tages wieder von den Wogen der Nordsee verschlungen wird.

°

DIE GESCHICHTE DOGGERLANDS beginnt indirekt bereits vor 2,6 Millionen Jahren. Durch Afrika laufen die ersten (noch affenähnlichen) Vormenschen und nutzen einfache Werkzeuge. Zu jener Zeit verändert sich das zuvor über Jahrhundertausende relativ konstante Klima.

Wieso es dazu kommt, ist bis heute nicht vollständig geklärt. Womöglich brechen mächtige Meeresströmungen zusammen, die über lange Zeiten wie eine Klimaanlage die Wärme der Tropen über den ganzen Planeten verteilt haben.

Fortan wechseln sich Kalt- und Warmphasen ab – und Taktgeber dafür sind wohl vor allem die Schwankungen der Erdbahn.

Denn neben der Sonne übt unter anderem der Planet Jupiter Anziehungskraft auf die Erde aus. Das komplexe Zusammenspiel der Himmelskörper lässt die Ellipsenbahn unseres Heimatplaneten um die Sonne oft etwas abflachen. Zusätzlich rotiert die Erdachse langsam und kippt immer wieder leicht ab.

Diese Schwankungen bedingen, wie viel Sonnenwärme in welchen Monaten auf welche Meere und Kontinente trifft.

Große Bedeutung für das Weltklima haben dabei vor allem die Bedingungen auf der Nordhalbkugel, weil dort (anders als auf der Südhalbkugel) große Landmassen in hohen Breiten liegen. Diese Gebiete – große Teile Nordamerikas, Grönlands und der Norden Eurasiens – sind im Winter von Schnee bedeckt, und entscheidend ist jetzt, in welchem Ausmaß die Schneedecke in der warmen Jahreszeit wieder schmilzt.

Ist die Sommersonne aufgrund der Schwankungen der Erdachse relativ schwach, bleibt im hohen Norden Jahr für Jahr mehr Schnee liegen – was über lange Zeiträume zur Bildung gewaltiger Eisschilde führt. Verstärkt wird dieser Prozess, bei dem die Erde allmählich abkühlt, durch einen Rückkopplungseffekt: Gletscher reflektieren die energiereiche Strahlung der Sonne weitaus stärker als von Eis und Schnee freie Land- und Wasserflächen.

Erlangt die Sommersonne dagegen über Jahrtausende wieder mehr Kraft (weil die Neigung der Erdachse flacher wird), lässt sie die Eisschilde schließlich schneller schmelzen, als sie im Winter nachwachsen: Unter den Gletschern kommen durch den sommerlichen Tauprozess Steine und Wasserflächen hervor, die mehr Sonnenstrahlung aufnehmen als das reflektierende Eis. Dadurch erwärmt sich die Erdoberfläche, die Gletscher schmelzen noch schneller und geben noch mehr Gestein und Wasser frei – der Rückkopplungseffekt verkehrt sich ins Gegenteil.

Nach und nach fällt das Erdklima so in einen Rhythmus, der das Leben von Pflanzen, Tieren und Menschen bis in die Moderne hinein prägt: Auf etwa 100 000 Jahre lange Kaltzeiten folgen rund 10 000 Jahre dauernde Warmzeiten.

Die jüngste Kaltzeit beginnt vor rund 115 000 Jahren. In Höhlen oder unter vielleicht mit Tierhäuten geschützten Felsvorsprüngen nördlich der Alpen wohnen Neandertaler und jagen Bisons. Vor rund 45 000 Jahren wandert dann der *Homo sapiens* aus dem Nahen Osten ein und erobert auch diesen Teil der Welt.

Ihren Höhepunkt erreicht die Kaltzeit vor 23 000 Jahren. In Europa ist es damals im Jahresschnitt um deutlich mehr als fünf Grad Celsius kälter als heute.

Eis breitet sich über die Ostsee und die nördliche Nordsee aus. An Land dringen die Gletscher

AM KÄLTEEXTREM der Eiszeit vor 23 000 Jahren reicht Doggerland von Belgien bis fast nach Norwegen. Mit der Erwärmung verschwindet es wieder in den Fluten

bis an die Weichsel vor, die Eisschilde der Alpen reichen fast bis zum heutigen München.

Auf dem gesamten Globus bindet das Eis derart viel Wasser, dass der Meeresspiegel rund 120 Meter unter das aktuelle Niveau sinkt – so tief wie nur selten in der Menschheitsgeschichte.

Das südliche Nordseebecken liegt über dieser Schwelle, und so erstreckt sich zwischen Dänemark, England und den Gletschern des Nordens nun eine riesige Region: Doggerland.

Diese Gegend ist Teil jener frostigen Einöde, die ganz Nordeuropa und Teile Mitteleuropas einnimmt. Durch die baumlosen Ebenen streifen Pferde und Rentiere. Die Herdentiere ernähren sich von Flechten und Gräsern.

Nur wenige Menschen, ein paar Hundert vielleicht, harren nun noch nördlich der Alpen aus. Es sind Eiszeitjäger, die mit Wurfspeeren Pferde und Rentiere erlegen. Als Spitzen für die Geschosse verwenden sie fingerlange Klingen. Den Feuerstein dafür klopfen sie aus Kreidefelsen.

Die Menschen besiedeln in dieser unwirtlichen Zeit wohl meist Höhlen im Alpenvorland, in den Mittelgebirgen, am Rhein. Bis in die norddeutsche Tiefebene oder nach Doggerland stoßen sie vermutlich nicht vor, dafür ist es dort zu kalt.

Vor rund 15 000 Jahren aber beginnt jene große Erwärmung, die Doggerland erst beleben und dann auslöschen wird. Die flachere Neigung der Erdachse bewirkt, dass die Sommersonne über die folgenden dreieinhalb Jahrtausende immer stärker die Nordhalbkugel bestrahlt. Die Temperaturen werden milder, und Europa taut ganz allmählich wieder auf. Bald treiben Zwergkiefern ihre Wurzeln in den Boden.

DER RÜCKZUG DER EISMASSEN

NOCH VOR 23 000 JAHREN sind Teile Norddeutschlands von Eis bedeckt. In den folgenden Jahrtausenden verschiebt sich die Eisgrenze jedoch immer weiter nach Norden

°

EISZEITJÄGER ZIEHEN NUN aus dem heutigen Frankreich in die norddeutsche Tiefebene und nach Doggerland. Sie beherrschen eine neue Jagdtechnik: Statt ihre Speere nur zu werfen, beschleunigen sie die Geschosse mit Schleudern aus Holz und Geweih. Auf diese Weise verdoppeln die Jäger die Reichweite ihrer Waffen auf 30 Meter. Sie lauern an Furten oder in engen Tälern und katapultieren ihre Speere in die vorbeiziehenden Herden. Vermutlich erbeuten sie mehr als genug, um satt zu werden.

Einige von ihnen ritzen Pferdeköpfe und Kolkraben in Schieferplatten. Manche Gruppen tragen Polarfuchszähne und Muscheln als Schmuck. Andere beginnen, Wölfe zu zähmen; ein Paar wird gar gemeinsam mit einem Hund beerdigt, wie ein Grabfund in Bonn zeigt.

Zwischendurch kehrt die Kälte zwar für einige Zeit zurück, aber die Steppenjäger sind nun an die ausklingende Kaltzeit angepasst und siedeln weiterhin in Nord- und Mitteleuropa.

Die Region verändert sich weiter – und zwar rasant. Jeden Sommer trifft mehr Sonnenwärme auf die Nordkontinente. Nun tritt die Rückkopplung zwischen Schmelze und Erwärmung mit voller Wucht ein: Vor rund 11 500 Jahren steigen die durchschnittlichen Jahrestemperaturen in Europa innerhalb eines Menschenlebens um schätzungsweise bis zu sechs Grad.

Das Schmelzwasser der Gletscher strömt in riesigen Flussbetten zur Nordsee und belebt den einst frostigen Boden. In ganz Mitteleuropa schlagen nun Haseln, Birken und Erlen Wurzeln. Aus dem Süden ziehen Elche und Auerochsen in die lichten Mischwälder.

Die Flüsse transportieren Nährstoffe, in den Seen und vor den Meeresküsten vermehrt sich das Plankton. Mit den Kleinstlebewesen wandern auch kleine Fische, Muscheln und Krustentiere ein, und die locken Raubfische, Seevögel und Meeressäuger an. Derart viele Pflanzen und

Tiere hat es in Europa über Jahrzehntausende nicht mehr gegeben.

Die eiszeitlichen Steppenjäger aber werden von der Erwärmung überrumpelt. Über Hunderte Generationen haben sie sich auf die Rentier- und Pferdejagd spezialisiert, doch nun bleiben diese Tiere aus: Ihre Herden meiden die sich ausbildenden Wälder und verschwinden Richtung Norden, in die Tundra. Zwar leben jetzt Rehe und Elche in Mitteleuropa, doch die sind oft sehr scheu.

Manche Clans ziehen daher den Rentieren hinterher in die Steppen Skandinaviens. Andere bleiben aber und passen sich den neuen Bedingungen an. Auch Gruppen aus den Mittelgebirgen folgen den Waldtieren nach Norden. Eine neue Ära beginnt in diesem Teil Europas: Waldbewohner und Fischer lösen die Eiszeitjäger ab und erschließen das blühende Land.

Die neue Kultur setzt auf eine andere Jagdtechnik: Pfeil und Bogen. Dazu brechen die Menschen Feuersteinknollen auf und bearbeiten die Splitter mit Schlaggerät aus Hirschgeweih zu fingernagelgroßen Pfeilspitzen. Anschließend verschwelen sie zerkleinerte Birkenrinde mithilfe der Hitze eines Feuers zu einem pechartigen Klebstoff und leimen die Spitzen an Holzschäfte.

Ihre Bögen fertigen die Jäger meist aus dem Holz von Ulmen, für die Sehnen verwenden sie vermutlich Brennnesselfasern sowie tierischen Darm oder Sehnen. Ein geübter Schütze kann ein Ziel in 50 Meter Entfernung treffen – weit genug weg, dass auch ein scheues Reh den Jäger nicht bemerkt. Die Pfeile rotieren während des Fluges, sodass die zunächst dreieckigen und dann trapezförmigen Spitzen beim Aufprall stark blutende Wunden reißen.

Dichte Eichenwälder sprießen und verdecken die Feuersteinknollen. Die Menschen fertigen kleinere Werkzeuge an – aus Sparsamkeit, wie heute Archäologen vermuten.

Der Wald bietet den Menschen auch Nahrung abseits der Jagd. Neben Beeren und Pilzen sammeln sie vor allem eine Frucht, die in Mitteleuropa fast überall gedeiht und fettreiche Öle birgt: die Haselnuss. Doch die Früchte sind auch bei Eichhörnchen beliebt. Sobald die Nüsse reif sind, kommen die Nager angelaufen und plündern binnen weniger Minuten ganze Sträucher. Die Menschen entwickeln daher eine neue Technik. Sie pflücken die Nüsse im Frühherbst, wenn sie noch unreif und kaum genießbar sind. Dann erwärmen die Sammler feinen Sand mit glühenden Kohlen, betten die Nüsse hinein und rösten sie.

Die Prozedur ist aufwendig, aber sie lohnt sich: Die Menschen kommen den Räubern zuvor, zudem schmecken die Nüsse besser, lassen sich leichter knacken und halten länger, auch ohne Schale. So spart man beim Transport Gewicht.

Innerhalb von drei Tagen kann ein Mensch nun genug pflücken und rösten, um einen ganzen Monat satt zu werden. Die Waldläufer legen Vorräte an, sie müssen sich nicht mehr allein auf ihr Jagdglück verlassen. Vielleicht fördern sie das Heranwachsen von Haselhainen, indem sie andere Bäume roden und Nüsse vergraben.

Die wohl wichtigste neue Nahrungsquelle aber findet sich jetzt unter Wasser. Die Menschen schnitzen Widerhaken in die Knochenspitzen ihrer Fischspeere, knoten Netze aus Weidenbastzwirnen und basteln Schwimmer aus Rinde. Vielleicht locken sie die Fische nachts mit dem Licht brennender Kienspane. Aus den Seen ziehen sie Barsche, Hechte und Rotaugen, aus den Flüssen Lachse und Forellen.

Auch Ost- und Nordsee bieten eine schier unerschöpfliche Vielfalt. Die Wildbeuter wagen sich in Einbäumen aus Lindenstämmen auf die See und angeln. Sie stellen im flachen Wasser Fischzäune auf, teils Hunderte Meter lang. So treiben sie Aal, Dorsch und Flunder in die Enge, um sie am Ende etwa in einer Reuse zu fangen.

An den Küsten findet sich zusätzliche Nahrung. Kegelrobben liegen am Strand, auf den Sandbänken oder im Watt. Die Jäger nähern sich mit Knüppeln und schlagen ihnen die Schädel ein. Vielleicht jagen sie sogar Schweinswale.

Um Süßwassermuscheln und Austern zu sammeln, müssen die Menschen nur ins Wasser der Seen oder der Flussmündungen steigen. An manchen Orten stapeln sich die Schalen zu Müllhaufen, die später Forscher finden werden. Viele Vogelarten brüten in Küstennähe – die Wild-

STEPPENBISON
Wichtige Beute für die Eiszeitjäger, die nahezu alle Teile der erlegten Tiere verwerten

RIESENHIRSCH
Überlebt den Klimawandel länger als andere Arten. Aus seinem Geweih fertigen die Steinzeitmenschen Pfeilspitzen

HÖHLENBÄR
Stirbt aus unbekannten Gründen bereits auf dem Höhepunkt der letzten Kaltzeit aus

HÖHLENLÖWE
Der Raubkatze wird wohl auch zum Verhängnis, dass Urmenschen ihr Fell schätzen

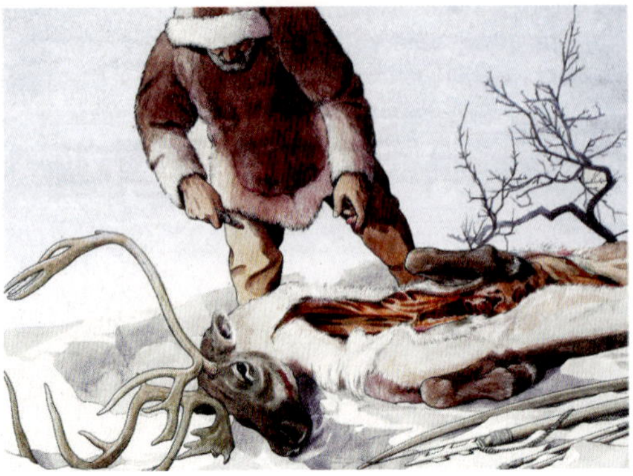

AM ENDE der letzten Kaltzeit kommen die ersten Menschen nach Doggerland. Sie ernähren sich vor allem von Rentieren, die durch die Ebene streifen

LITERATURTIPPS

JIM LEARY
»The Remembered Land«
Kompakte, anschauliche Darstellung der Geschichte Doggerlands (Bloomsbury).

HEINZ WANNER
»Klima und Mensch«
Erklärt, weshalb die Kaltzeit vor 11 500 Jahren endete und was das für die Menschen bedeutete (Haupt).

beuter rauben Eier oder erlegen die erwachsenen Tiere mit kurzen Holzpfeilen.

Meist vereinigen sich nun mehrere Familien zu Beutegemeinschaften und ziehen in Gruppen von etwa einem Dutzend oder mehr Menschen von Lagerplatz zu Lagerplatz. Ihr Hab und Gut tragen sie vermutlich in geflochtenen Körben aus Bast oder Lederbeuteln mit sich. Als Gefäße nutzen sie die Panzer von Sumpfschildkröten.

Die Nomaden schlafen in Höhlen oder Zelten aus Knochen, Ästen, Fellen und Rinden. Dauerhafte Hütten oder Häuser bauen sie nicht. Gleichwohl kehren sie immer wieder zu Orten zurück, die ihnen Schutz und Zugriff auf Hecht, Hirsch oder auch Haselnuss bieten.

Die Menschen kampieren bevorzugt an Seen und Flüssen. Sie sind auf offenes Trinkwasser angewiesen, denn sie graben keine Brunnen. Am liebsten lagern sie an steilen Ufern, damit ihnen kein breiter Schilfhain den Zugang zum Wasser versperrt. Oft liegen ihre Unterkünfte an Hügeln und sind nach Süden offen.

Vermutlich nutzen sie die Wasserwege mit ihren Einbäumen – paddelnd kommen sie schneller voran als zu Fuß durch das Dickicht.

So ziehen die Wildbeuter der saisonalen Beute hinterher: Im Frühjahr erlegen sie Wildschweine, stehlen Vogeleier und angeln Hechte, die zu ihren Laichgebieten flussaufwärts schwimmen. Im Sommer jagen sie bevorzugt Rehe. Im Herbst sammeln sie Beeren und Nüsse, fischen Schollen und Dorsche. Im Winter verzehren sie fettreiche Tiere wie Biber, Robbe und Aal.

°

DOGGERLAND IST für die Wildbeuter vor 11 500 Jahren ein ideales Revier. Wie in anderen Küstengebieten finden die Menschen hier alles, was sie zum Leben brauchen.

Doch ihre Heimat schrumpft, denn das Schmelzen der Gletscher füllt das nördliche Nordseebecken nach und nach mit Wasser, im Schnitt einen Zentimeter pro Jahr.

Zudem sinkt Doggerland langsam ab.

Denn ganz Nordeuropa kippt in dieser Zeit wie eine Wippe: Da Skandinavien von der Last der Eiszeitgletscher befreit ist, erhebt sich seine Landmasse allmählich – und da sich Norddeutschland, die Niederlande und auch Doggerland auf der anderen Seite des Scheitels befinden, fallen sie nun ab.

Als Folge steigt der Meeresspiegel noch schneller an – und nicht allmählich, sondern in Schüben. Die Umwelt reagiert bereits auf minimale Veränderungen. Austern etwa vertragen nur einen bestimmten Salzgehalt im Wasser. Wenn sich der zu sehr verändert, gehen sie ein. Auch sensible Fische verschwinden. Bald verdursten die ersten Bäume an der Küste Doggerlands, weil

MIT DEM KLIMAWANDEL beginnt in Nord- und Mitteleuropa die Ära der Fischer. In Einbäumen aus Lindenholz wagen sich die Menschen aufs Wasser

Salzwasser ins Grundwasser drängt – und bilden die geisterhaften toten Wälder.

Irgendwann ist unübersehbar, dass der Meeresspiegel steigt: Im Herbst schieben Stürme das Meerwasser über die Dünen von Doggerland und überschwemmen ganze Landstriche. Wenn die Unwetter vorüber sind, ziehen sich die Fluten nicht mehr zurück. Festes Land wandelt sich zu Marschland, Marschland wird zu Watt.

Das Wasser der Seen in Küstennähe beginnt salzig zu schmecken und wird ungenießbar. Die Menschen wandern die Flusstäler hinauf ins Landesinnere. Vielleicht stoßen sie dort auf andere Gruppen und streiten mit ihnen um Jagdgebiete.

Vor rund 10 000 Jahren schließlich kappen die Fluten den Landweg nach Großbritannien, Dänemark und zum Kontinent.

Doggerland wird zur Insel.

Fast zwei Jahrtausende vergehen, ehe zwei katastrophale Ereignisse das stetig schrumpfende Eiland auslöschen. An einem Herbsttag vor rund 8200 Jahren rutscht an der Küste Norwegens eine 300 Kilometer breite Schlammlawine in die Tiefsee und löst einen Tsunami aus (wie Meeresgeologen später herausfinden). Eine 20 Meter hohe Welle prallt auf die Färöer- und Shetlandinseln, Norwegen wird von einer Zehnmeterwoge getroffen.

Doggerland bekommt wohl nur einen Ausläufer ab, die Welle ist schätzungsweise fünf Meter hoch. Da das Land aber so flach ist, sind die Folgen dennoch verheerend: Die Woge überrollt vermutlich weite Teile der Insel. Wasser rast die Flüsse hinauf und zerstört alles an den Ufern.

Die Menschen von Doggerland sind an diesem Herbsttag wohl schon von der sommerlichen Jagd im Binnenland an die Gewässer zurückgekehrt. Vermutlich sterben die meisten, vom Tsunami gegen Felsen geschleudert oder ertränkt.

Zur zweiten Katastrophe kommt es etwa zur gleichen Zeit in Kanada. Dort staut sich sehr viel Schmelzwasser zu einer gigantischen Seenplatte. Zurückgehalten werden die Wassermassen nur von einem Gletscher, der sie wie ein natürlicher Staudamm vom Atlantik trennt. Nun aber schmilzt der Damm, bekommt Risse, bis er auseinanderbricht. Die Wassermassen ergießen sich in den Ozean und lassen den Meeresspiegel noch schneller ansteigen.

Und so verschwindet Doggerland schließlich komplett in den Fluten. Was bleibt, ist eine Untiefe in der Nordsee: die Doggerbank.

Die Erwärmung bringt auch die Bewohner der Ostsee- und anderer Nordseeküsten in Not. Manche Gruppen haben sich darauf spezialisiert, Austern zu sammeln. Nun aber töten Rückgang und Schwankungen der Meersalzkonzentration auch hier die Kolonien ab.

Im Landesinneren verschlechtert das warmfeuchte Klima die Lebenschancen der Wildbeuter. Dichte Eichenwälder sprießen und verhindern, dass Licht zu Haseln und Beerensträuchern durchdringt – die Sammler verlieren dadurch vermutlich wichtige Nahrungsquellen.

Zugleich zieht das warme Klima Einwanderer aus dem Südosten an, die Saatgut, Kühe und Ziegen mitbringen. Die ersten dieser Menschen, die aus dem Donautiefland kommen, erreichen vor rund 5600 Jahren Deutschland.

Und sie tun etwas äußerst Befremdliches: Sie errichten gewaltige Gebäude, in denen sie bis zu ihrem Tod wohnen. Sie roden Wälder, halten Tiere, legen Felder an. Damit folgen sie jener revolutionären Lebensweise, die Europa nach dem großen Klimawandel mehr prägen wird als alles andere.

Sie betreiben Ackerbau und Viehzucht. ◊

AN DEN KÜSTEN sammeln die Wildbeuter Eier von brütenden Vögeln, im Inland horten sie vor allem Haselnüsse, die sich geröstet gut lagern lassen

IN KÜRZE

Seit mehr als zwei Millionen Jahren folgt das Erdklima dem Wechsel von Kalt- und Warmzeiten. Als vor gut 11 500 Jahren die Temperaturen drastisch steigen, verändern sich die Umrisse des europäischen Kontinents, entsteht eine völlig neue Flora und Fauna. Für die urzeitlichen Jäger und Sammler beginnt nun eine letzte Blütezeit. Doch die endet wenige Jahrtausende später, als Neuankömmlinge aus dem Osten eine fortschrittlichere Lebensweise mitbringen: die Sesshaftigkeit.

Für Jäger und BAUERN

Aus dem, was die Natur ihnen bietet, erschaffen unsere Vorfahren überlebenswichtige Arbeitsgeräte und Waffen, aber auch kostbaren Zierrat. Zahllose ihrer Werkstücke haben sich erhalten: Sie zeugen von den raffinierten Techniken der Jäger und Bauern – und ihrem ausgeprägten Sinn für Schönheit

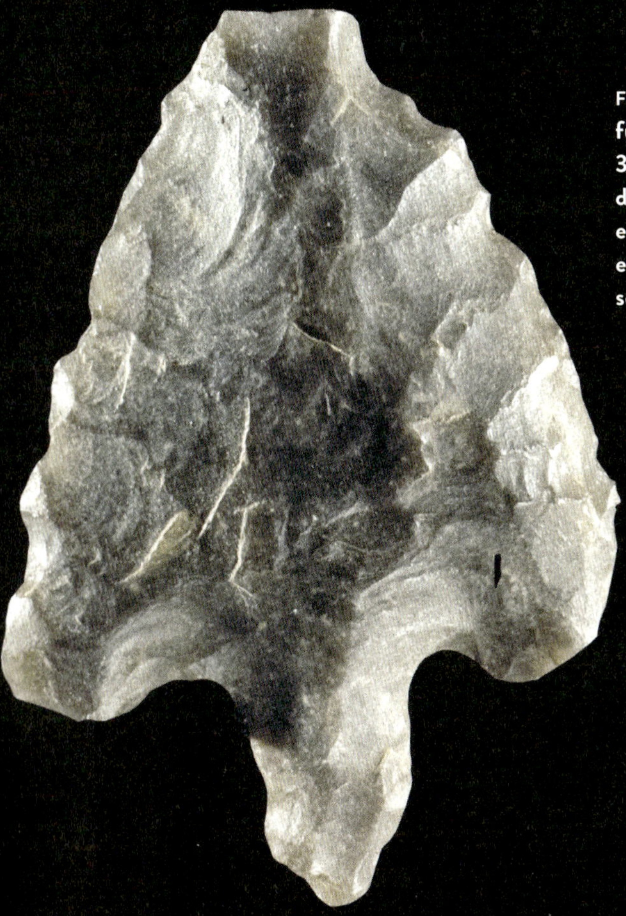

FEUERSTEIN liefert das Material für Spitzen von Waffen. Diese im 3. Jahrtausend v. Chr. entstandenen Exemplare wurden einst mit einer Art Klebstoff, Pech aus erhitzter Birkenrinde, im Holzschaft von Pfeilen befestigt

Mal Werkzeug, mal SCHMUCKSTÜCK

Als die Menschen ab 6400 v. Chr. in Europa sesshaft werden, fertigen sie immer mehr Beilklingen an. Sie roden mit den Geräten ganze Wälder, schlagen Material zu für Häuser und Möbel. Etliche der Werkstücke aber dienen allein einem Zweck: Sie sollen vom Ansehen ihres Besitzers künden

BEI DER FELDARBEIT nutzen viele Bauern einfache Hacken, mit denen sie vor der Aussaat den Boden lockern: Dieses Gerät besteht aus Hirschgeweih als Schaft und geschliffenem Stein (Nordfrankreich, um 2500 v. Chr.)

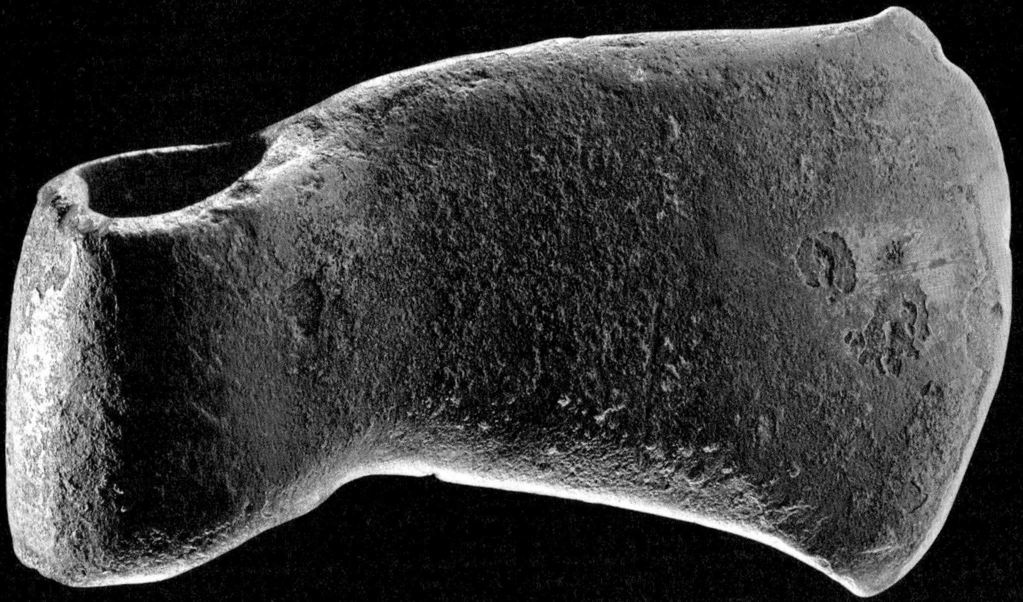

UM 5300 V. CHR. lernen die Menschen in Europa, Kupfer aus Erzen zu schmelzen. Aus dem neu entdeckten Material formen sie scharfkantige Äxte, die sich allerdings leicht verformen – und daher nur als Statussymbole dienen

Im FEUER gehärtet

Die Bauern der Jungsteinzeit brauchen Gefäße, um Korn, Früchte oder Milch zu lagern – und finden ein Material, das für sie unentbehrlich wird: die Keramik. Denn Ton, von Natur aus weich und beliebig formbar, wird im Feuer gebrannt äußerst hart. Daraus fertigen Töpfer Behälter für Vorräte und Geschirr zum Garen von Nahrung, die sonst ungenießbar wäre

DIE ERSTEN BAUERN Deutschlands stellen um 5400 v. Chr. solche kugelförmigen Keramikkrüge her, um die Nahrung vor Feuchtigkeit und Schädlingen zu schützen. Die aufwendigen Muster, die sie in den Ton drücken, werden zum Kennzeichen ihrer Kultur, der Bandkeramik

Für die JAGD im WASSER

Groß ist der Einfallsreichtum der Steinzeithandwerker bei der Fertigung von Jagdwaffen. Je nach der Stärke des Tiers, seiner Geschwindigkeit und der Gefahr für den Jäger entwickeln sie etwa ganz unterschiedliche Speerspitzen. Beim Fischfang werden Spieße aus Horn und Knochen eingesetzt: Die sind hart und dennoch leicht – und damit schnell zu schleudern

HANDWERKER an der Elbe fertigen vor mehr als 7500 Jahren diese Spitzen für Fischspeere aus dem Geweih eines Rothirsches. Sie werden mit Bast und Klebstoffen etwa aus Birkenpech an einem Holzschaft befestigt

SPEERSPITZE AUS HORN: Vom Ufer oder vom Einbaum aus sticht der Fischer nach seiner Beute. Große Fische wie Hechte und Welse werden mit Harpunen gejagt, bei denen die Spitze nur locker befestigt ist; sie löst sich, wenn sie in das Tier eindringt, und wird mit einer Leine eingeholt

SPIESSE wie dieser aus dem Osten Deutschlands werden möglicherweise auch zur Jagd auf im Wasser lebende Säugetiere verwendet – auf Biber oder schwimmende Elche

Vorbote einer neuen ZEIT

Um 4500 v. Chr. entdecken die Bewohner einer Siedlung an der Westküste des Schwarzen Meeres, wie durch Erhitzen bestimmter Erze Gold gewonnen werden kann: Als erste Menschen überhaupt stellen sie Schmuckgegenstände aus dem glänzenden Metall her, das seither wie kein anderes Material für Pracht und Reichtum steht

DER ORT Varna im heutigen Bulgarien ist eine der bedeutendsten Fundstätten der Steinzeit: Fast 300 Grabanlagen haben Archäologen dort entdeckt, etliche davon mit Goldschmuck wie diesem Stier ausgestattet, der einst ein Kleidungsstück verzierte ◊

EIN MONUMENT FÜR DIE GÖTTER

Vor 11 000 Jahren errichten Jäger und Sammler in Anatolien die erste Kultanlage überhaupt. Der Bau zeugt von Religiosität, von Fortschritt – und womöglich von einer grundlegenden Zeitenwende

TEXT: *Dirk Hempel*

Wie eine lang gestreckte Düne erhebt sich der Göbekli Tepe, der „gebauchte Berg", über einem Kalksteinplateau, das im Südosten Anatoliens zum Zweistromland abfällt. Karges Steppengras wächst an seinen trockenen Hängen, von denen einst die Säulen der ersten Tempelanlage der Menschheit emporragten: eines Monuments, das Nomaden vor 11 000 Jahren errichtet haben – und das von einer Zeitenwende kündete.

Viele Jahrtausende lang ziehen Jäger und Sammler durch die Region, auf der Jagd nach Gazellen und Auerochsen, auf der Suche nach Beeren, Wurzeln und Früchten. Nie errichten sie feste Gebäude – bis sie um 9000 v. Chr. am Göbekli Tepe urplötzlich eine gigantische Kultstätte schaffen.

Auf einer Fläche von 300 mal 300 Metern richten die Steinzeitmenschen rund 200 T-förmige Kalksteinsäulen von mehr als vier Meter Höhe auf (siehe Seite 8). Die Stelen stehen in mehreren weiten Kreisen beisammen und umringen jeweils zwei besonders große Säulen von sieben Meter Höhe. Einzelne Steine sind mit stilisierten Köpfen, Armen und Händen versehen. Sie stellen vermutlich übermenschliche Wesen dar: Ahnen, Dämonen oder Götter.

Über Jahre arbeiten wohl Hunderte Menschen auf dieser ersten Großbaustelle der Weltgeschichte und erfinden dabei vielleicht sogar die Arbeitsteilung: Baumeister entwerfen zunächst die Anlage des Heiligtums, dann schlagen Arbeiter die Stelen mit Faustmeißeln aus dem Kalksteinbruch unterhalb des Hügels. Transporteure befördern die bis zu 50 Tonnen schweren Säulen hinauf, wahrscheinlich mit reiner Muskelkraft, vielleicht auch schon mithilfe von Rollschlitten. Vorarbeiter organisieren die Kolonnen.

Anschließend verzieren Künstler die Stelen mit Reliefs wilder Tiere, mit springenden Gazellen, Füchsen, Wildschweinen, aber auch mit Schlangen, Kröten und Spinnen. Vielleicht sind dies Darstellungen von Geistern, die das Heiligtum beschützen, womöglich Götter oder Begleiter von Toten (allerdings warnte der deutsche Archäologe Klaus Schmidt, der die Anlage 1994 entdeckt und erforscht hat, vor allzu einfachen Antworten).

Zuletzt schließen Bauleute den Säulenkreis mit einer Rundmauer aus geschichteten kleineren Feldsteinen, bevor Priester oder Priesterinnen die ersten religiösen Zeremonien vornehmen. Sie beten wohl höhere Wesen an, ehren die Toten. Steinmetze haben solche kultischen Handlungen auf den Stelen festgehalten. Auf ihnen ist zu sehen, wie Vogelmenschen Schamanentänze aufführen und Geier kopflose Körper ausweiden. In den Erdboden haben die Handwerker Opferschalen eingelassen.

Um diese logistischen Höchstleistungen zu vollbringen, mussten Hundertschaften an Arbeitern, Künstlern und Konstrukteuren ernährt, gekleidet und ausgerüstet werden. Und sie mussten sich länger an diesem Ort aufhalten, vielleicht sogar über viele Jahre. Wurden sie aus diesem Grund sesshaft?

Dann könnte der Tempelbau die Neolithische Revolution initiiert haben, die größte Zeitenwende der Menschheitsgeschichte. Denn überall in der fruchtbaren Region vom östlichen Mittelmeer über Mesopotamien bis zum Iran werden die Menschen bald erstmals in Dörfern siedeln, Getreide anbauen, Schafe, Ziegen und Rinder züchten.

Allerdings haben Archäologen weder Herdplätze noch Feuerstellen gefunden, die als Anzeichen dauerhafter Besiedlung gelten. Und die gefundenen Knochenreste von Gazellen, Hirschen und Wildschweinen beweisen, dass die Menschen noch keine Nutztiere hielten, sondern weiter zur Jagd gingen. Aber wildes Getreide, das noch heute am Göbekli Tepe wächst, diente ihnen bereits als Nahrung und wurde wahrscheinlich bald systematisch angebaut.

Klaus Schmidt hielt den Jenseitsglauben und die Totenverehrung für die Triebkräfte der bald darauf einsetzenden Neolithischen Revolution. Der lange Aufenthalt an einem Ort und die Versorgung der Arbeiter hätten die Jäger und Sammler überhaupt erst auf die Idee gebracht, sich dauerhaft in der Gegend niederzulassen.

Erst war der Tempel, *dann* die Stadt, so lautet Schmidts These (doch könnten auch steigende Temperaturen und damit ein üppigeres Nahrungsangebot die Nomaden dazu gebracht haben, sesshaft zu werden).

Rund 1000 Jahre wird die Anlage für Totenkulte und Riten genutzt. Dann schütten die Menschen den Tempel mit Geröll zu. Und ziehen, so vermutete Schmidt, in die fruchtbaren Täler unterhalb des Göbekli Tepe.

Um dort fortan als Bauern zu leben. ◊

IN MANCHE PFEILER DES TEMPELS haben Steinmetze Vogelmenschen gemeißelt. Möglicherweise trugen Schamanen bei ihren kultischen Handlungen derartige Kostüme – oder die Menschen damals glaubten, die Götter selbst besäßen eine solche Gestalt

Mit Saat und SICH

TEXT: *Samuel Rieth*
ILLUSTRATIONEN: *Igor Kuprin für* GEO*EPOCHE*

DER GRIFF AUS HOLZ, die Klinge aus Feuerstein: Mit Sicheln wie dieser ernten die ersten Bauern das Getreide, das sie aus Wildgräsern mit besonders festen Ähren gezüchtet haben

Vor 11 000 Jahren kommt es im Nahen Osten zur folgenreichsten Umwälzung der Geschichte: Der *Homo sapiens* wird sesshaft, legt Felder an, züchtet Pflanzen und Tiere, gründet Großsiedlungen. Damit macht er sich unabhängig von dem Glück bei der Jagd und der Suche nach Früchten. Diese »Neolithische Revolution« ist der Beginn der Herrschaft des Menschen über die Natur

Niemand kennt seinen Namen. Keine Chronik kündet von seiner Tat. Es wird nie bekannt werden, was ihm durch den Kopf ging. Doch an einem Tag um das Jahr 9000 v. Chr. verändert dieser Unbekannte den Lauf der Welt. Auf einem fruchtbaren Flecken Erde, irgendwo im Nahen Osten, pult er Körner aus einer ungewöhnlich festen Ähre Wildgras.

Diese Pflanze ist ein Fehler der Natur: Ihre Samen fallen nicht zu Boden, selbst wenn der Wind über das Land fegt – und so kann sie sich nicht fortpflanzen. Aber ebenjenes Manko will sich der Mensch zunutze machen.

Vermutlich wohnt er in einer nahen Siedlung, sein ganzes Leben schon, zieht nicht mehr umher, wie es so viele seiner Vorfahren taten. Denn vor einiger Zeit haben die Bewohner dieser Region begonnen, sich an Wasserstellen und anderen für die Menschen günstig gelegenen Orten dauerhaft niederzulassen. Wahrscheinlich haben sie dort ein üppiges Angebot an Wildgräsern als Nahrung gefunden, auch ohne selbst zu säen. Doch es ist mühsam, die aus den Ähren gefallenen Körner einzeln aufzuklauben.

Noch keiner hat versucht, was dieser sesshafte Sammler nun plant. Sein Vorhaben muss seinen Instinkten widersprechen: Soll er kostbare Nahrung wegwerfen? Doch er überwindet alle Zweifel und pflanzt die Körner in die Erde.

Und tatsächlich: Die Samen keimen schon bald, schlagen Wurzeln, recken Halme in die Höhe. Und im Jahr nach der Aussaat gedeihen auf dem kleinen Acker etliche neue Gräser, deren Körner so fest sitzen wie schon bei der Mutterpflanze. Zur Ernte braucht der Mensch nun bloß die ganze Ähre mit einer Feuersteinklinge abzuschneiden.

So oder so ähnlich muss jener unscheinbare und doch epochale Moment abgelaufen sein, in dem der *Homo sapiens* zum Züchter wird (manche Forscher nehmen an, dass Wildgräser zuvor bereits gezielt angebaut wurden; Beweise dafür gibt es bislang allerdings nicht).

Dieser Namenlose ist der erste Bauer der Menschheit und der größte Revolutionär der Geschichte. Denn um 9000 v. Chr. beginnt eine Umwälzung, so folgenreich wie keine zweite: Aus nomadischen Jägern und Sammlern werden in einem Jahrtausende dauernden Prozess sesshafte Ackerbauern und Viehhalter.

Der Mensch befreit sich von den Zwängen der Natur und beginnt sie zu beherrschen. Er macht sich die Erde untertan, hört auf, ein ewiger Wanderer zu sein, den der Hunger dorthin treibt, wo Wildherden groß sind und die Früchte zahlreich wachsen. Nicht länger wird das Beuteglück über sein Schicksal bestimmen, über Leben oder Tod entscheiden.

„Neolithische Revolution" werden Wissenschaftler diesen Wandel nennen, nach dem aus dem Altgriechischen abgeleiteten Begriff für die Jungsteinzeit. Er markiert den Aufbruch der Menschheit aus der Urzeit in die Moderne.

Die neue Lebensweise bringt Reichtum und Armut in die Welt. Sie lässt erstmals Großsiedlungen entstehen, in denen Menschen zu Tausenden zusammenleben und wirtschaften, und später Städte, Staaten, Reiche und Hochkulturen. Wie so viele Umstürze fordert auch diese Revolution unzählige Todesopfer.

DIE LANDWIRTSCHAFT lässt die Bevölkerungszahl anwachsen. Bald bilden sich Großsiedlungen – die am besten erforschte ist Çatalhöyük in Anatolien: Dort leben um 6300 v. Chr. rund 2500 Menschen in festen Lehmhäusern

Doch sie legt das Fundament aller künftigen Errungenschaften unserer Spezies.

°

DER WANDEL beginnt in einer Region, die Forscher später den „Fruchtbaren Halbmond" nennen werden. Gleich einer Sichel krümmt der sich im Nahen Osten vom Mittelmeer zum Persischen Golf – mehr als 1500 Kilometer lang und ein paar Hundert Kilometer breit. Er erstreckt sich über Israel, Syrien, den Südosten der Türkei, den nördlichen Irak bis zum Westen des Iran.

Wie überall auf der Erde wandelt sich auch in dieser Gegend das Klima, als vor rund 11 500 Jahren die letzte Kaltzeit zu Ende geht. Die Temperaturen steigen, mehr Regen fällt. Dürre Steppen weichen Graslandschaften und Wäldern. So entsteht in kurzer Zeit ein Lebensraum mit günstigen Bedingungen für eine außergewöhnliche Vielfalt an Pflanzen und Tieren.

Zwar gedeihen auf der Erde Tausende Wildgräser, doch die Samen fast aller Sorten sind so winzig, dass sie für den Menschen nicht als Nahrung taugen. Nur 56 Arten bringen größere, bis zu 40 Milligramm schwere Samenkörner hervor. Und 32 von ihnen wachsen im Fruchtbaren Halbmond – mehr als irgendwo sonst auf der Welt. Im Afrika südlich der Sahara etwa sind es nur vier, in ganz Ostasien bloß sechs.

Diese Gräser sind Urformen von Getreidesorten wie Einkorn, Emmer oder Gerste. Bereits Jäger und Sammler lernen, die Samen als Nahrungsquelle zu schätzen: Die Körner sind süßlich im Geschmack, reich an Kohlenhydraten und, vor Feuchtigkeit geschützt, lange haltbar.

Auch an Jagdbeute fehlt es in der Region nicht. Auf den Wiesen grasen Ziegen, Mufflons mit geschwungenen Hörnern, eselähnliche Onager, Gazellen. Im Schatten der Bäume äsen Hirsche, Auerochsen trotten durch Flusstäler.

Das Land bietet Nahrung im Überfluss – vielleicht mehr als irgendwo sonst bisher. Und eines Tages rasten Clans, die zuvor durch das Land gestreift sind, längere Zeit in der Nähe der Wiesen. Wahrscheinlich finden sie dort mehr als genug Wildgras und Wasser, zudem ziehen regelmäßig Herden vorbei, sodass die Jäger ihrer Beute nicht mehr folgen müssen.

Statt weiterzuwandern, errichten die Menschen Hütten, fertigen Wände und Dächer aus Holz, Lehm und Pflanzenfasern. So entstehen erste Siedlungen.

EMMER, EINKORN, GERSTE: Diese Getreide wachsen auf den Feldern der frühen Bauern. Nach der Ernte zerreiben die Menschen Körner mit Mahlsteinen, um aus dem Mehl mit Wasser Brotteig oder Getreidebrei zu mischen

Ist es allein der Nahrungsreichtum, der ihre Bewohner verharren lässt? Oder spielt der Bau von Heiligtümern wie Göbekli Tepe im Süden Anatoliens eine Rolle (siehe Seite 82)? Die aufwendige Konstruktion zwingt wohl die Arbeiter, bis zur Vollendung über Jahre an einem Ort zu leben. Vielleicht hat sich so eine Siedlung gebildet, die als Vorbild für weitere Gründungen in der Gegend dient.

Oder aber die Dorfbewohner streben nach einem Leben in größerer Gemeinschaft, in der sie Feste feiern und Zeremonien abhalten.

Möglich auch, dass sie nicht nur die Nähe der Lebenden suchen, sondern ebenso die der Toten: Denn mit den Siedlungen entstehen die ältesten Friedhöfe, Ruhestätten für die Ahnen.

300 000 Jahre lang hat der *Homo sapiens* als Nomade gelebt – nun, um 9000 v. Chr., lassen sich die modernen Menschen erstmals dauerhaft nieder.

Sie werden sesshaft, ernähren sich aber nach wie vor als Jäger und Sammler. Im Sommer und Frühherbst durchkämmen sie vermutlich die Umgebung, um großkörnige Samen von Wildgräsern zu suchen. Eine mühselige Arbeit: Ein Windstoß, die kleinste Berührung genügt – und schon zerfallen die reifen Ähren, werfen ihre Körner auf die Erde.

Keiner wird je wissen, wie es genau ablief, aber wahrscheinlich beginnen die Sammler irgendwann zu begreifen, dass aus Samen, die sie vergessen haben aufzulesen, neue Pflanzen keimen. Und sie beobachten, dass Pflanzen im Licht besonders gut gedeihen und bei Trockenheit schlechter als auf feuchtem Grund.

Die Menschen lernen, die Natur besser zu verstehen – und beginnen dann, sie zu verändern.

Denn sie machen eine folgenreiche Entdeckung: Immer wieder wachsen einzelne Gräser mit so festen Ähren, dass die Samen nicht herausfallen.

Verantwortlich dafür ist ein Fehler im Erbgut, den die Natur bisher stets selbst behoben hat – weil die Körner am Halm vertrockneten. Aber ausgerechnet diese mutierten Pflanzen lassen sich besonders gut ernten.

Und so gelangen die Samen auf Umwegen doch in die Erde: Vermutlich fallen den Sammlern manche herunter – etwa wenn sie die Körner aus den Ähren schlagen. Andere Keimlinge werden wohl nach Mahlzeiten ungekaut und unverdaut wieder ausgeschieden. Und bald gedeihen um die Siedlungen Pflanzen, die den für den Menschen so nützlichen Gendefekt in sich tragen.

Dann, irgendwann um 9000 v. Chr., kommt wohl der Moment, da der erste Bauer gedanklich Ursache und Wirkung verknüpft. Diese Person hat keine Vorstellung davon, was Gene sind, aber sie vermutet: Körner aus festen Ähren bringen neue Gräser mit festen Ähren hervor.

Solche Körner sät der Mensch fortan aus – und beginnt so, die optimalen Pflanzen gezielt zu züchten. Er greift damit in die Natur ein und erhebt die zufällige Mutation, die zuvor verschwindend selten auftrat, zur Regel.

Dieses Wissen verbreitet sich, und vermutlich glücken auch andernorts im Nahen Osten ähnliche Experimente. Immer mehr Bauern streuen Körner in die Erde, hegen und pflegen ihre Gewächse, lockern mit Stöcken den Boden, bewässern Äcker, jäten Unkraut, errichten Umzäunungen zum Schutz vor Tieren. Damit schaffen sie ideale Bedingungen für jene Gräser, denen die Natur die Fortpflanzung eigentlich versagt hatte.

Neben den festen Ähren verstärken sie weitere nützliche Eigenschaften, indem sie etwa bevorzugt Samen von Pflanzen säen, die mehr Ertrag bringen. Über Generationen entstehen so aus verschiedenen Wildgräsern unterschiedliche Getreidearten: Emmer und Einkorn, die Urformen des Weizens, sowie Gerste.

Ihr Erfolgsrezept wenden die frühen Bauern auf weitere Gewächse an: Insgesamt acht Pflanzen domestizieren sie in dieser Phase, was Forscher anhand der Überreste von Mahlzeiten rekonstruieren können, die in den Erdschichten unterschiedlicher Perioden die Zeiten überdauert haben. Indem sie auch bei Hülsenfrüchten jene aussäen, die besonders fest in den Schoten stecken, züchten die Landwirte Erbsen, Linsen, Kichererbsen sowie Linsenwicke. Und Flachs liefert Leinsamen, aus denen sie fettreiches Öl pressen; zudem eignen sich seine Fasern zur Herstellung von Stoffen.

Weitaus mehr Geduld erfordern die meisten Früchte. Denn während Getreide binnen einiger Monate reift, braucht ein Obstbaum mitunter Jahrzehnte bis zur ersten reichen Ernte. Und so vergehen nach der Züchtung von Gerste und Erbsen wohl noch mindestens drei Jahrtausende, ehe es Menschen gelingt, auch Weintrauben und Oliven zu kultivieren.

Die Ackerbauern leben nicht mehr nur von der Hand in den Mund, sondern planen voraus – sie müssen es tun. Denn anders als Jäger, die einen Großteil ihrer Beute sofort verzehren, arbeiten sie für Nahrung, die sie erst viele Monate später essen werden. Dafür aber ist der Ertrag der Felder schon bald so reichlich, dass sie Vorräte anlegen können, um selbst bei schlechter Ernte nicht zu hungern.

ie Bewohner des Fruchtbaren Halbmonds züchten nicht nur Pflanzen, sondern auch Tiere. Bereits in der Altsteinzeit haben die Menschen junge Wölfe bei sich aufgenommen und mit viel Geduld abgerichtet, vielleicht als Wächter oder als Helfer bei der Jagd. Mit der Zeit haben die Raubtiere ihre Wildheit eingebüßt, sind zutraulicher geworden. Vermutlich verstärkte sich von Generation zu Generation die Neigung, durch Strafen sowie Belohnungen Kommandos zu erlernen und zu befolgen. So haben sie sich schließlich zu Hunden entwickelt.

Doch nun, da die Menschen Felder bestellen, kommen wohl einige Bauern auf die Idee, auch Schlachttiere zu zähmen – und sich so eine Fleischquelle zu verschaffen, die nicht erst aufgespürt und erlegt werden muss. Und die sich obendrein durch Fortpflanzung immer wieder selbst erneuert.

DIE ENTDECKUNG DER TÖPFERKUNST erlaubt es den Bauern ab etwa 6500 v. Chr., aus Ton Behälter zu fertigen und darin Vorräte aufzubewahren. Und sie vereinfacht das Kochen: Auch Töpfe wie dieser sind aus Keramik

Eine Herde Vieh wäre wie nie versiegendes Jagdglück. Allerdings kann das Vorhaben nur mit Pflanzenfressern gelingen. Hunde etwa taugen nicht, da sie selbst mehr Fleisch vertilgen, als sie nach einer Schlachtung abwerfen würden.

Dennoch ist die Ausgangslage zur Zucht von Vieh günstig. Von den fünf großen Säugetierarten, die in domestizierter Form weltweit bedeutend werden, kommen alle bis auf das Pferd als Wildtiere im Fruchtbaren Halbmond vor: Ziege, Schaf, Schwein und Rind.

Wilde Schafe und Ziegen eignen sich besonders gut zur Zucht. Sie vertilgen Kräuter sowie Gräser, die überall wachsen; zudem sind sie friedfertig, genügsam, leichter zu bändigen als die größeren Auerochsen und Hirsche.

Gazellen sind zwar auch Pflanzenfresser, neigen aber zur Massenflucht, sobald sie Gefahr wittern. Antilopen etwa wären zu nervös und schnell, lassen sich kaum zusammenpferchen. Ausgewachsene Bären wiederum sind zu stark, unberechenbar und gefährlich.

Die Bauern beginnen wohl um 8000 v. Chr., Ziegen und Schafe zu zähmen. Von keimendem Getreide angelockt, wagen sich die Tiere wohl ohnehin in die Nähe der Äcker. Möglich auch, dass die Menschen die Paarhufer anfangs nur zum Schutz ihrer Felder einsperren – und erst allmählich auf die Idee kommen, sie zu züchten. Die Siedler nehmen wahrscheinlich auch Zicklein und Lämmer auf, die sie verwaist oder verletzt finden. Die Vierbeiner werden zwischen Dornbüschen eingepfercht.

Fleisch, Leder, Wolle: Die Schafe und Ziegen bewähren sich als vielseitige Rohstofflieferanten. Zudem bringen sie meist mehrere Junge zur Welt. Lässt der Mensch einem Muttertier nur eines davon, kann er auch für sich Milch aus den Zitzen melken.

DIE HÄUSER Çatalhöyüks sind Wohnungen und Grabstätten zugleich: Die Menschen bestatten ihre Toten in hohlen Lehmpodesten – und legen mit rot gefärbtem Gips überzogene Schädel als Beigaben zu den Leichen

So erschließt er sich eine ganz neue Nahrungsquelle. Allerdings besitzen von Natur aus nur Kinder jenes Enzym, das es erlaubt, die in der Milch enthaltene Laktose aufzuspalten. Für Erwachsene wird der Milchzucker erst ab 3000 v. Chr. verträglich, dank einer Genmutation, die sich in Mitteleuropa verbreitet.

Anfangs behelfen sich die Menschen vielleicht, indem sie die Milch kochen – dann nämlich ist sie auch für manche Laktoseintolerante genießbar. Jedenfalls werden Scherben mit Milchfettspuren, die das Erhitzen zurücklässt, aus dem 6. Jahrtausend v. Chr. gefunden.

Ähnlich wie bei den Wildgräsern wählen die Menschen zur Tierzüchtung wohl jene Individuen aus, deren Eigenschaften ihnen nützlich erscheinen – vielleicht eine Ziege, die viel Fleisch auf den Rippen trägt und deren Hörner klein sind. Oder ein Schaf, das sich zutraulicher verhält als seine Artgenossen und sehr große Mengen Wolle abwirft. Solche Exemplare werden zur Fortpflanzung ausgesucht, die übrigen geschlachtet.

°

BALD WAGEN SICH die Züchter auch an Wildschweine und Auerochsen. Selbst diese gefährlichen Tiere pferchen sie in der Nähe der Siedlungen ein, bändigen sie, paaren immer wieder ausgewählte Männchen und Weibchen miteinander.

Die Nutztiere, die der Mensch so über Generationen heranzüchtet, haben irgendwann nur noch wenig mit ihren Urahnen gemein. Sie sind stoisch, duldsam, ihre Körper dazu optimiert, große Mengen Fleisch, Milch oder Wolle zu spenden. Ihre Gehirne sind um ein Viertel geschrumpft, die einst scharfen Sinne verkümmert, weil die in Gefangenschaft nicht länger überlebenswichtig sind.

So erschafft sich der Mensch ab 8000 v. Chr. zahme Schweine, Ziegen, Schafe und Rinder. Die Zucht glückt aber bei nur wenigen Tieren, wie Genanalysen zeigen: Alle heutigen Rinder in Europa und im Nahen Osten stammen wahrscheinlich von einer einzigen Herde aus dem Fruchtbaren Halbmond ab.

Ackerbau und Viehzucht bringen derart viel Nahrung ein, dass die Bevölkerungszahl wächst und sich zudem Tausende Menschen an einem Ort versorgen können. Und so bilden sich jetzt wohl im Nahen Osten erste Großsiedlungen.

Keine von ihnen ist so gut erforscht wie jene in Zentralanatolien, die später nach ihrem Fundort Çatalhöyük genannt wird. Zwar ist sie wohl weder die größte, wie Archäologen inzwischen wissen, noch die erste (das ist vermutlich das etwas ältere, westlich des Flusses Jordan gelegene Jericho mit rund 3000 Einwohnern).

Doch die Ausgräber entdecken dort die Überreste etlicher Häuser und Gegenstände, Hunderte Skelette, über 200 000 Fragmente von Tierknochen und mehr als 13 000 Tonscherben. Diese spektakuläre Fülle von Relikten erlaubt es, das Leben der Bewohner zu rekonstruieren – den Alltag in einer neuen Ära.

iedler gründen Çatalhöyük um 7400 v. Chr. auf einer baumbewachsenen Hochebene am Rande des Fruchtbaren Halbmonds. Das Dorf wächst zu einer Großsiedlung heran, die wohl um 6300 v. Chr. ihre Blüte erlebt: Zu dieser Zeit leben in ihr 2500 Menschen.

Hunderte Häuser aus Lehmziegeln stehen dort ohne Zwischenräume beieinander. Die einstöckigen Gebäude wirken wie unzählige zusammengeschobene Quader. Um sich fortzubewegen, steigen die Bewohner von Dach zu Dach, denn Straßen oder öffentliche Plätze gibt es nicht. Auch Türen fehlen: Jedes Haus hat eine Öffnung in der Decke, und Leitern führen in die Wohnräume hinab. Der Eingang dient zugleich als Rauchabzug.

Im Sommer steht das Korn auf den Feldern. Die Ortsbewohner pflanzen Getreide, züchten Schafe, Ziegen, schließlich auch Rinder, aber sie ergänzen ihre Kost nach wie vor als Sammler und Jäger. Ein Fluss durchströmt unweit der Äcker die Ebene, dem Gewässer verdankt die Umgebung ihre Fruchtbarkeit.

Ist die Ernte eingefahren, wird das Korn in Vorratskammern gebracht und lagert dort in geflochtenen Körben, Gefäßen aus Holz, Stein – und aus Keramik.

Zwar stellen einige Wildbeuter in Asien bereits vor 20 000 Jahren erste Gefäße aus gebranntem Ton her, wie Funde vermuten lassen. Richtig sinnvoll ist die Keramik aber erst um 6500 v. Chr., als das Material auch im Nahen Osten entdeckt wird. Die zerbrechlichen, schweren Behälter eignen sich kaum für das Nomadenleben. Doch für Sesshafte werden sie unentbehrlich. Und so töpfern die Bauern, wenn sie nicht gerade auf den Äckern schuften, Gefäße zur Aufbewahrung von

MIT STÖCKEN lockern Bauern den Boden, ehe sie neues Getreide aussäen. Das Beobachten von Wildpflanzen hat sie gelehrt, welcher Grund besonders fruchtbar ist, etwa das Schwemmland von Flüssen

Getreide, Trockenobst, später auch Milch; sie stellen Töpfe her, die das Garen von Mahlzeiten erleichtern. Manche erschaffen zudem neben der Feldarbeit auch Kunstwerke, so wie in Çatalhöyük.

Bilder verzieren dort die Wände einiger Wohnräume: Darstellungen von Menschen und Tieren sowie Ornamente, die mit schwarzer, roter, brauner Farbe auf hellen Putz geworfen werden. Eines der Werke zeigt eine Gruppe Männer, manche mit Fellen bekleidet, bei der Jagd auf eine Herde Rotwild. Kleine Figuren ziehen in einer anderen Szene einen gewaltigen Hirsch an Schwanz und Zunge.

Auch riesige Auerochsen stellen die Künstler dar, daneben schmückende Muster, die an Wandteppiche erinnern, und Personen, die jagen oder tanzen. Bauern oder gezähmte Tiere hingegen sind nirgendwo zu sehen.

Dennoch künden die Malereien von einem neuen Blick auf die Welt: Der Mensch bildet nun vermehrt den Menschen ab; er stellt sich selbst ins Zentrum – und damit über die Dinge.

Davon zeugen auch Keramikfiguren, die in Çatalhöyük gefunden wurden, etwa kleine Tonfrauen mit großen Brüsten. Eine der Gestalten sitzt auf einem Thron, gerahmt von zwei Leoparden (siehe Seite 110). Sind es Bildnisse einer Muttergöttin? Diese These gilt inzwischen als widerlegt. Manche Forscher sehen in den Frauen stattdessen eine Metapher für die Sesshaftigkeit. Einige vermuten, dass die Künstler die dramatischen Umwälzungen ihrer Epoche verarbeiten – auch wenn sie Jagdszenen und wilde Tiere zeigen: also genau jene Welt, die der Mensch gerade hinter sich lässt.

Die Maler und Töpfer imitieren demnach den Akt der Unterwerfung der Erde: Sie bannen die noch unbeherrschte Natur in Bildern und Figuren und zähmen sie so ein zweites Mal. Selbst ein gefährliches Raubtier wie der Leopard wird in Ton gezwungen und gebändigt.

Dazu passen die Jagdtrophäen, die manche Wohnräume dekorieren: Zähne von Wieseln und Füchsen, Eberhauer und Geierschnäbel. In einigen Gebäuden hängen zudem mit Gips überzogene Stierschädel samt Hörnern an den Wänden. Vielleicht gibt es einen besonderen Kult um diese Tiere, denn Auerochsen gelten zu dieser Zeit wohl als Verkörperung von Wildheit und Stärke.

Nicht nur sich selbst, sondern auch seine Umgebung betrachtete der Mensch nun mit neuem Blick. Eines der Wandgemälde in Çatalhöyük unterscheidet sich von allen anderen: Die roten Rechtecke und Linien erinnern an die Mauern von Häusern, als habe jemand die Großsiedlung aus der Vogelperspektive gezeichnet – aus einem Blickwinkel also, der Vorstellungskraft und Abstraktionsgabe verlangt haben muss. Wenn das Bild wirklich eine Art Stadtplan zeigt, wie manche Forscher meinen, dann ist es die älteste Karte der Geschichte.

°

DAS GRÖSSTE RÄTSEL Çatalhöyüks aber sind die Feuerrituale. Anhand von Brandspuren haben Wissenschaftler rekonstruiert, dass die Clans immer wieder ihre eigenen Wohnungen anzünden: Die Häuser brennen bis auf die Grundmauern nieder, wahrscheinlich vor den Augen der Zuschauer auf den umliegenden Dächern, die achtgeben, dass die Flammen die Nachbarbauten verschonen. Auf Schutt und Asche errichten die Brandstifter dann ein neues Gebäude – am gleichen Ort und mit gleichem Grundriss. Bisher ist es nicht gelungen, das Geheimnis dieser Rituale zu lüften.

Einige Häuser sind besonders kunstvoll verziert, zudem mit mehr als 50 Quadratmeter Grundfläche fast doppelt so groß wie die meisten anderen. Ein Anzeichen dafür, dass einige Familien mehr Besitz angehäuft haben als andere?

Auch die Idee des Privateigentums hat ja die Neolithische Revolution geboren: Denn erst als der Mensch sich niederlässt, beginnt er zwischen Mein und Dein zu unterscheiden.

Bei den Jägernomaden gehörte fast alles der Gruppe, persönlicher Besitz galt als schädlich. Die Ackerbauern hingegen trennen zwischen öffentlich und privat, zwischen Gemeinschaft und Familie.

Vermutlich kommen sie auch als Erste auf den Gedanken, dass ein Mensch Land besitzen kann: das Feld, das er bestellt; das Grundstück, auf dem sein Haus steht. In Çatalhöyük drücken die Leute Tonstempel mit unterschiedlichen Mustern auf Gefäße und andere Gegenstände – und markieren so wohl ihr Eigentum.

Trotzdem leben die Bewohner der Großsiedlung vermutlich weitgehend als Gleiche unter Gleichen. Auch zwischen den Geschlechtern gibt es offenbar keinen Rangunterschied. Denn stünde eine Gruppe höher als die andere, würde sie sich wahrscheinlich auch von besserer Kost ernähren. Doch in Çatalhöyük essen alle zumeist Brei aus Getreidekörnern und Schaffleisch, wie Analysen von Knochen und Zahnschmelz beweisen.

Es existiert zwar eine Art Arbeitsteilung: Der Ackerbau ist eher das Metier der Frauen, die Jagd Aufgabe der Männer (das lassen die Wandgemälde vermuten). Eine Herrscherelite hat sich jedoch noch nicht herausgebildet, auch Hinweise auf Armenviertel fehlen.

Da es keine öffentlichen Gebäude gibt, versammeln sich die Menschen wohl im Freien. Sie vollziehen uralte religiöse Rituale – vielleicht in der Hoffnung, dass die Größe ihrer Gemeinschaft die Wirkmacht vervielfacht. Gemeinsam veranstalten die Clans auch Feste, bei denen sie oft ein ganzes Rind vertilgen, eine vermutlich sehr geschätzte Abwechslung zum alltäglichen Körnerbrei.

Die Menschen machen sich zu solchen Anlässen wohl besonders zurecht (denn nicht nur die Verzierungen der Häuser haben die Zeiten überdauert, sondern auch Schmuckstücke ihrer Besitzer). Sie tragen Ketten, Armreifen und Perlen, schminken sich mit auf Muschelpaletten angerichteten Farben, um dann die eigene Erscheinung in Spiegeln aus poliertem Obsidian zu prüfen.

Und wenn sie nach Tanz und Feier in ihre Häuser zurückkehren, legen sie sich auf Lehmpodesten zum Schlafen nieder – über den Gebeinen ihrer Vorfahren. Denn Tote werden in Çatalhöyük in jenen Gebäuden bestattet, in denen sie gelebt haben. Manche Leichen werden zuvor mit blutrotem Pulver bestäubt, schon seit der Altsteinzeit eine Farbe mit besonderer Symbolkraft.

Oft legen sie ihnen Schädel von Toten bei, deren Gesichter sie mit rotem Gips überziehen, sodass die Züge nicht verfallen. Dann versiegeln sie die Gräber unter den Podesten mit kalkhaltigem Putz, zum Schutz vor Krankheiten und Verwesungsgestank.

Ausgräber stoßen später in einem einzigen Haus auf die Überreste von mehr als 60 Menschen. Soll das Niederbrennen der Gebäude den Begrabenen die Reise ins Jenseits erleichtern?

Einige Tote aber erwartet ein weitaus grausigeres Schicksal, sofern ein bestimmtes Wandgemälde die Wahrheit zeigt: Leichen werden dort rituell den Geiern zum Fraß vorgeworfen.

Viele der mehr als 500 Skelette, die in Çatalhöyük gefunden werden, zeugen überdies von jenem Fluch, der zur Zeit der Neolithischen Revolution erstmals die Menschheit heimsucht: Seuchen.

Denn wo Hunderte oder sogar Tausende Menschen auf engem Raum beisammenleben, ist die Ansteckungsgefahr hoch. Epidemien können sich in Siedlungen rasant verbreiten – zumal oft eine katastrophale Hygiene herrscht, sich Abfall in den Müllgruben türmt, Mensch und Tier ihre Fäkalien hinterlassen.

DEN PFLUG setzen Menschen spätestens um 3500 v. Chr. ein. Oft ziehen kastrierte Rinder das Gerät – die Bauern des Nahen Ostens haben diese Nutztiere Jahrtausende zuvor aus Auerochsen gezüchtet

Etliche Bewohner Çatalhöyüks fallen einem Bakterium zum Opfer, welches das Lungengewebe zerfrisst, mitunter auch Gehirn und Knochen angreift. Die Kranken spucken Schleim und Blut, während sie immer mehr an Kraft und Gewicht verlieren, um schließlich unter Qualen zu sterben. Es ist die Tuberkulose, die sie dahinrafft – Spuren des Leidens lassen sich noch heute an vielen Skeletten aus der Großsiedlung nachweisen.

inige der tödlichsten Krankheiten kommen vermutlich sogar erst durch das Bauernleben in die Welt: Pocken etwa und Masern sind Begleiterscheinungen der Landwirtschaft. Denn Tiere tragen Keime in sich, die sich über Jahrmillionen entwickelt haben. Lange haben sie nur einzelne Clans von Jägern und Sammlern infiziert. Doch Viehzüchter leben in ständiger Nähe zu Schafen, Schweinen, Hunden, die sie auf Weiden, in Ställen und Wohnhäusern halten. Beim Ausmisten und Düngen kommen sie unmittelbar mit deren Ausscheidungen in Kontakt.

Nun können Krankheitserreger leicht überspringen – und sich mit der Zeit sogar auf den Menschen spezialisieren. In den Siedlungen wimmelt es zudem von Mäusen und Ratten: Sie schleppen Flöhe und Läuse ein, die Pestbakterien und Fleckfieber übertragen. Durch herumliegenden Kot von Typhus- oder Cholerakranken gelangen auch immer wieder deren Darmkeime ins Trinkwasser.

Wo sich die Landwirtschaft verbreitet, folgen Epidemien, als seien sie der Preis des Fortschritts: Die Seuchen töten Tausende und löschen ganze Dörfer aus.

Die frühen Bauern haben den Erregern wenig entgegenzusetzen. Ihre Abwehrkräfte sind geschwächt, weil sie sich oft übermäßig von Getreide ernähren – eine Kost mit zu vielen Kohlenhydraten, zu wenig Eisen, Eiweiß und Vitaminen.

Sie leiden unter Skorbut und Karies, verlieren Zähne; entzündete Gelenke

DIE PIONIERE DER LANDWIRTSCHAFT

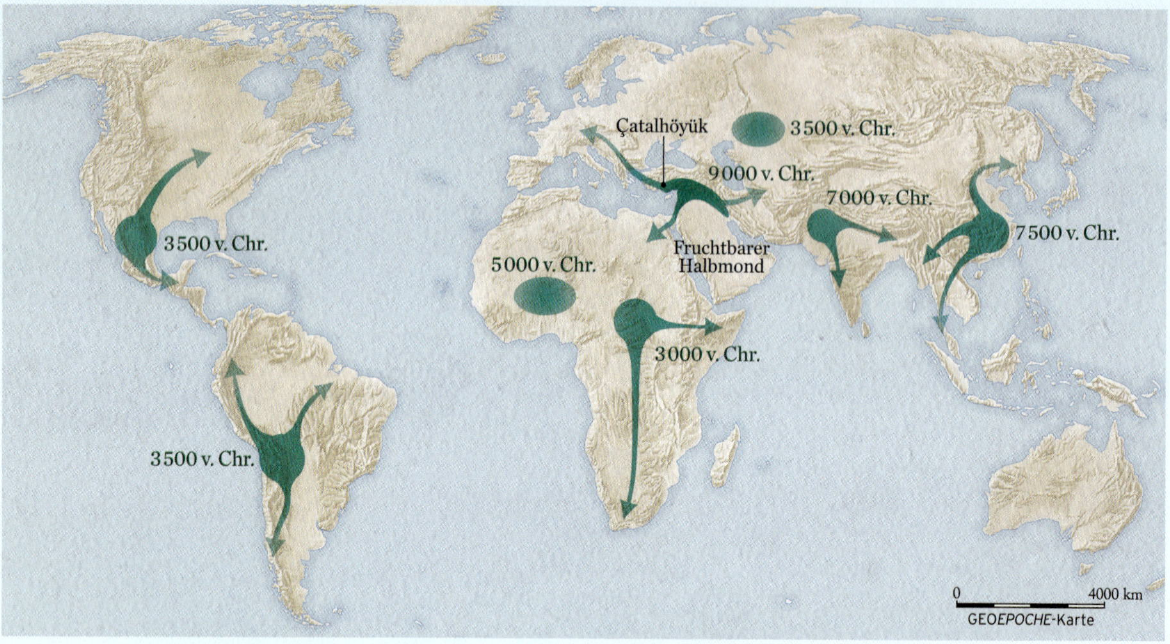

AN MINDESTENS ACHT ORTEN weltweit erfinden Menschen unabhängig voneinander über einen Zeitraum von sechs Jahrtausenden Ackerbau oder Viehzucht. Die ersten Bauern leben um 9000 v. Chr. im nahöstlichen »Fruchtbaren Halbmond«. Nach und nach entwickelt sich Landwirtschaft auch in China, Indien, der afrikanischen Sahelzone, in Mittelamerika, den Anden, der eurasischen Steppe und um 3000 v. Chr. in Zentralafrika

machen die Feldarbeit zur Pein. Ihre Körper sind kleiner als die der muskulösen Jäger und Sammler, die Fleisch, Obst und Nüsse aßen.

Auch in Çatalhöyük erkranken viele an Arthritis und Osteoporose, wie sich an den Skelettfunden ablesen lässt. Die Kindersterblichkeit ist hoch, die Lebenserwartung niedrig: Mit etwa 40 Jahren gilt ein Erwachsener bereits als Greis.

Die Menschen sind den Epidemien anfangs oft wehrlos ausgeliefert. Doch wer eine Infektion überlebt, entwickelt häufig Resistenzen – und vererbt sie an seine Nachkommen. So wird die Mehrheit nach und nach gegen bestimmte Erreger immun.

Trotz der Seuchentode nimmt die Bevölkerungszahl des Fruchtbaren Halbmonds rasch zu. Bauern ringen dem gleichen Stück Land wohl mindestens das Zehnfache, zuweilen gar das Hundertfache jener Nahrungsmenge ab, die Jäger und Sammler dort erbeuten konnten.

Dazu kommt, dass sesshafte Frauen etwa doppelt so häufig Kinder gebären wie Nomadinnen. Als die Menschen umherzogen, mussten Mütter ihr Baby stets tragen; und erst wenn das Kind selbst mitwandern konnte, brachten sie das nächste zur Welt. Frauen vermieden darum nach einer Geburt rund vier Jahre lang neuen Nachwuchs, stillten länger, was wohl die Fruchtbarkeit senkte. Bäuerinnen hingegen bekommen bereits nach etwa zwei Jahren wieder ein Kind.

Mehr Menschen können mehr Felder bestellen, mehr Krüge töpfern, bessere Werkzeuge erfinden. So steigern sie die Ernte, die noch mehr Bauern ernährt, die wiederum neue Äcker anlegen.

Es ist ein Prozess, der sich selbst beschleunigt, der eine nie zuvor da gewesene Produktivkraft entfaltet – und die Neolithische Revolution zum größten Wirtschaftswunder aller Zeiten macht.

Zwar leben im Fruchtbaren Halbmond die ersten Bauern der Weltgeschichte – aber sie sind nicht die einzigen Pioniere dieser Umwälzung. In mindestens sieben weiteren Weltregionen werden Menschen binnen weniger Jahrtausende unabhängig voneinander die Landwirtschaft erfinden. In China domestizieren sie ab 7500 v. Chr. Schweine, Reis und Hirse; in Indien um 7000 v. Chr. Buckelrinder und Sesam; und in der Sahelzone südlich der Sahara um 5000 v. Chr. das Perlhuhn sowie Sorghumhirse.

Um 3500 v. Chr. züchten Siedler in Mittelamerika (deren Vorfahren vor etwa 13 000 Jahren eingewandert sind, wohl über eine Landbrücke von Sibirien nach Alaska) Truthähne, Bohnen, Mais – und in den Anden Maniok und Kartoffeln. Tiere werden dort aus Mangel an geeigneten Arten kaum domestiziert, sodass die Ureinwohner keine Resistenzen gegen jene von Vieh übertragenen Viren entwickeln können, die in Europa entstanden sind (daher sterben Millionen Menschen, als Konquistadoren tödliche Keime einschleppen). Zeitgleich wird vermutlich in den Steppen Eurasiens das Pferd gezähmt. Und noch einmal 500 Jahre später pflanzen Bauern in Zentralafrika Ölpalmen und Yamswurzeln.

Es ist, als hätte die Menschheit nur darauf gewartet, endlich ihren unbändigen Fortschrittsdrang entfalten zu können, sobald das Klima passende Voraussetzungen schafft. Denn es ist die Wärme nach der letzten Kaltzeit, die all diesen Triumphen eine Bühne bereitet. Und weil im Fruchtbaren Halbmond besonders günstige Bedingungen herrschen, glückt die Zucht dort einige Jahrtausende früher als anderswo.

Vom Nahen Osten verbreitet sich die Revolution allmählich auch nach Europa. Bereits um 8000 v. Chr. machen sich wohl Bauern aus Anatolien auf den Weg, vielleicht auf der Suche nach Ackerland und Weiden. Die Siedler treiben Herden domestizierter Schafe, Ziegen, Schweine und Rinder. Sie bringen die Samen der gezüchteten Pflanzen sowie all ihr Wissen, ihre Errungenschaften und Werkzeuge mit. So gelangen ihre Erkenntnisse um 6400 v. Chr. nach Griechenland und Bulgarien.

In kleinen Schritten dringt der Wandel vor, mit einer Geschwindigkeit von einem Kilometer pro Jahr. Und womöglich verstärkt durch eine kühle und trockene Zwischenphase, ohne die etliche spätere Auswanderer um 6000 v. Chr. ihre Heimat nie verlassen hätten.

Denn vielerorts auf der Welt fällt zu jener Zeit die Temperatur um etwa drei Grad, als sich große Mengen Gletscherwasser in den Atlantik ergießen. Daraufhin erlahmen zeitweise die Strömungen, die zuvor Wärme vom Äquator auf die Nordhalbkugel transportiert haben. Diese Episode hält 160 Jahre an. Wahrscheinlich verkümmert in dieser Zeit im Nahen Osten das Getreide auf den Feldern. Und Bauern ziehen fort, um anderswo ihr Glück zu versuchen.

Auch in Çatalhöyük wird die Nahrung knapp. Forscher vermuten, dass sich dadurch das Zusammenleben in der Großsiedlung verändert: Statt als Gemeinschaft zu wirtschaften, spaltet sich die Bevölkerung zunehmend in kleinere, eigenständige Haushalte. Doch den Menschen gelingt es wohl immer weniger, sich selbst zu versorgen. Der Ort schrumpft, verliert rasch an Einwohnern – bis er um 5800 v. Chr. endgültig aufgegeben wird.

Zu dieser Zeit verbreitet sich die Landwirtschaft bereits über den südlichen Balkan, bald darauf auch die Donau hinauf in Richtung Nordwesten.

IN KÜRZE

Nach Jahrhunderttausenden als Nomaden beginnen Menschen um 9000 v. Chr., als sesshafte Bauern zu leben und die Natur zu ihrem Nutzen zu verändern. Zu dieser »Neolithischen Revolution« kommt es zunächst im Nahen Osten, in der Folgezeit aber noch in mindestens sieben weiteren Regionen. Sie löst ein beispielloses Wirtschaftswunder und Bevölkerungswachstum aus – und verändert die Erde wie kein zweites Ereignis der Weltgeschichte.

Kommen die Kolonisten in Frieden? Oder als Eroberer, den Saatbeutel in einer Hand, den Speer in der anderen? Wahrscheinlich bleiben viele einheimische Jäger und Sammler dort und übernehmen mit der Zeit die Lebensweise der Ankömmlinge.

Aus der Zeit um 5600 v. Chr. finden sich die ersten Spuren der Feldwirtschaft in Mitteleuropa. 400 Jahre später erreicht sie Südspanien, anschließend die Britischen Inseln und spätestens um 2500 v. Chr. Skandinavien.

Damit hat die revolutionäre Neuerung den gesamten Kontinent erfasst.

EINE FRAU MELKT EIN SCHAF, die andere hängt eine Tierhaut zum Trocknen auf: Nutzvieh liefert den Bauern Fleisch, Milch, Wolle und Leder – überträgt aber auch Keime, die tödliche Seuchen auslösen

Deren Pioniere im Fruchtbaren Halbmond haben rund zweieinhalb Jahrtausende gebraucht, um sesshaft zu werden, Ackerbau und Viehzucht zu erfinden und Tongefäße für die Lagerung zu entwickeln. Und doch vollzieht sich diese Wende der Geschichte verhältnismäßig schnell: Seit der Entwicklung des *Homo sapiens* lebte der Mensch mehr als 11 000 Generationen lang als Nomade – aber dann pflügen nur 100 Generationen von Revolutionären die Welt in jeder Bedeutung des Wortes um.

Und der größte von ihnen stand vor mehr als zehn Jahrtausenden auf einem Acker im Nahen Osten.

Mit einer alles verändernden Idee und einer Handvoll Körner. ◊

Mitarbeit: **Jörn Auf dem Kampe** *und* **Cay Rademacher.**

DAS GRAB DER SCHAMANIN

Vor fast 9000 Jahren bestatten Menschen nahe dem heutigen Leipzig eine Geisterbeschwörerin. Sie legen ihr Tierzähne ins Grab, ein Rehgeweih – und ein Kind

TEXT: *Marion Hombach*

Die Hinterbliebenen haben ihr im Kies eine tiefe Grube ausgeschachtet und den Grund mit einer dicken Schicht roten Farbpulvers bedeckt. Nun setzen sie die junge Frau hinein, mit Blick nach Süden und angewinkelten Beinen; dazwischen legen sie ein Baby, das jünger als ein Jahr ist.

Sie geben der Verstorbenen kostbare Werkzeuge mit ins Jenseits, darunter steinerne Klingen und eine Hacke – sowie behauene kleine Feuersteine, die als Pfeilspitzen taugen, teils geborgen in einem Behältnis aus Knochen.

Das Haupt der Frau aber bedecken sie mit einem mächtigen Kopfschmuck, gefertigt aus Fell, Tierzähnen, den Schädelknochen und dem Geweih eines Rehs.

Menschen, die als Jäger und Sammler umherziehen, bestatten an diesem Tag, irgendwann um 6800 v. Chr., in Mitteldeutschland eine Frau, die zu Lebzeiten höchstes Ansehen genossen haben muss: eine Schamanin, die zwischen den Lebenden, den Naturgeistern und den Ahnen vermittelte. Ihr Grab, das 1934 nahe Leipzig entdeckt wurde, gewährt einzigartige Einblicke in die magische Kultwelt der Steinzeit. Keine andere Ruhestätte in Deutschland bietet so zahlreiche Hinweise auf die Existenz von Schamanen, deren Leben, Wirken und Sterben.

Neben den zahlreichen Beigaben beweist auch die Verwendung des kostbaren, aus einem Eisenoxid gewonnenen Farbpulvers, dass die Verstorbene einst eine außerordentliche Stellung innehatte.

Schon viele Jahrtausende vor ihrem Tod hatten Menschen in Südwesteuropa das Material beim Ausmalen von Höhlen benutzt, und es wurde auch bei Beerdigungen verwendet, wohl als Teil eines kultischen Rituals.

Womöglich wurde die Frau vor ihrer Bestattung sogar mit dem Farbstoff bemalt; darauf deutet ein vermutlich als Pinsel genutzter, gespaltener Rehknochen hin, auf dem sich Spuren der Farbe fanden.

In dem im Grab gefundenen Geweih, den Rehknochen und Tierzähnen vermuten Forscher Reste eines Kopfschmucks, wie ihn Geisterbeschwörer, etwa in Sibirien, noch Anfang des 18. Jahrhunderts trugen: Der wahrscheinlich bei Ritualen getragene Kopfputz, reich behängt mit den Hauern eines Ebers sowie Schneidezähnen von Rothirschen, Wildschweinen, Wisenten und Auerochsen, sollte wohl dafür sorgen, dass die Frau auch im Jenseits mit den Geistern in Kontakt treten kann.

Einen weiteren Hinweis darauf, dass die Tote vermutlich einst als Schamanin wirkte, bietet ihr Skelett: Der oberste Halswirbel der Frau war nicht vollständig ausgebildet; ihre Wirbelsäule war also womöglich an einer für die Bewegung des Kopfes entscheidenden Stelle instabil. Zudem weist eine auffällige Verformung an der Schädelbasis auf einen ungewöhnlichen Verlauf eines Blutgefäßes am Übergang vom Hals zum Kopf hin.

Diese Besonderheiten, so die Annahme der Forscher, könnten es der Frau ermöglicht haben, durch das Drehen ihres Kopfes die Blut- und Sauerstoffzufuhr ins Gehirn zu reduzieren oder gar zu unterbrechen und sich so auf einfache Weise in Trance zu versetzen – in jenen Dämmerzustand, in dem Schamanen dem Glauben nach mit Ahnen und Geistern in Verbindung treten, böse Mächte vertreiben und für eine erfolgreiche Jagd oder Schutz vor Krankheit und Tod sorgen.

Doch ihre eigene Gesundheit konnte die Schamanin sich nicht bewahren: Zwei ihrer Schneidezähne waren so extrem abgenutzt, dass die Wurzelkanäle freilagen. Daher litt sie an ständigen Infektionen, die bereits die Kieferknochen angegriffen hatten – ein Leiden, an dem die Frau wohl schließlich starb.

Wohl niemals wird sich herausfinden lassen, welche Zeremonien sich rund um ihren Tod abgespielt haben mögen, vor allem aber: Wer das kleine Kind war, das ihr mit ins Grab gegeben wurde. Zu schlecht erhalten sind dessen Skelettreste, als dass sich noch untersuchen ließe, ob es ihr eigenes Baby war – und welches Schicksal ihm widerfahren sein mag.

Eines aber ist klar: Nur wenige Jahrhunderte nach dem Tod der beiden wird die Neolithische Revolution Mitteleuropa erfassen, und mit der Sesshaftwerdung des Menschen wird der archaische Geisterglaube allmählich an Bedeutung verlieren.

Die Ackerbauern werden neue, komplexere Kulte entwickeln – und Mittler wie die „Schamanin von Bad Dürrenberg“, wie Forscher die steinzeitliche Geisterbeschwörerin nach ihrem Fundort nennen, werden dann Priestern neuer Glaubenswelten weichen. ◊

DAS HAUPT DER TOTEN bedecken die Hinterbliebenen mit einer Kopfzier aus Fell, Tierzähnen sowie den Schädelknochen und dem Geweih eines Rehs. Derart geschmückt hat die Mittlerin zwischen den Menschen und den Naturgeistern wohl auch Rituale zelebriert

Mord am NECKAR

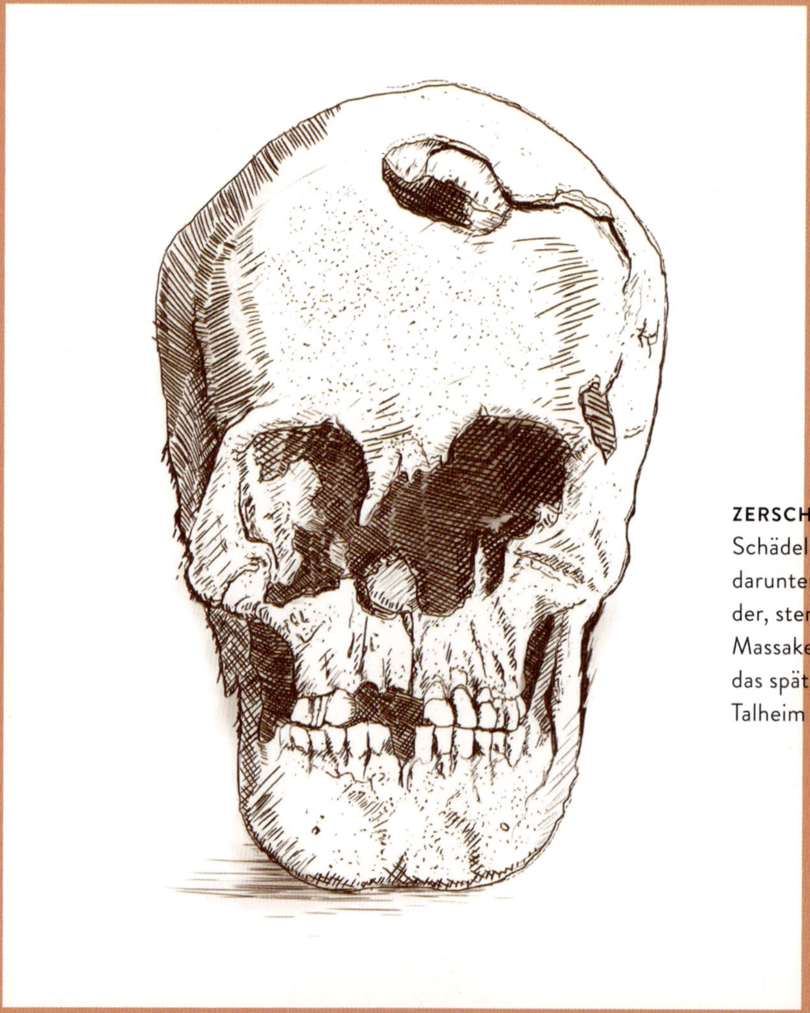

ZERSCHMETTERTER Schädel: 34 Menschen, darunter Alte und Kinder, sterben bei dem Massaker in jenem Dorf, das später den Namen Talheim erhält

Die Angreifer kommen mit Beilen, Knüppeln, Bogen: An einem Tag um das Jahr 5070 v. Chr. fallen sie über ein Dorf im Südwesten Deutschlands her – und töten ohne Gnade. Sechs Jahrhunderte lang haben die frühesten Bauern Mitteleuropas meist friedlich in ihren Siedlungen gelebt. Doch nun eskaliert vielerorts die Gewalt

TEXT: *Constanze Kindel*
ILLUSTRATIONEN: *Flemming Bau*

Es gibt kein Entkommen. Der erste Schlag trifft die hinkende junge Frau, die ihr zu kurzes rechtes Bein nachzieht, am Hinterkopf, und er ist wuchtig genug, um sie stürzen zu lassen. Dann drei Beilhiebe, als sie schon am Boden liegt, schnell und tödlich.

Dem alten Mann bohrt sich die steinerne Pfeilspitze hinter seinem linken Ohr in den Kopf und bleibt tief im Knochen stecken. Und der kleine Junge ist nach einem Beilhieb augenblicklich bewusstlos; daher spürt er den zweiten und dritten Schlag über dem rechten Auge und nahe der Schläfe nicht mehr.

Es ist der letzte Tag der Siedlung am Fluss, der letzte Tag für 34 Menschen. Das Dorf liegt ein paar Hundert Meter über dem Neckar an einem Hang, der sich leicht nach Südwesten neigt. Eine Handvoll Höfe, lang gezogene Häuser aus Holz und Lehm, Felder und Gärten. Viel später wird dieser Ort Talheim heißen. An diesem Tag wird er zum Schauplatz eines Massakers.

Hiebe von Keulen und Knüppeln lassen Knochen splittern. Querbeile, die sonst Holz schlagen, brechen Schädel. Und die Angreifer prügeln immer weiter, auch als ihre Opfer längst am Boden liegen, blutend, bewusstlos. Zuckend, röchelnd, sterbend.

Keiner kann sich wehren, kämpfen. Und keinem bleibt Zeit zu fliehen. Weder den zwei Mädchen, elf Jahre alt, die schon auf dem Bauch im Dreck liegen, als die Beilklingen sie treffen, noch der alten Frau. Oder dem Mann, den ein Pfeil im Schädel trifft, ehe ein Beil ein handtellergroßes Loch in seinen Hinterkopf schlägt.

Sie alle sterben binnen Minuten. Niemand bleibt verschont. Die Angreifer töten ohne Unterschied: Männer, Frauen, Alte, Kleinkinder. Sie plündern die Leichen. Kein Schmuck, kein Amulett, kein persönlicher Besitz findet sich mehr an den Toten, als die Mörder sie am südwestlichen Rand des Dorfs in eine schnell ausgehobene Grube werfen, knapp drei Meter lang und vielleicht anderthalb Meter breit. Ein Stapel toter Körper, verdreht, verschlungen, ineinander verkeilt.

Als eine der Letzten packen sie die Leiche der hinkenden jungen Frau an Händen und Füßen und lassen sie hinunterfallen in das Grab. Sie liegt auf dem Rücken, den Arm eines Jungen neben ihrem Kopf, den Fuß eines Mannes auf ihrer Brust, das Gesicht gen Himmel gewandt. Bis die Erde auf sie fällt.

An diesem Tag um 5070 v. Chr. wird auf der Anhöhe am Neckar ein ganzes Dorf ausgelöscht. Eine Gemeinschaft von Menschen, die sich diesen Ort ausgesucht hatten, um Häuser zu bauen, Land zu bestellen.

Viele Jahrtausende später werden Forscher auf den Tatort stoßen, die Überreste der Ermordeten freilegen – und mit forensischen Methoden zu enträtseln beginnen, was in Talheim geschehen ist.

Das Massaker fällt in eine Zeit, in der eine Ära endet. In der eine ganze Kultur in Kämpfen und Leid, geheimnisvollen Ritualen und brutalen Morden zergeht: die 600 Jahre währende Kultur der ersten Bauern Mitteleuropas – der ersten Menschen, die in dieser Region als Siedler sesshaft geworden sind.

DIE 34 OPFER des Massakers werden in einer nur drei Meter langen Grube verscharrt

°

IM NAHEN OSTEN WIEGT SICH bereits seit gut 2500 Jahren Getreide auf Feldern im Wind, als sich die revolutionären Kenntnisse von Ackerbau, Viehzucht und Keramikhandwerk ab 6400 v. Chr. die Donau entlang allmählich über den Balkan, Ungarn und schließlich über große Teile des europäischen Kontinents verbreiten.

Um 5700 v. Chr. lassen sich Ackerbauern und Viehzüchter im unteren Donaugebiet nieder, im Osten des heutigen Österreich, im Westen Ungarns, in der Slowakei.

Die Neuankömmlinge bauen Getreide an, sie halten Rinder, Schweine, Schafe, Ziegen. Sie formen und brennen Ton zu Schalen, Töpfen, Krügen – und begründen eine neue Kultur: die der Bandkeramik, benannt nach den Mustern aus Linien und Wellenbändern, mit denen sie ihr Tongeschirr verzieren.

Rund 100 Jahre später brechen kleine Gruppen aus dem Donaugebiet auf, um im Nordwesten neue Siedlungen zu gründen. Rasch dringen die Wegbereiter der neuen Kultur vor bis an den Rhein und ins Vorland des Harzes. Erstmals beginnen Menschen nun auch mitten in Europa, in die Natur einzugreifen, ihre Umwelt bewusst zu gestalten. Und immer neue Einwanderer aus der ungarischen Tiefebene folgen ihnen.

Nur wenige alteingesessene Sammler und Jäger leben im Landesinneren des heutigen Deutschland, wo die Neuankömmlinge nun siedeln. Die nomadischen Wildbeuter ziehen die Ufer größerer Seen sowie die Küsten der Meere vor. Vielleicht weichen sie mit Ankunft der Bauern auch weiter nach Norden aus. Vielleicht passen sich einige den Neuankömmlingen an, fügen sich ein in ihre Gemeinschaften – oder tauschen mit ihnen zumindest Feuersteine und Werkzeuge. Vielleicht auch werden sie mancherorts einfach vertrieben, sogar getötet.

Innerhalb weniger Generationen jedenfalls verbreitet sich die Lebensweise der Ackerbauern in weiten Teilen des Kontinents. Um 5000 v. Chr. leben in Deutschland gut 500 000 Menschen, und die meisten von ihnen sind Bauern.

Überall ist das Land zu jener Zeit von dichtem Wald bedeckt, von Eichen, Eschen, Ulmen, Linden. Es gibt kaum Lücken und Lichtungen. Nur Gebirgskuppen, Moore und die Ufer der Meere liegen frei.

Die Einwanderer folgen daher den großen Flüssen. An den mitunter sumpfigen oder steinigen Ufern können sie zwar nicht siedeln und säen, aber ein wenig abseits an Talhängen etwa und an Terrassenkanten zu beiden Seiten der Wasserläufe finden sie meist nur wenige Hundert Meter weiter fruchtbare Lössböden, locker und kalkreich.

Dort fällen sie Bäume und errichten Häuser, graben Brunnen, die sie mit Holz auskleiden, legen Gärten und Felder an, umzäunt von Hecken. Sie säen die Getreidearten Emmer und Einkorn, Erbsen und Linsen, Lein für Öl und Spinnfasern, Mohn als Gewürz und Heilmittel.

DIE LANDWIRTE, die sich ab 5600 v. Chr. in Deutschland niederlassen, bauen bis zu 40 Meter lange Häuser, Wände und Decken aus Zweigen geflochten und mit Lehm verputzt. Äcker und Gärten umgeben sie

WIE INSELN LIEGEN die Siedlungen im Wald. Oft gruppieren sich Einzelhöfe und kleine Weiler mit drei, vier, fünf Häusern um ein größeres Dorf mit einem knappen Dutzend Gebäuden, einem Gräberfeld, einem Markt, auf dem Waren getauscht werden. 50 bis 80 Menschen leben in so einem Ort, angeführt von einem Clanoberhaupt.

Die lang gezogenen Gebäude aus Holz und Lehm, jedes umgeben von einem Hofgelände und bewohnt von einer Familie, verwittern schnell in der feuchten Wärme, die vom Atlantik über das Land strömt. Ständig müssen sie ausgebessert werden, nach 25 Jahren müssen die Bewohner ein neues Haus bauen.

Oft bestehen die Siedlungen nur für einige Jahrzehnte, höchstens wenige Hundert Jahre, dann werden sie aufgegeben und anderswo neu gegründet, an einem Ort in der Nähe, der noch gutes Baumaterial bietet.

Mit Steinbeilen roden die Bauern die Wälder, manchmal auch mit Feuer, dessen Flammen aus dem Walddunkel lodern und die hohen Bäume zu Asche verzehren.

So wird es auch auf jener Anhöhe über dem Neckartal zugegangen sein, auf der die Siedlung von Talheim entsteht: Einige Jahrzehnte vor der Bluttat brechen Siedler hier oberhalb einer Quelle eine Schneise von vielleicht 15 Hektar Größe für ihre Gebäude und Felder ins Dickicht. Hier stehen schon bald vier, fünf Häuser, in denen jeweils eine Großfamilie wohnt. Auf der Lichtung haben die Landwirte Äcker und Gärten angelegt, im Wald schlagen sie Holz und weiden ihr Vieh.

Das Dorf liegt 500 Meter östlich des Neckars, in einer sanft buckligen Landschaft aus Hügeln und Hängen, Berg und Tal. Das Gebiet ist dicht besiedelt. Doch die meisten Dörfer finden sich auf der anderen Flussseite. Der neue Ort ist also etwas abseits gelegen.

Über das genaue Aussehen der Siedlung und das Leben seiner Bewohner ist nichts bekannt – außer dem Massengrab haben Archäologen kaum mehr als einige verstreute Scherben gefunden. Doch wo immer sich Menschen in der Weite der europäischen Wälder niederlassen, gestalten sie ihr Leben auf verblüffend ähnliche Weise. Sie teilen die Art, wie sie ihre Häuser bauen und ihr Land bestellen, wie sie die Beile schleifen, mit denen sie Holz bearbeiten, wie sie ihre Gefäße verzieren. Und so lässt sich auch der Alltag in Talheim rekonstruieren.

DIE HÄUSER bieten Platz für sechs bis sieben Personen, für eine Feuerstelle, den Ofen, eine Werkstatt sowie einen Speicher mit Nahrung für Mensch und Vieh. Doch nach etwa 25 Jahren verfallen die Bauten

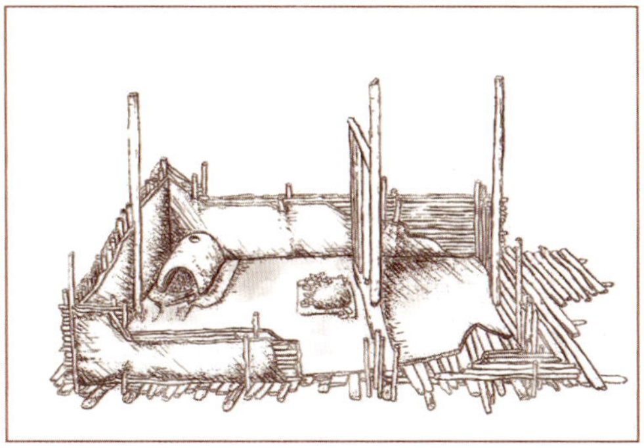

Hausbau ist Aufgabe der Männer, Gemeinschaftsarbeit, schweißtreibend und kräftezehrend, manchmal halsbrecherisch riskant. Tonnenschwere Eichen bersten unter Beilhieben und schlagen dumpf auf dem Waldboden auf. Aus den langen, gerade gewachsenen Stämmen hauen die Männer Balken: drei Reihen massiver Innenpfosten, in den Boden eingegraben, auf denen das Dach ruht. Schmalere Balken für die Wände, lose gereiht und verbunden mit einem Flechtwerk aus Zweigen – Birke, Hasel, Pappel, Weide –, verputzt mit Lehm.

30 bis 40 Meter lang sind die Bauten und nur sechs bis acht Meter breit, mit der Schmalseite ausgerichtet nach Nordwesten – jener Himmelsrichtung, aus der Regen und Wind zumeist heranziehen.

Die Häuser, die Platz für sechs bis sieben Personen bieten, bestehen aus einem Wohn- und Schlafraum, einer Werkstatt nahe dem Eingang, wo Tageslicht in das dämmrige Halbdunkel fällt, sowie einem Speicher mit Zwischenboden, auf dem Getreidevorräte lagern und getrocknetes Laub, das den Winter über als Viehfutter dient.

Ihren Abfall – Scherben zerbrochener Tongefäße, die Asche der Herdstelle, schwarz verkohlte Getreidereste und abgenagte Knochen – entsorgen die Familien in abseits der Häuser gelegenen Kuhlen.

Längs der Häuser ziehen sich große Gruben, aus denen die Bewohner den Lehm kratzen, mit dem sie Risse in den Wänden stopfen. In den Vertiefungen sammelt sich das Regenwasser, das vom Dach rinnt.

Aus anderen Gruben schaufeln die Bauern Tonklumpen, die sie mit bloßen Händen zu Gefäßen und Figuren modellieren. Oft mischen sie die klebrig-glitschige Erde mit dünnen, harten Getreidehülsen, um sie fester zu machen. Mit spitzen Fingern formen sie den feuchten Ton, kneten, streichen mit geübten Griffen.

Auf einer Unterlage aus Holz brennen sie das getrocknete Material anschließend im offenen Feuer zu Keramik – zu flachen Schalen und kugelförmigen Gefäßen; zu Trinkgeschirren und feuerbeständigen Kochtöpfen; zu bauchigen Flaschen, in denen die Vorräte der Familien lagern, an Schnüren hoch über dem Boden aufgehängt, um sie vor Mäusen, Ratten, Ungeziefer zu schützen.

Mit solchen groben Gefäßen geben sich die Töpfer meist wenig Mühe. Andere hingegen verzieren sie aufwendig. Mit den Fingernägeln, mit Schnüren, mit Sticheln aus Holz oder Knochen ritzen, kerben, stechen, drücken sie feine Muster in den noch weichen Ton: gerade Linien, kurze Striche, Wellenbänder und Winkelzacken, Kreuze und Spiralen. Zuweilen streichen sie die Muster mit Farbpasten aus, gelb, orangefarben, kalkweiß, leuchtend rot.

Bis ins Detail formen sie kleine Figuren in Gestalt von Menschen und Tieren. Männer und Frauen, Rinder und Schweine: Wissenschaftler sehen in ihnen tönerne Erkennungszeichen eines Clans, aber auch Opfergaben und Götterfiguren. Die Bauern scheinen sich ihre Götter

DICHTER WALD bedeckt fast ganz Deutschland. Die Siedler finden dort Nüsse und Früchte, doch alle Freiflächen für Häuser und Felder müssen sie dem Gehölz abringen – mit Steinbeilen oder Feuer

vielfach als Wesen mit menschlichem Antlitz vorzustellen, so gekleidet wie sie selbst.

Mithin sind die Tonfiguren vielleicht beides: Abbilder von Göttern und von Menschen. Sie zeigen die Tracht der Zeit – und deren Schönheitsideale.

Die Männer tragen flache Kappen oder eine Art Dreispitz, vielleicht aus Flachs gewebt, das Haar kurz, das Gesicht glatt rasiert. Die Frauen haben ihr Haar zu Locken aufgetürmt oder zum Zopf geflochten, der als Kranz um den Kopf gewunden ist; mit einem Reif aus der Stirn gehalten oder am Hinterkopf zu einem Nest gesteckt; geschmückt mit Knochenkämmen, verborgen unter Hauben aus Bändern oder muschelbesetzten Haarnetzen.

Ihre mit einem Gürtel gerafften Hosen, Röcke und weite Obergewänder nähen sie aus Hirsch- und Rindsleder oder derbem, aus Leinfasern gewebtem Tuch.

Männer wie Frauen schätzen üppigen Schmuck aus Muscheln, Schnecken, Tierzähnen. Besonders kostbar sind den Ackerbauern die Schalen der Stachelauster, die über weitreichende Handelsbeziehungen von der nördlichen Adria in die Region gelangen. Aus den rötlich schimmernden Schalen entstehen Gürtelschließen, Halsketten, Anhänger, flache Ringe, die Männer am linken Oberarm tragen.

Auch seltene Steinarten tauschen die Landwirte über große Entfernungen gegen Getreide, Mehl, Tiere oder Gefäße, etwa den grauen Amphibolit, aus dem sie Beilklingen fertigen. Dazu die begehrten Mineralfarbsteine – dunkles Graphit, Mangan und rot glänzender Hämatit –, die sie auf steinernen Paletten zu Pulver zerreiben.

Mit den Pigmenten des Roteisensteins bemalen die Menschen zu besonderen Anlässen ihr Gesicht, färben Frauen ihre Haare. Selbst ihren Toten geben die Bauern den Roteisenstein mit ins Grab. Manchmal verstreuen sie über den Körpern Pulver in der Farbe von frischem Blut.

Alles, was eine Familie zum Leben braucht, stellt sie selbst her: Steinbeile für Zimmererarbeiten, Sicheln für die Ernte, Keramik, Kleidung, Schmuck. Hacken aus Hirschgeweihen. Knochenahlen, mit denen sich Löcher in Tierhäute stechen lassen. Taschen und Dosen aus glatter Birkenrinde.

Die Sesshaftigkeit verleiht dem Leben eine Ordnung. Einen vorhersehbaren Lauf, ein Gleichmaß aus immer wiederkehrenden Pflichten und Aufgaben. Die meiste Mühe macht den Bauern das Getreide, von der Saat bis zum Brot, eine ständige, nie endende Last. Jedes Jahr, jeden einzelnen Tag.

Die Feldarbeit krümmt ihnen den Rücken und zwingt sie in die Knie. Für die Aussaat graben sie mit Stöcken schmale Furchen in die dunkle Erde der Ackerböden. Bei der Ernte trennen sie mit den Feuersteinklingen ihrer Sicheln nicht zwischen Emmer, Einkorn und zähem Unkraut, das zwischen den niedrigen Halmen wächst. Mit Steinen und Knüppeln dreschen sie die Körner aus den reifen Ähren, dann werfen sie das gedroschene Getreide in den Wind, um Spreu und Körner zu trennen. Unkraut, kleine Steine sieben und zupfen sie aus, umständlich, Stück um Stück.

Auf den Höfen lagern Emmer und Einkorn in großen Tongefäßen und flachen Erdgruben – Getreide ist das Grundnahrungsmittel der Bauern. Um die Vorräte kümmern sich vermutlich die Frauen der Familie. Oft rösten sie die Körner, weil die trocken weniger leicht faulen und schimmeln. Zuvor müssen sie die Körner von ihrer harten Spelzhülle befreien: Etwa eine Stunde dauert es, in einem Holzmörser den Tagesbedarf einer Familie an Emmer und Einkorn zu entspelzen, drei bis vier Kilogramm Korn.

Im Dämmerlicht des Hauses knien die Frauen dann vor dem Mahlstein, darin eine Handvoll Körner, mehr fasst die Mulde der groben Steinplatte nicht. Das macht die Arbeit zäh und zeitraubend. Mit der flachen Unterseite eines kleineren, rundlichen Steins wird das Getreide langsam zu Mehl gequetscht, Portion für Portion, immer gleiche Bewegungen, bis die Arme schmerzen. Kratzend, schabend reiben die Steine aneinander. Drei Stunden Arbeit brauchen sie für vielleicht drei Kilogramm Mehl.

Der Grützbrei, den die Bauernfamilien mit Wasser anrühren, die Brotfladen, die sie im Kies ihrer Grubenöfen unter einer Lehmkuppel backen, knirschen beim Essen zwischen den Zähnen vom feinen Abrieb des Mahlsteins, der sich in den Mehlstaub mischt.

Wenn die Menschen Fleisch essen, dann meist das ihrer Schweine und Rinder. Nur selten noch gehen die Männer auf die Jagd, ziehen mit Pfeil und Bogen in die Wälder, um Rothirsche zu erlegen, Rehe oder Elche.

°

DER WALD, DER SICH UM IHRE SIEDLUNG schließt, gibt den Bewohnern von Talheim Brennholz, Baumaterialien sowie Nahrung für Menschen und Tiere. An seinen Rändern wachsen Holunder und Haselsträucher, Weißdorn, Schlehen, Wildäpfel. Im Unterholz sammeln die Siedler Himbeeren und Haselnüsse, Pilze, Kräuter, die Blätter, Samen, Wurzeln von Knöterich und Gänsefuß. Bienenhonig bringen sie aus dem Wald mit und auch Vogeleier.

Linden und Eichen liefern Bast für Schnüre und Seile. Birkenrinde lässt sich zu klebrigem schwarzem Pech verschwelen, das Klingen an hölzernen Beilstielen hält und steinerne Spitzen an geschnitzten Pfeilen. Ulmenlaub ist gutes Viehfutter.

Auf der Waldlichtung gibt es keine großen Wiesen, keine Weiden, keine Ställe. Die Haustiere verbringen das gesamte Jahr im Freien, im Winter eingepfercht hinter Hürden, geflochtenen Einzäunungen aus Zweigen und Ästen.

Im Frühjahr treiben die Männer die Herden weit in den Wald. Schweine und Rinder fressen Wildkräuter, Eicheln, Blätter, die hellgrünen Triebe junger Bäume und Sträucher. Die Hirten klettern in die Baumspitzen, schlagen mit Beilen Zweige und Äste ab, die sie den Tieren vorwerfen oder als Futtervorrat für den Winter sammeln. Lücken entstehen im dichten Baumkronendach der Wälder, durch die Sonnenlicht fällt bis auf den dunklen Grund.

Wer sich unten im Dickicht zurechtfinden muss, der hat es nicht leicht. Unüberschaubar liegt der Wald vor den Menschen. Dehnt sich aus hinter den Horizont ins Unbekannte. Braunbären leben in seinem Schatten, Wölfe, Luchse, Auerochsen. Nie gehen die Hirten unbewaffnet in den Wald.

Aber die Natur hält noch weitaus größere Gefahren und Gewalten bereit, vor denen sich die Menschen fürchten. Unwetter, Stürme, Blitz und Donner. Wahrscheinlich gelten sie den Bauern als das Werk von Göttern, so wie Sonnenschein und Mondlicht.

In den Überresten der Siedlungen finden sich nur wenige Spuren dieses Götterglaubens. Aber die Menschen dieser Zeit müssen sich abhängiger gefühlt haben von der Gunst ihrer Götter als je zuvor. Denn sie verfügen jetzt über Besitz und haben damit mehr zu verlieren als ihre nomadisierenden Vorfahren: Häuser, Äcker, Tiere, Eigentum, das bewahrt werden muss, geschützt um jeden Preis.

Und um nichts wohl sorgen sich die Menschen mehr als um ihre Ernte. Große Hitze oder zu viel Regen können leicht den gesamten Ertrag eines Jahres vernichten – dann droht Hunger. Und selbst in den Häusern ist das Getreide nicht vor Vorratsschädlingen wie dem Kornkäfer sicher.

Beschwörungen und Opfer sollen die Gottheiten gnädig stimmen. In den Häusern der Dorfbewohner ruhen auf kleinen Altarsockeln Frauenfiguren aus Ton, Symbole der Fruchtbarkeit. Manche halten im Sitzen ein Gefäß auf den Schenkeln, das sich mit Flüssigkeiten füllen lässt – Opfergaben, die durch eine Öffnung im Boden sickern. Die Bauern glauben

STÄLLE GIBT ES NICHT: Ziegen, Schweine, Schafe und Rinder werden im Freien gehalten. Meist leben sie von Frühling bis Herbst in den Wäldern – und im Winter zwischen Zäunen aus Zweigen und Ästen

nicht nur an Götter, die ihnen Naturgewalten schicken – sondern offenbar auch an ein Weiterleben nach dem Tod. Denn ihren Verstorbenen geben sie alles Notwendige dafür mit ins Grab, den Frauen Mahlsteine und Vorratstöpfe, den Männern Schlagfeuerzeuge, Beile, Pfeil und Bogen.

Männer, Frauen, Alte und Kinder – im Tod werden alle gleich in die Erde gebettet. Auf der Seite liegend, nach links gewendet, Arme und Beine angewinkelt wie Schlafende: So übergibt man sie dem Jenseits.

Fast 600 Jahre lang verläuft das Leben in den europäischen Wäldern auf diese Art und Weise. Es scheint eine Ära des Friedens zu sein, in der jede Sippe nach den gleichen Sitten und Traditionen lebt, jede Familie ihr Auskommen findet, kein Clan dem anderen Hab und Gut neidet; zumindest haben Archäologen bisher keine Funde gemacht, die auf größere Konflikte hindeuten.

Dann aber gerät diese Welt in Unordnung, zerbrechen binnen kurzer Zeit alte Gewissheiten. Funde zeugen von Angst und Abschottung, von tödlichen Dramen – wie jenem in dem Dorf am Neckar, das bereits ein paar Jahrzehnte nach seiner Gründung von unbeschreiblicher Gewalt heimgesucht wird.

Alles, was über den Überfall bekannt ist, jemals bekannt sein wird, über die Angreifer und das, was sie treibt, über die Opfer, ihr Leben und Sterben, lässt sich nur aus Knochen und Zähnen der Toten lesen. Aus dem Massengrab, in man sieben Jahrtausende später ihre Überreste findet. Vieles wird ein Rätsel bleiben, nie endgültig zu ergründen. Ein Massaker, dem sich auch die Wissenschaftler nur nähern können mit Verdacht, Vermutung, Spekulation.

Aber so viel scheint sicher: Die Angreifer in Talheim sind wohl in der Überzahl. Sie müssen die Umgebung gut kennen, sonst wäre es ihnen nicht gelungen, sich dem Dorf unbemerkt zu nähern. Vielleicht leben sie in der Nähe, vielleicht waren sie in früheren Zeiten Gäste in diesen Häusern. Möglicherweise haben sie die Siedlung vor dem Überfall über Tage oder Wochen ausgespäht.

> *Die Angreifer töten wie im* **RAUSCH**

Sie kommen vorbereitet, sie nutzen die Überraschung. Sie wagen es, das Dorf bei Tageslicht zu überrennen, sonst könnten die Pfeile ihrer Bogenschützen nicht so zielsicher treffen und töten.

Als Waffen wählen sie Beile mit besonders breiten und dicken Klingen. 18 Erwachsene und 16 Jugendliche und Kinder sterben bei dem Überfall.

Die Toten von Talheim werden nicht respektvoll bestattet, sondern verscharrt, 34 Körper in einer Grube. Nur wenige Stunden nach dem Massaker werfen die Angreifer die Leichen in das Massengrab, wie die Forscher später aus Details schließen; so hat die Totenstarre noch nicht eingesetzt, als die Körper in die Grube geschleudert werden, und an den Skeletten finden sich keine Bissspuren von Tieren.

Auf den Zeitpunkt des Massakers geben die Überreste zweier Frauen und eines Mannes Hinweise, die bei ihrem Tod etwa 30 Jahre alt sind. Die Zusammensetzung ihrer Zähne verrät, dass sie als Kleinkinder Nahrung aufnahmen, die nicht auf den mineralreichen Lössböden von Talheim gewachsen sein kann. Plausibel erscheint, dass ihre Familien diese Nahrung in Wäldern der Umgebung gefunden haben.

Denn die Jahre 5106 und 5105 v. Chr. waren, so legen es Holzfunde aus der Zeit nahe, ungewöhnlich heiß und trocken. Vielleicht also brachte eine extreme Dürre die Bauern von Talheim um ihre Ernte und ließ sie in die Wälder flüchten, wo sie Beeren aßen, Pilze, Wurzeln.

Falls die drei ermordeten Dorfbewohner diese Hungerjahre als Kleinkinder erlebt hatten, lässt sich das Massaker grob auf die Jahre zwischen 5080 und 5070 v. Chr. datieren.

In den Skelettresten haben Wissenschaftler zudem Hinweise auf die Abstammungslinien gefunden, die Männer, Frauen, Kinder verbinden, und auf die Orte, an denen sie gelebt haben. Die meisten erwachsenen Frauen sind demnach wahrscheinlich in anderen Siedlungen aufgewachsen und als Fremde nach Talheim gekommen, wo sie mit Männern des Dorfs Familien gegründet haben.

Doch weshalb mussten sie sterben? Die Knochen verraten viel darüber, wie der Tod nach Talheim kam,

VOM NAHEN OSTEN NACH EUROPA 9000–3900 v. Chr.

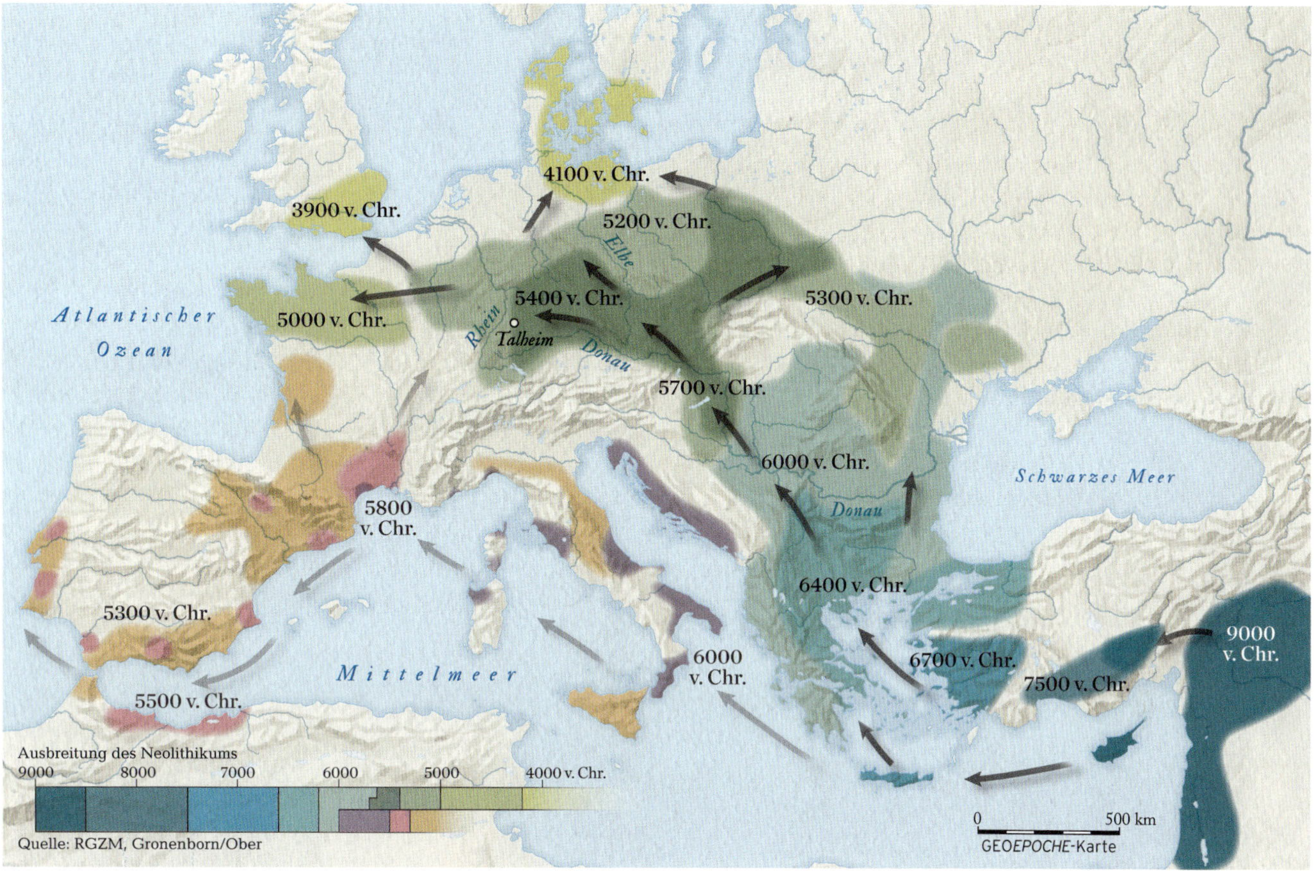

SIEDLER bringen das Wissen um Getreide- und Viehzucht vom Nahen Osten nach Europa. Sie wandern an der Donau flussabwärts und erreichen im 6. Jahrtausend v. Chr. die Mitte des Kontinents. Zur gleichen Zeit gelangen andere Kolonisten mit Booten an der Mittelmeerküste entlang bis nach Spanien

doch nichts über das Motiv. Sie geben die Waffen zu erkennen, mit denen die Angreifer kamen, die Wunden, die sie schlugen, aber keine Gründe für ihr Tun.

EINIGE FORSCHER VERMUTEN, dass die Mörder sich die Ländereien der Opfer aneignen wollten. Doch das erscheint fraglich: In der Gegend um Talheim sind in dieser Zeit viele Siedlungsplätze aufgegeben und verlassen, Felder liegen brach. Es gibt keinen Mangel an Ackerflächen, niemand muss töten für Land. Zudem wäre das Dorf in Krisenzeiten, während einer Hungersnot, wohl auf Überfälle vorbereitet gewesen; vermutlich hätten die Bewohner Wachen aufgestellt, um Vorräte zu schützen.

Wahrscheinlicher ist daher, dass die Angreifer es auf die Menschen abgesehen haben. Möglich, dass einige weibliche Bewohner der Siedlung an diesem Tag verschont bleiben, weil sie Beute sind. Dass Frauen verschleppt werden, um in einem anderen Dorf Kinder zu gebären, das Fortbestehen eines fremden Clans zu sichern.

Aber unter den Toten sind ein halbes Dutzend Frauen im gebärfähigen Alter. Und würde, wer sie rauben will, so willkürlich, so wahllos brutal morden? Kleinkindern den Schädel einschlagen, um die Mütter zu entführen?

Die Angreifer töten nicht systematisch, sondern wie im Rausch – mit dem unbedingten Willen, ein ganzes Dorf auszulöschen. Selbst völliger Wehrlosigkeit setzen sie enthemmte Grausamkeit entgegen. Sie verfolgen Fliehende, schlagen mit Steinbeilen auf Kinder und Alte ein,

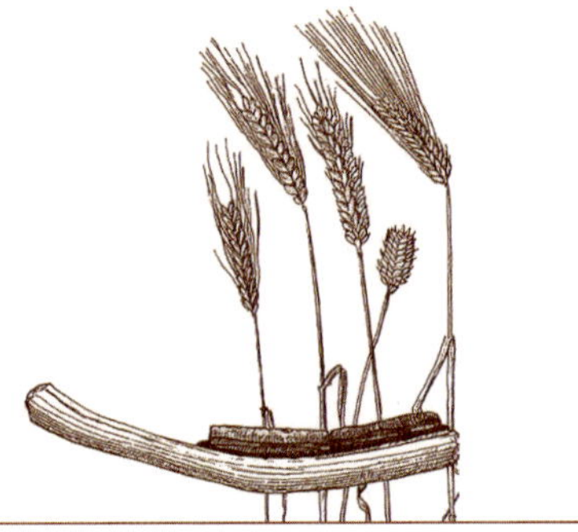

DAS GETREIDE verlangt am meisten Arbeit. Ist die Erntezeit gekommen, schneiden Bauern die Ähren mit Sicheln ab (unten). Mit dem gleichen Werkzeug kappen sie auch Schilf, um Hausdächer zu bauen (oben)

auf Menschen, die halbtot am Boden liegen.

Es braucht Wut für eine solche Tat. Und Hass. So ist es durchaus vorstellbar, dass sich in dem Massaker ein Konflikt offenbart, der möglicherweise Jahre oder Jahrzehnte zurückliegt. Ein schwelender Streit. Eine fast vergessene Feindschaft. Eine unverzeihliche Kränkung, die Rache verlangt.

Und tatsächlich birgt das Massengrab Hinweise darauf, dass es eine Verbindung gab zwischen Tätern und Opfern. Zwei Keramikscherben, die bei den Knochen in der Grube gefunden wurden, tragen Verzierungen, die in Talheim nicht üblich sind, wohl aber in einer Gegend ein paar Dutzend Kilometer den Neckar hinauf.

Zur Zeit des Massakers oder nicht lange davor könnte also im Dorf am Fluss eine Frau gelebt haben, die aus dieser etwas entfernt liegenden Region stammt und Gefäße mit solchen Mustern gefertigt hat. Eine Frau aus einem fremden Dorf, die Teil der Gemeinschaft in Talheim wurde, Gefährtin eines Mannes, vielleicht die Mutter seiner Kinder.

Auch die Spur der Täter führt in dieses Gebiet am mittleren Neckar. Mindestens eine der Waffen, mit denen die Angreifer töten, ein Querbeil, wird so nur in der Region gefertigt, die auch die charakteristischen Muster der Keramikscherben hervorgebracht hat.

Vielleicht also sind die Angreifer aus einem Dorf weit flussaufwärts gekommen, um eine Frau ihres Clans zu rächen. Eine Frau, die von den Siedlern in Talheim entführt wurde – oder verstoßen, misshandelt, getötet.

Ein Raubüberfall oder ein Akt der Rache: Nie wird es letzte Gewissheit geben über das, was an diesem Tag im Dorf am Fluss geschehen ist. Nur eines wissen die Forscher: Das Massaker ist keine Ausnahmeerscheinung, kein einzelnes Extrem.

An vielen Orten im Siedlungsgebiet der ersten Ackerbauern eskaliert in der Zeit um 5000 v. Chr. die Gewalt. In Niederösterreich verscharren Menschen die Reste von 67 Leichen in einem Graben; die Toten sind teilweise schon verwest. Den Skeletten fehlen Knochen, viele tragen Bissspuren von Tieren. Die Schädel sind gezeichnet von tödlichen Hieben.

In einer Lehmgrube im Osten von Hessen liegen zwischen Keramikscherben und knöchernen Pfeilspitzen mindestens 26 Menschen, gestorben infolge stumpfer Gewalt und Pfeilverletzungen. Die Hälfte von ihnen Kinder, die meisten jünger als sechs Jahre, das kleinste ein Säugling, höchstens sechs Monate alt. Kindern und Erwachsenen haben die Angreifer die Beine gebrochen. Vielleicht haben sie die Knochen ihrer Opfer zertrümmert, um sie zu foltern – oder aber vielleicht Leichen verstümmelt. Merkwürdig scheint, dass unter den Toten nur ein Jugendlicher ist und keine jüngeren Frauen. Wurden die womöglich entführt?

Anderswo werden in dieser Zeit auf Grabfeldern Knochen beigesetzt, die Spuren unbekannter Rituale tragen, zeremoniell zerschlagen, behauen, verbrannt. In den Resten zahlreicher Siedlungen finden sich zersplitterte Götterdarstellungen und Ahnenfiguren, willentlich und mit Wucht zerbrochen.

°

OFFENBAR ENTSTEHEN NEUE, rätselhafte Opferkulte. Darauf deuten auch die Überbleibsel eines einstigen Bauerndorfes bei Herxheim in der Südpfalz hin. Vor Jahrtausenden ist der Ort von zwei ringförmigen Gräben umschlossen gewesen – einem Massengrab, das die Knochen von weit über 1000 Männern, Frauen, Kindern birgt.

IN KÜRZE

Im 6. Jahrtausend v. Chr. siedeln sich auch in Mitteleuropa Bauern an, die nicht mehr allein vom Jagen und Sammeln leben, sondern von Feldwirtschaft und Viehhaltung. Eine gemeinsame Kultur verbindet die Bewohner eines riesigen Territoriums, das sich von Ungarn im Osten bis nach Frankreich im Westen erstreckt. Doch als die ab etwa 5000 v. Chr. zerbricht, kommt es vielerorts zu Gewalt.

Geopfert wurden hier wahrscheinlich binnen wenigen Jahren, irgendwann zwischen 5000 und 4950 v. Chr., vor allem junge Erwachsene im Alter von 15 bis 25 Jahren. Die allermeisten von ihnen stammten aus weit entfernten Mittelgebirgen, aus den Vogesen etwa und dem Schwarzwald.

Wie Schlachtvieh, so haben es die Forscher rekonstruiert, wurden sie in Herxheim getötet, die Körper entbeint, die Gliedmaßen abgetrennt, die Haut abgezogen, das Fleisch von den Knochen geschnitten und geschabt. Und schließlich die Schädel skalpiert, das Schädeldach abgetrennt.

Keramikgefäße, besonders wertvoll, sorgfältig poliert und fein verziert, offenbar eigens für diesen Zweck angefertigt, endeten zu Bruchstücken zerschmettert in den Gruben. Und mit ihnen die gereinigten, teils gerösteten oder gekochten Knochen. Zerschlagen, zersplittert. Ein ritueller Scherbenhaufen?

Niemand wird je ergründen, wie die Opfer ausgewählt wurden. Niemand weiß, welcher Idee die Menschen folgten, die die Fremden töteten. Niemand kann sagen, was sie zu dieser Gewalt, zu diesen Riten anstiftete. Vielleicht brachen sie so mit einem alten Glauben und wendeten sich einem neuen zu, weil Bitten an ihre Götter unerfüllt geblieben waren. Vielleicht war es ein Kult, geboren aus der Krise.

Die brutale Gewalt gegen Lebende und Tote kündet von einer Epoche des Umbruchs, in der überall in Europa die Kultur der ersten Ackerbauern, der Bandkeramiker, verschwindet. In manchen Regionen vollzieht sich dies allmählich, anderswo geschieht es abrupt.

Siedlungen schrumpfen, verfallen oder werden ausgelöscht, Wälder wuchern wieder zu. Handelsbeziehungen, die Bauerngemeinschaften über weite Entfernungen verbanden, brechen vielerorts ab. Selbst Feuerstein, unverzichtbar für viele Werkzeuge und überlebensnotwendige Arbeiten, erreicht manche Dörfer nicht mehr. Wer ein Haus errichtet, baut nun oftmals kleiner als seine Ahnen.

Was diesen Wandel auslöst, ist bislang nicht eindeutig geklärt. Seit Beginn der Sesshaftwerdung ist Europas Bevölkerung rasch gewachsen – gut möglich, dass die Ackerböden und Weiden nicht mehr genug für alle hergeben. Vielleicht hat eine zeitweilige Erwärmung des Klimas zu Konflikten um Wasser und Land geführt.

Auf jeden Fall werden die Gemeinschaften der Bauern enger, verschlossener. Zum ersten Mal kommen in Deutschland Dörfer auf, die sich abschotten gegen ihre Umgebung, mit tiefen Gräben, Wällen und Palisaden. Wehrhafte Siedlungen entstehen.

Was immer die Menschen in dieser Zeit auch umtreibt: Es erfüllt sie mit Misstrauen, Furcht, Verzweiflung. Es ist eine Krise in den Köpfen, die alles Altvertraute tilgt, Glauben, Gewohnheiten, die bekannte Ordnung der Welt.

So schnell, wie sie sich 600 Jahre zuvor ausgebreitet hat, löst sich nun die Lebenswelt der Bandkeramik auf.

Sie zersplittert in eine Vielfalt unterschiedlicher Kulturen, die sich, weniger wirkmächtig, jede für sich auf eng begrenztem Gebiet entfalten. Sichtbarstes Zeichen der neuen Zeit sind Töpfe, Schalen, Krüge, denen die Menschen nun gänzlich neue und unterschiedliche Muster geben.

Als der Tod über Talheim kommt, wohnen nur wenige Kilometer entfernt bereits Menschen, die einer jener neuen Kulturen angehören.

Mit dem Massaker geht im Neckartal eine der letzten Siedlungen der Bandkeramik unter.

Der letzte Tag des Dorfs am Fluss – er kündet vom Ende einer Ära. Und vom Leben und Sterben in jener fernen Zeit. ◊

LITERATURTIPPS

CHRISTOPHER SCHADE U. A.
»Vor 7500 Jahren«
Übersichtliche Einführung in die Kultur der Bandkeramik (LfD Hessen).

ERNST PROBST
»Deutschland in der Steinzeit«
Reich bebilderter Band über das Leben unserer Vorfahren (Bertelsmann).

BESONDERS MÜHSAM ist das Mahlen: Nur eine kleine Menge Körner passt in die Mulde auf der Steinplatte – daher dauert es mehrere Stunden, bis der tägliche Mehlbedarf einer ganzen Familie gerieben ist

NEU!

WOHLLEBENS WELT

DIE NATUR neu entdecken: mit Peter Wohlleben

WOHLLEBENS WELT

Mit seiner begeisternden Art, die verborgenen Wunder des Waldes zu erklären, hat Peter Wohlleben – Autor des Bestsellers „Das geheime Leben der Bäume" – Millionen Leser gefesselt. Nun startet Deutschlands bekanntester Förster gemeinsam mit GEO das Magazin „Wohllebens Welt", das einen ganz neuen Blick auf die Natur eröffnet. Das Heft lädt ein zu sinnlichem Naturerleben, zu Abenteuern in der heimischen Wildnis. Und zum Staunen darüber, was sich hierzulande Verblüffendes im Tier- und Pflanzenreich abspielt – etwa weshalb der Hochzeitsflug der Ameisen für die Männer tödlich endet. Wie der Hirschkäfer zu seinem Geweih kommt. Oder weshalb auch Bäume nachts schlafen müssen.

Tauchen Sie ein in die Wunder vor Ihrer Haustür: in „Wohllebens Welt", ab 18. April im Handel.

Eine Leseprobe ist diesem Heft beigelegt.

WOHLLEBENS WELT hat einen Umfang von 148 Seiten und kostet 6 Euro. Weitere Themen: Waldbesitzer in Deutschland • Land Art: Im Atelier der Natur • Adler: Der Blick der Raubvögel • Was bringt Waldbaden?

GEO*EPOCHE* EDITION

LEONARDO DA VINCI

Anlässlich der 500. Wiederkehr seines Todestages im Mai 2019 beschäftigt sich GEO*EPOCHE* EDITION mit dem Universalgenie, einem vielseitig begabten Architekten, Naturforscher, Ingenieur, Anatom – und vor allem: dem Schöpfer einiger der größten Kunstwerke der Geschichte.

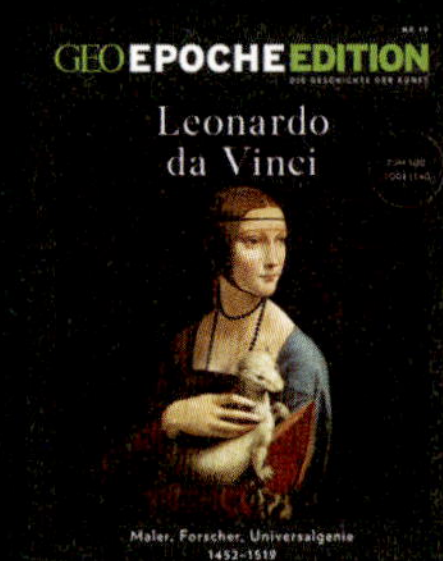

GEO*EPOCHE* EDITION »Leonardo da Vinci« hat 132 Seiten im Großformat und kostet 16,50 Euro. Einige Themen: Aufstieg eines Außenseiters • Florenz – Zentrum der neuen Kunst • Der Grenzgänger und Fantast

GEO

AUFBRUCH DES MENSCHEN

Die Geschichte unserer Spezies wird neu geschrieben: Erkenntnisse aus Archäologie, Ökologie und Genforschung zeigen, dass unsere Urahnen viel früher als lange angenommen aus Afrika auswanderten – und dass Vertreter des *Homo sapiens* sowohl mit Neandertalern als auch mit Denisova-Menschen Nachkommen zeugten.

Die GEO-Ausgabe vom April 2019 kostet 8 Euro. Themen: Turbo-Hühner: Fleisch für alle Welt • Orang-Utans: Die Hochkultur der Waldmenschen • Hausapotheken: Pillen, Pulver, Kräuter • Die Geschichte der NASA

Vor 2,6 Millionen Jahren – 2200 v. Chr.

Die STEINZEIT

Dieser Löwenkopf aus Elfenbein gehört zu den ältesten Kunstwerken der Welt. Er stammt von der Schwäbischen Alb, wo Menschen vor 40 000 Jahren erste Skulpturen erschaffen

In der längsten Ära der Menschheitsgeschichte wandeln sich unsere Vorfahren von archaischen Jägern zu Schöpfern von Kunst und Kultur – und lösen mit der Erfindung von Ackerbau und Viehzucht schließlich die größte aller Revolutionen aus

TEXT: *Olaf Mischer*

Daten, zu denen es in diesem Heft einen Beitrag gibt, sind rot markiert

Vor 2,6 Millionen Jahren stellen Urmenschen im heutigen Äthiopien erstmals planvoll ein Steinwerkzeug her, ein scharfkantiges Hackmesser. Mit dieser technischen Revolution beginnt die erste Phase der Steinzeit, das Paläolithikum (Altsteinzeit): Bald nutzen auch frühe Urmenschen in anderen Teilen Afrikas das neuartige Arbeitsgerät, um Häute und Knochen zu schaben, Fisch und Fleisch zu zerkleinern.

Etwa 700 000 Jahre später erobert eine neue, von Forschern später *Homo erectus* („aufrechter Mensch") genannte Spezies den Osten sowie den Süden des Kontinents. Diese bis zu 1,80 Meter große Menschenart verfeinert die Werkzeugherstellung, indem sie den Faustkeil entwickelt: ein spitzes, scharfkantiges Utensil, das während der folgenden Jahrhunderttausende als Universalwerkzeug genutzt wird.

Darüber hinaus lernen die frühen Afrikaner, Feuer zu nutzen, wohl nachdem Blitze trockenes Gras entzündet haben. Fortan ist der Erhalt der Glut eine der wichtigsten Aufgaben der in kleinen Gruppen als Jäger und Sammler umherziehenden Menschen.

Feuer ist bald unverzichtbar – etwa bei der Jagd (um das Wild aus Gehölzen zu treiben) oder der Nahrungszubereitung. Es ermöglicht dem *Homo erectus* zudem, in kälteren Regionen zu überleben. So wandern einige Pioniere bald Richtung Norden – vielleicht Tierherden folgend oder auf der Suche nach üppigeren Lebensmittelquellen – und erreichen über den Nahen Osten vor 1,8 Millionen Jahren die Kaukasus-Region.* Dort lassen sich einige Auswanderer nieder. Andere frühe Menschen gelangen rund eine Million Jahre später in das Gebiet des heutigen Beijing.

Fast zeitgleich erreicht eine Unterart des *Homo erectus* das menschenleere Europa. Vermutlich über Gibraltar wandern die Menschen bis in den Norden der Iberischen Halbinsel.

In Regionen des heutigen Deutschland gelangen die ersten Menschen wohl vor knapp 600 000 Jahren. Sie gehören zu einer neuen, aus dem *Homo erectus* hervorgegangenen Spezies, dem *Homo heidelbergensis* (benannt nach dem Ort der ersten Knochenfunde). Doch hat sich der „Heidelbergmensch" nicht am Neckar, sondern ebenfalls in Afrika entwickelt (wie spätere Funde etwa in Äthiopien, Sambia sowie in Tansania belegen) und ist nach Europa eingewandert.

Homo heidelbergensis perfektioniert den Jagdspeer zur Präzisionswaffe, die bald eine Reichweite von mehr als 60 Metern hat. Auch baut er auf seinen Streifzügen bereits kleine Lauben aus Zweigen und Gras, in denen bis zu sechs Personen Platz finden. Zumeist aber sucht er wie seine Vorfahren in Höhlen Zuflucht.

Wahrscheinlich ist der Heidelbergmensch fähig, Laute hervorzubringen, um sich etwa auf der Jagd zu verständigen.

* So der heutige Kenntnisstand, der sich durch künftige archäologische Funde ändern könnte. Grundsätzlich erfolgt die Datierung in dieser Zeittafel nach den jeweils ältesten bislang gefundenen menschlichen Hinterlassenschaften (etwa Knochen, Werkzeugen oder Nahrungsresten).

HALSKETTE
UM 6500 V. CHR.
Für Schmuckstücke nutzen die Steinzeitmenschen häufig nur wenig bearbeitete tierische Überreste, hier Schneckenhäuser und Hirschzähne

vor 300 000 Jahren

Afrika. An mehreren Orten des Kontinents, darunter Südafrika, Tansania und Marokko, entwickelt sich der *Homo heidelbergensis* allmählich zum anatomisch modernen Menschen, dem *Homo sapiens* („weiser Mensch"). Er ist der Urahn aller heute lebenden Menschen. Abgeschlossen ist die Evolutionsphase wohl vor 160 000 Jahren, wie Funde in Südafrika sowie Äthiopien nahelegen. Um diese Zeit hat der *Homo sapiens* vermutlich bereits eine differenzierte Sprache entwickelt. Seine Haut ist schwarz (zum Schutz vor der hohen UV-Strahlung), und seine Gesichtszüge ähneln denen heutiger Menschen.

vor 200 000 Jahren

Lesen Sie dazu die Geschichte ab S. 32

Europa. Aus dem europäischen *Homo heidelbergensis* hat sich der *Homo neanderthalensis* entwickelt. Der nach dem Neandertal bei Düsseldorf (wo die ersten Knochen dieser Art gefunden wurden) benannte Mensch ist ein strategisch kluger und wagemutiger Jäger, der mit hölzernen Lanzen Waldelefanten, Nashörner oder Auerochsen erlegen kann, die dank eines feuchtwarmen Klimas in den Wäldern zwischen Nordsee und Alpen leben.

Libyen. Erstmals stellen Menschen etwas her, das sie nicht für den Überlebenskampf benötigen: Schmuck, etwa Ketten mit Perlen aus den Schalen von Straußeneiern.

vor 194 000 Jahren

Israel. Vertreter des *Homo sapiens*, deren Vorfahren wohl einst in kargen afrikanischen Savannen aufgebrochen sind, lassen sich in Höhlen nahe dem heutigen Haifa nieder. In ihrer neuen Heimat streift leicht zu erlegendes Rotwild durch Pinienwälder und Olivenhaine.

vor 175 000 Jahren

Südfrankreich. Neandertaler bilden auf dem Boden einer lichtlosen Tropfsteinhöhle ovale Strukturen aus Hunderten Stalagmiten, die sie auf eine Größe von etwa 40 Zentimeter zugeschnitten haben. Gut möglich, dass es sich um eine Kultstätte zu Ehren von Ahnen oder Göttern handelt. Sicher ist, dass mehrere Menschen dieses Projekt gemeinsam und planvoll entwickelt haben.

vor 120 000 Jahren

Deutschland. Um diese Zeit entdecken Neandertaler, dass sich Birkenrinde, die unter Luftabschluss langsam verschwelt, in einen zähflüssigen Klebstoff verwandelt: Birkenpech. Damit können sie von nun an ihre Steinmesser mit Holzgriffen versehen.

Afrika. Vertreter des *Homo sapiens* ziehen auf die Arabische Halbinsel. Es ist der Anfang einer Jahrzehntausende andauernden Ausbreitung über Asien, die Nachfahren der Pioniere bis nach China und vor 65 000 Jahren nach Australien führen wird.

vor 115 000 Jahren

Europa. Das Klima wird rauer – eine Kaltzeit beginnt. Bald ist der Norden des Kontinents bis in die Brandenburger Region unter Gletschern verschwunden. In Süddeutschland sinkt die durchschnittliche Jahrestemperatur zeitweilig auf minus vier Grad Celsius. Die Neandertaler erweisen sich nun als Meister der Anpassung und bejagen erfolgreich eiszeitliche Tiere wie das Mammut oder den Steppenbison.

vor 100 000 Jahren

Südafrika. Die anatomisch modernen Menschen sind (anders als die Neandertaler) ordnungsliebend: Sie nutzen bestimmte Areale ihrer Wohnhöhlen als Werkstatt, andere als Koch- und Speiseplatz, wieder andere als Schlafstätte. Auch sind ihre Werkzeuge sorgfältiger bearbeitet. Sie bestehen nun vielfach aus leichten Materialien wie Knochen und Elfenbein, sodass sie einfacher über weite Strecken transportiert werden können. Mittlerweile leben etwa 50 000 Menschen in Afrika.

Datierung

DIE EPOCHEN DER STEINZEIT

Erst im 19. Jahrhundert erhielt die Steinzeit ihren Namen

Lange beschränkten sich Archäologen darauf, Fundstücke aus der Urgeschichte des Menschen ohne erkennbare Systematik zu betrachten. Erst 1836 gliederte der Däne Christian Jürgensen Thomsen diese frühe Ära in Stein-, Bronze- und Eisenzeit.

Einige Jahrzehnte später prägte der britische Prähistoriker John Lubbock den Begriff *Paläolithikum* („Altsteinzeit") für die von Nomaden dominierten ersten Jahrhunderttausende, sowie *Neolithikum* („Jungsteinzeit") für die Periode nach der Sesshaftwerdung.

Diese Einteilung gilt aber nur für Europa und Vorderasien. Und da die kulturellen Entwicklungen nicht synchron abgelaufen sind, haben die Forscher weitere, mitunter nur regional gültige Abschnitte definiert:

• Demnach beginnt vor 2,6 Millionen Jahren mit der Erschaffung erster Steinwerkzeuge in Afrika das *Paläolithikum*.

• Vor 45 000 Jahren bahnt sich mit der Einwanderung des *Homo Sapiens* nach Europa das *Jungpaläolithikum* an, der jüngere Abschnitt der Altsteinzeit.

• Vor 11 500 Jahren setzt in Teilen Europas mit dem Ende der letzten Kaltzeit das *Mesolithikum* (Mittelsteinzeit) ein, in dem Jäger und Sammler in zuvor unwirtliche Regionen des Kontinents zurückkehren.

• Um 9000 v. Chr. fängt im Nahen Osten mit der Gründung der ersten festen Siedlungen und der Entwicklung von Ackerbau und Viehzucht das *Neolithikum* an.

• Um 5700 v. Chr. lassen sich in Mitteleuropa die ersten Bauern nieder; das ist der Beginn des dortigen *Neolithikums*.

• Gegen 5500 v. Chr. beginnt auf dem Balkan und in Vorderasien mit der Herstellung von Kupfergegenständen die *Kupfersteinzeit*.

• Um 2800 v. Chr. endet im Nahen Osten mit der Bronzeproduktion die Steinzeit.

• Um 2200 v. Chr. setzt auch in Europa die Bronzezeit ein. *Olaf Mischer*

vor 80 000 Jahren

Irak. Neandertaler trauern um ihre Toten. Sehr wahrscheinlich ehren sie die Verstorbenen mit Blumenschmuck. Darauf deuten Reste von Pollen hin, die Archäologen in einer Höhle auf Neandertalergebeinen gefunden haben. Zwar bestattet wohl auch der *Homo sapiens* verstorbene Angehörige. Doch liefert das Grab im Irak den ältesten Hinweis auf rituelle Bestattungen. Auch sorgen Neandertaler für kranke und behinderte Mitglieder ihrer Sippen, wie offenbar behandelte und verheilte Verletzungen an Skelettfunden nahelegen.

vor 75 000 Jahren

Südafrika. Handwerker entwickeln eine Methode, extrem scharfe Steinmesser und Speerspitzen herzustellen: Auf die Kanten von roh behauenen Steinstücken üben sie mit einem Tierknochen oder einem Holzwerkzeug so stark Druck aus, dass feine Steinplättchen absplittern und schließlich sehr dünne Kanten entstehen.

vor 73 000 Jahren

Südafrika. Auf eine Steinscherbe in einer Wohnhöhle östlich des heutigen Kapstadt zeichnet ein Mensch das älteste Piktogramm, ein ockerfarbenes Rautenmuster. Wissenschaftler sehen in dem Motiv den Beweis dafür, dass die frühen Afrikaner bereits in der Lage sind, abstrakt zu denken: Die Raute ist möglicherweise das Zeichen der Sippe, die in der Höhle lebt.

TONFIGUR
UM 6000 V. CHR.
Ein thronende Frau, flankiert von zwei Leoparden. Forscher sehen darin eine Metapher auf die Unterwerfung der Natur durch den Menschen

vor mind. 65 000 Jahren

Spanien. Im Norden der Iberischen Halbinsel bannen Neandertaler mit Rötel einen Bison und Rinder an eine Höhlenwand und ritzen Darstellungen von Pferden und Auerochsen in das Gestein. Möglicherweise handelt es sich um die ersten gegenständlichen Bilder der Menschheitsgeschichte.

vor 64 000 Jahren

Südafrika. In KwaZulu-Natal gehen Jäger erstmals mit Pfeil und Bogen auf die Pirsch. Die neue Waffe ist leichter zu handhaben als der Speer – und sicherer: Mit den mit steinernen Spitzen besetzten Pfeilen können die Jäger große Tiere aus beträchtlicher Distanz erlegen.

vor 60 000 Jahren

Afrika. In einer erneuten, deutlich stärkeren Auswanderungswelle brechen Vertreter des *Homo sapiens* in Richtung Levante auf. Dort treffen sie auf Neandertaler, mit denen sie zahlreiche Nachkommen zeugen. In den folgenden Jahrtausenden bewegen sich manche Migranten allmählich in Richtung Europa.

vor 50 000 Jahren

Sibirien. Denisova-Menschen, nahe Verwandte der Neandertaler, erfinden die Nähnadel. Mit dem aus Knochen geschnitzten Werkzeug können sie feinere Kleidung, auch aus Pflanzenfasergeflecht, fertigen. Etwa zur gleichen Zeit werden erstmals Körbe geflochten.

vor 45 000 Jahren

Lesen Sie dazu die Geschichte ab S. 22

Europa. Im Zuge seiner 15 000 Jahre zuvor begonnenen Wanderbewegung gelangt der *Homo sapiens* nach Mittel- und Westeuropa. Den dortigen Neandertalern sind die Einwanderer überlegen: Sie sind flexibler im Denken und technisch versierter. In ihren Höhlen erfinden die Neuankömmlinge nun neuartige Werkzeuge – darunter Bohrer und Stichel. Trotz der kulturellen Unterschiede leben Neandertaler und *Homo sapiens* in Europa wohl einige Jahrtausende lang in Koexistenz.

vor 42 000 Jahren

Timor. Bewohner der südostasiatischen Insel zwischen Australien und Indonesien betreiben erstmals Hochseefischerei. In Küstennähe sowie auf Flüssen und Seen angeln Menschen bereits seit 140 000 Jahren.

vor 40 000 Jahren

Baden-Württemberg. Nahe der Karsthöhle „Hohler Fels“ auf der Schwäbischen Alb schnitzt ein Mann oder eine Frau aus Mammut-Elfenbein das erste figürliche Kunstwerk der Geschichte: Die mit üppigen Brüsten versehene „Venus vom Hohle Fels“ stellt eine Art göttliche Urmutter dar. Das Werk kündet davon, dass der *Homo sapiens* nun imstande ist, irreale Sphären und abstrakte Zeichen zu imaginieren – und sich damit vom Naturwesen zum modernen Menschen wandelt. Dieser kulturelle Sprung bringt in der Region auch die ersten Musikinstrumente der Menschheit sowie Tierstatuen hervor, die die Nomaden als Amulette oder Erkennungszeichen ihrer Clans tragen.

vor 39 000 Jahren

Eurasien. Die Spuren des Neandertalers verlieren sich. Weshalb er ausgestorben ist, ist unbekannt. Vielleicht hat der *Homo sapiens* für den Urmenschen tödliche Infekte mitgebracht. Vielleicht hat der moderne Mensch ihn auch durch schiere Überzahl aus den fruchtbaren Regionen verdrängt, denn die Frauen dieser Spezies empfangen ihre Kinder in kürzeren Abständen.

vor 38 000 Jahren

Ägypten. Arbeiter graben zwei Meter tiefe Schächte ins Erdreich, um Feuerstein erstmals im Tiefbau zu gewinnen. Feuersteinknollen und andere harte Steine für die Werkzeugherstellung sind mittlerweile zum Handelsgut geworden.

vor 35 000 Jahren

Baden-Württemberg. Ein Künstler schnitzt aus Mammut-Elfenbein eine Statuette mit einem schlanken menschlichen Körper und einem Löwenkopf. Möglicherweise verkörpert der Löwenmensch einen Schamanen. Solche Heiler verfügen, so der Glaube, über magische Fähigkeiten und stehen mit Geistwesen in Verbindung.
Japan. Erste Pioniere erreichen die Inselwelt, die noch durch Landbrücken mit dem Festland verbunden ist.
Tschechien. Spätestens um diese Zeit beginnen die Menschen größere Mengen zu zählen und das Ergebnis zu notieren, indem sie Kerben in Knochen ritzen. Etwas später fassen sie je fünf Striche zu übersichtlichen Bündeln zusammen. Den ältesten Zählknochen finden Archäologen nahe dem heutigen Dolní Věstonice. Dort liegt ein Basislager, in dem Jäger ihre Beute, vor allem Mammuts, zerlegen.

vor 29 000 Jahren

Tschechien. Nahe Dolní Věstonice stellen Handwerker die ersten keramischen Erzeugnisse her: Sie legen Tonfiguren ins Feuer, um sie zu härten und damit etwa gegen Witterungseinflüsse unempfindlich zu machen. Gut möglich, dass die Menschen die Wirkung der Hitze auf das Material entdeckt haben, als ein Werkstück zufällig ins Feuer gefallen ist.

vor 23 000 Jahren

Israel. An den Ufern des See Genezareth entwickeln Menschen ein neues Grundnahrungsmittel: Brot aus gemahlenem Wildgetreide. Möglicherweise reagieren sie damit auf das starke Anwachsen der Population, die durch Jagd und Fischfang allein nicht mehr ernährt werden kann.

Europa. Die wohl meisten Europäer leben jetzt, da die Kaltzeit ihren Höhepunkt erreicht hat, in Frankreich und Nordspanien. Zwar liegt die globale Durchschnittstemperatur nur um gut fünf Grad Celsius unter der heutigen. Doch hält selbst der südeuropäische Winter nun neun Monate lang an, in denen es kaum wärmer als null Grad wird. Gleichwohl entwickeln Menschen der (nach einem Fundort bei einem französischen Dorf benannten) Solutréen-Kultur neuartige Werkzeuge wie die Nähnadel mit Öhr, fertigen Klingen in bislang unbekannter Präzision und schaffen naturgetreue Tierreliefs.

vor 20 000 Jahren

China. In der Region um die Xianrendong-Höhle in der heutigen Provinz Jiangxi härten Handwerker erstmals Tongefäße im Feuer. Lebensmittel bleiben in den Töpfen länger frisch und lassen sich besser vor

KALENDER
UM 4500 V. CHR.
Ein Datierungssystem vermuten Forscher hinter den Zeichen, die Steinzeitmenschen im heutigen Bulgarien in Ton geritzt haben

Ratten und Mäusen schützen als in Körben, Netzen oder Tierhäuten. Zudem eignen sich die wasserdichten und hitzebeständigen Gefäße zum Kochen und Schmoren, sodass die Menschen ihren Speiseplan nun erweitern können, etwa durch im rohen Zustand ungenießbare Pflanzen.

vor 19 500 Jahren

Frankreich. Ein Jäger erfindet die älteste Maschine der Menschheit: die Speerschleuder. Diese Jagdwaffe besteht aus einem Schleuderstab, auf dem der Speer am hinteren Ende mit einem Haken fixiert wird. Durch den Schwung seines Arms kann ein Schütze das Projektil auf über 100 km/h beschleunigen.

Etwa um die gleiche Zeit kommt die Harpune auf, eine Lanze mit Widerhaken, die häufig zusammen mit einer Speerschleuder eingesetzt wird.

vor 18 000 Jahren

Amerika. Wohl um diese Zeit (nach anderen Theorien einige Jahrtausende früher) dringen Pioniere nach Amerika vor: Vertreter des asiatischen *Homo sapiens* ziehen von Sibirien aus über die trocken gefallene Beringstraße nach Alaska und bald darauf gen Süden.

vor 17 000 Jahren

Südfrankreich. Mehr und mehr Höhlen werden von nun an durch Lampen beleuchtet. Sie bestehen aus handgroßen Steinen mit einer Ausbuchtung, in die Talg oder Fett sowie Dochte aus Flechten oder Wacholder gegeben werden.

Lesen Sie dazu die Geschichte ab S. 48

Südfrankreich. Über mehrere Jahrhunderte schmücken Künstler die Wände der Höhle von Lascaux mit rund 550 Gemälden in 25 verschiedenen Farbtönen sowie mehr als 2000 Gravuren aus. Unter anderem malen sie fünf Meter lange Auerochsen, die perspektivisch dargestellt sind. Um eine räumliche Wirkung zu erzielen, nutzen die Künstler unter anderem Ausbuchtungen im Fels. Um diese Zeit ist das Klima für eine kurze Phase milder. Wälder wachsen heran, die den Menschen mehr Nahrung bieten. Es ist wohl auch diese Vielfalt, die die Menschen in die Lage versetzt, die Höhle zu verzieren. Lascaux liegt inmitten einer Ballungsregion mit zwei Dutzend weiteren ausgeschmückten Höhlen sowie 150 Siedlungsplätzen.

vor 16 000 Jahren

Hamburg. Rentierjäger durchstreifen die eiszeitliche, bis dahin menschenleere norddeutsche Ebene. Sie bilden die an speziellen Pfeilspitzen zu erkennende Hamburger Kultur, die sich bald bis nach Dänemark und in die nordrheinischen Regionen erstreckt. Die Jäger leben in Rundzelten aus gegerbten Rentierhäuten.

HALSZIER
UM 4500 V. CHR.
Auf dem Balkan wird seit dem 5. Jahrtausend v. Chr. Gold verarbeitet. Mächtige Führer schmücken sich mit Ketten wie dieser

vor 15 000 Jahren

Nördliche Hemisphäre. Allmählich wird es dauerhaft wärmer: Die Neigung der Erdachse vergrößert sich, sodass die Nordhalbkugel über die folgenden Jahrtausende nach und nach immer stärker von der Sonne beschienen wird.

vor 14 000 Jahren

Rheinland. Bei Bonn halten Menschen Hunde, wie entdeckte Knochen nahelegen. Bald darauf begleiten die vom Wolf abstammenden Tiere überall in Europa und Asien Jäger und Sammler auf ihren Streifzügen.

vor 12 000 Jahren

Marokko. In der Siedlung Taforalt öffnet ein Heilkundiger den Schädel eines Menschen – womöglich, um eine Hirnblutung zu stillen. Solche Operationen werden bald auch in Europa durchgeführt. Dazu werden dem Patienten möglicherweise pflanzliche Anästhetika sowie Antibiotika gegeben, bevor der Chirurg die Kopfhaut mit einem Feuersteinmesser ablöst und ein rundes, oft bis zu zehn Zentimeter großes Stück Knochen aus dem Schädel trennt. Der Patient von Taforalt überlebt die Operation – wie mehr als 70 Prozent aller so Behandelten.

AMULETT

UM 4500 V. CHR.

Diesem nur hauchdünnen Goldanhänger (vom Schwarzen Meer) messen die Menschen wohl große Kraft bei: zur Abwehr böser Geister

vor 11 500 Jahren

Naher Osten. Allmählich endet die Kaltzeit. Deutlich spürbar ist dies in Südanatolien, Israel sowie Nordmesopotamien (der Region an den Oberläufen von Euphrat und Tigris), wo mit den steigenden Temperaturen die Niederschläge stark zunehmen. Dort wandelt sich das Steppenland rasch in eine fruchtbare Wald- und Wiesenlandschaft, die Tieren und Menschen reichhaltige Nahrung bietet.

Lesen Sie dazu die Geschichte ab S. 62

Nordsee. Mit dem Beginn einer globalen Warmzeit ziehen Wildbeuter vom europäischen Festland nach Doggerland. Diese Landbrücke zwischen England, Dänemark und der deutschen Nordseeküste ist auf dem Höhepunkt der Kaltzeit durch das Anwachsen der Gletscher und das daraus resultierende Absinken des Meeresspiegels entstanden.

Mit den steigenden Temperaturen entwickelt sich Doggerland nun von einer menschenfeindlichen Tundralandschaft zu einem Gebiet mit Grasland und Wäldern, in dem Wildpferde, Rotwild und Wildschweine leben. Die Neuankömmlinge gehen bald nicht mehr mit dem Speer auf die Pirsch, wie bislang in Europa üblich, sondern mit Pfeil und Bogen, was effizienter ist: Während ein Wildbeuter kaum mehr als drei Speere mit sich führen kann, fasst der Köcher eines Bogenschützen 20 Pfeile.

Doch das so entstandene Zentrum der menschlichen Kultur in Nordeuropa ist zum Untergang verurteilt: Mit dem Schmelzen der skandinavischen Eiszeitgletscher steigt der Meeresspiegel und lässt Doggerland stetig schrumpfen.

Nordamerika. Das nun eisfreie Territorium der späteren USA durchziehen mittlerweile Jäger der (nach einem Fundort in New Mexico benannten) Clovis-Kultur. Ihr Erkennungszeichen sind blattförmige, an der Basis konkav gewölbte, steinerne Speerspitzen. Später ziehen die Wildbeuter über die Landenge von Panama bis nach Patagonien.

9000 v. Chr.

Lesen Sie dazu die Geschichte ab S. 82

Anatolien. Auf dem nahe der syrischen Grenze gelegenen Hügel Göbekli Tepe errichten Baumeister bis zu sieben Meter hohe Stelen aus Kalkstein, in die Künstler Tierfiguren graviert haben. Binnen weniger Jahre entsteht damit die erste (bislang bekannte) monumentale Tempelanlage der Welt; sie wird das religiöse Zentrum für Gläubige aus einem Umkreis von 200 Kilometern.

Vielleicht betreiben die Menschen hier zum ersten Mal konsequent Arbeitsteilung: Große Gruppen von Handwerkern und Künstlern werden von Sammlern und Jägern (später auch von Bauern) mit Lebensmitteln versorgt. Und wohl erstmals animieren Anführer – vielleicht Priesterinnen – große Gruppen von Spezialisten zur Zusammenarbeit.

Lesen Sie dazu die Geschichte ab S. 84

Naher Osten. Erstmals werden größere Gruppen von Menschen dauerhaft sesshaft. Sie bauen etwa an den Oberläufen von Euphrat und Tigris solide Hütten, roden wohl mit Feuer fruchtbares Land, stecken Äcker ab, lockern den Boden mit Grabstöcken auf, um Getreide anzubauen.

Dass aus einem einzigen Korn eine ganze Pflanze wachsen kann, ist ihnen vermutlich schon länger bekannt. Das Saatgut gewinnen sie nun wohl aus besonders festen Ähren, aus denen die Körner nicht so leicht durch den Wind gelöst werden können. Diese Eigenschaft werden die folgenden Generationen durch Zucht noch verstärken. So entstehen die ersten kultivierten Getreidesorten Emmer, Einkorn und Gerste.

Dies ist der Auftakt zu einem neuen Zeitalter, der Jungsteinzeit (Neolithikum), und einem wirtschaftlich-gesellschaftlichen Wandel: der Neolithischen Revolution. Bald schon wird der Ertrag ihrer Äcker weitaus mehr Menschen ernähren, als für die Feldarbeit benötigt werden, sodass sich manche Frauen und Männer auf bestimmte Tätigkeiten spezialisieren, etwa die Herstellung von Steinwerkzeugen.

8500 v. Chr.

Anatolien. In einer Siedlung im Südosten fertigen Künstler mit gezielten Hammerschlägen Perlen und kleine Schmuckanhänger aus gediegenem Kupfer – es sind wahrscheinlich die ersten aus Metall angefertigten Gegenstände der Weltgeschichte. Das weiche, grünlich schimmernde Rohmaterial haben die Bewohner wohl zufällig entdeckt und genauer untersucht. Bis die Menschen lernen, Kupfererz im Feuer zu schmelzen, werden noch mehr als drei Jahrtausende vergehen.

8000 v. Chr.

Naher Osten. In verschiedenen Regionen beginnen die sesshaften Menschen, Tiere zu zähmen. Schon bald gelingt es ihnen, aus Wildschafen und -ziegen erste Nutztiere zu züchten, sodass sie sich unabhängig von der Jagd mit Fleisch versorgen können. Später folgen Hausschwein und Rind.

Anatolien. Einige Dörfer wachsen zu Großsiedlungen heran. Eine der bedeutendsten ist Çatalhöyük, wo um 6300 v. Chr. rund 2500 Menschen leben werden. Es sind noch keine Städte, denn Straßen und Plätze gibt es nicht. Die Bewohner betreten ihre mit Herd, Schlafplatz und Arbeitsbereich ausgestatteten Lehmziegelhäuser über Leitern vom Dach her. Lebensgrundlage der Menschen ist der Anbau von Getreide, Ölpflanzen und Nüssen sowie die Tierhaltung.

Israel. Die Bewohner Jerichos – eines seit gut 1000 Jahren existierenden Ortes, der anfangs Jägern als saisonales Lager diente – beginnen, die Siedlung mit einer massiven Steinmauer zu umschließen. Es wird der erste bekannte Stadtwall der Geschichte. Wahrscheinlich bauen sie das Bollwerk, um Fremden den Zutritt zu der für sie heiligen Stätte zu verwehren. Denn *jərîchô* bedeutet wohl so viel wie „Ort des Mondgottes“. Angriffe auf große Siedlungen gibt es um diese Zeit jedoch noch nicht.

Schottland. Frühe Naturforscher bauen nahe dem heutigen Aberdeen einen Zeitmesser: Mittels einer Reihe von zwölf in einem sanften Bogen angeordneten Erdlöchern sowie mithilfe des Sonnenstands zur Wintersonnenwende messen sie den Verlauf des Mondjahres. So können sie vorausberechnen, wann die beste Jagdzeit ist, wann die Früchte reif sind und wann sie das Winterlager vorbereiten müssen.

Zypern. Im Südwesten der Insel treiben Bewohner Brunnenschächte ins Felsgestein, um in einer Tiefe von bis zu zwölf Metern Wasserläufe zu erschließen. Wohl etwa zur gleichen Zeit entstehen auf Zypern erste Siedlungen. Bereits zuvor haben Nomaden Wasser- und Erdlöcher bis zum Grundwasser gegraben, die aber – anders als die nun gebauten Brunnen – stets schnell verschlammten.

Australien. Jäger fertigen mit äußerst groben Steinwerkzeugen den ältesten noch heute erhaltenen hölzernen Bumerang. Neben dem Wurfstock setzen die Menschen auch den Speer zur Jagd ein. Zudem nutzen sie Wühlstöcke, mit denen Sammler auch auf anderen Kontinenten nahrhafte Wurzeln, Knollen und Zwiebeln aus der Erde lösen.

Niederlande. In der Provinz Drenthe fertigen vermutlich Fischer mit Werkzeugen aus Feuerstein und Geweihen das älteste Boot, das die Zeitläufte überdauern wird: einen drei Meter langen und 45 Zentimeter breiten Einbaum.

Skandinavien. Nach dem Ende der Kaltzeit und dem Abschmelzen der Gletscher dringen nun Menschen auch in den Norden Europas vor.

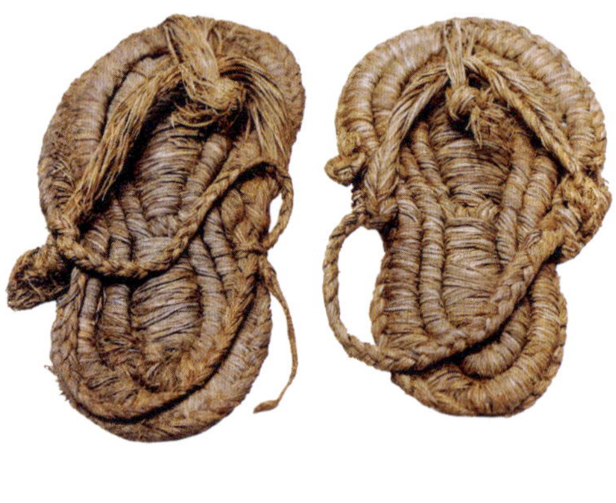

SANDALEN
UM 4000 V. CHR.
Höhlenbewohner in Südspanien flechten sich diese Schuhe mit widerstandsfähigen Grassohlen, die durch Kordeln an Fuß und Knöchel befestigt werden

7500 v. Chr.

Naher Osten. An mehreren Orten schürfen Menschen Gold aus Flussschwemmsand. Andere brechen in Höhlen goldhaltiges Gestein, zerkleinern es in Mörsern und schwemmen Edelmetall aus, um daraus Schmuck herzustellen.

China. Zwischen dem Gelben Fluss und dem Yangzi kultivieren Ackerbauern Reis und Hirse.

6800 v. Chr.

Lesen Sie dazu die Geschichte ab S. 94

Sachsen-Anhalt. Bei Bad Dürrenberg wird die Leiche einer etwa 25-jährigen (wohl an einer Infektion gestorbenen) Frau hockend mit ungewöhnlich prächtigen Grabbeigaben bestattet. Vermutlich war sie eine Schamanin: Deformationen an Schädelbasis und Halswirbelsäule ermöglichten es ihr wohl, durch bestimmte Bewegungen in Trance zu fallen. Wahrscheinlich verehrt ihre Sippe sie daher über den Tod hinaus.

6500 v. Chr.

Naher Osten. Bauern beginnen, Flachs zu kultivieren, und erhöhen den Ertrag der Pflanze, aus deren Samen sich Öl und aus deren Fasern sich Leinen herstellen lässt. Wenige Jahrhunderte später entwickeln Erfinder eine Art Webstuhl, der die Produktion von Textilien erleichtert. Tuch löst nun nach und nach Leder und Fell als Material zur Herstellung von Kleidung ab.

In mehreren Regionen des Vorderen Orients sind Handwerker zudem fähig, Brennöfen zu bauen, in denen Gefäße und Figuren aus Ton bei weit mehr als 1000 Grad Celsius gebrannt werden. Die Qualität der im Ofen gehärteten Keramik ist deutlich besser als die der traditionell im Feuer gebrannten Gefäße.

Indien. Im Industal lassen sich nomadisierende Viehhalter mit ihren Ziegen-, Schaf- und Rinderherden dauerhaft nieder, um Landwirtschaft zu betreiben. Sie legen damit die Grundlage der späteren indischen Hochkultur.

KAMM

UM 3200 V. CHR.

Nur wenige Steinzeitobjekte aus vergänglichen Materialien haben die Zeiten überdauert, darunter dieser hölzerne Kamm aus Oberschwaben

6400 v. Chr.

Balkan. Aus Anatolien stammende Einwanderer (die ihre Heimat wohl wegen starken Bevölkerungswachstums und Landmangels verlassen haben) betreiben nun auch in Europa Ackerbau und Viehzucht.

Doggerland. Vom ehemals weiten Wald- und Grasland ist nach raschem Anstieg des Meeresspiegels durch die Eisschmelze nur noch eine kleine Insel im Atlantik geblieben. Viele der ehemaligen Siedler sind nach England, Schottland und Wales geflohen. Jetzt überschwemmt ein Tsunami das Eiland.

Mesopotamien. Vermutlich wird an Euphrat und Tigris das erste Bier aus Gerste gebraut. Die berauschende Wirkung von Alkohol kennen die Menschen bereits seit Langem: durch den Verzehr vergorener Früchte.

5700 v. Chr.

Ungarn. In ihren Dörfern entwickeln Bauern für Tongefäße ein einzigartiges Muster aus runden Linien, die sich wie Bänder um die Behälter ziehen. Von Ungarn aus verbreiten diese „Bandkeramiker" ihr Dekor sowie das Wissen um Viehzucht und Ackerbau über weite Teile Europas.

Kroatien. Milch wird zum Bestandteil der menschlichen Ernährung, wie die Untersuchungen von nahe dem kroatischen Šibenik gefundenen Tonscherben belegen. Das neue Lebensmittel reduziert die Säuglingssterblichkeit und ermöglicht es Frauen, früher abzustillen (und rasch erneut schwanger zu werden).

Zugleich leiden mittlerweile viele Menschen – verursacht durch die Nahrungsumstellung im Neolithikum – an Karies und Parodontitis, den ersten Zivilisationskrankheiten.

5400 v. Chr.

Franken. Auf dem Gebiet des heutigen Schwanfeld entsteht das erste Dorf in Deutschland. Es umfasst bald 18 bis zu 30 Meter lange, acht Meter breite und wohl sechs Meter hohe Häuser mit Spitzdächern. Sonst aber leben zwischen Alpen und Nordsee ausschließlich nomadisierende Jäger und Sammler. Die Siedler von Schwanfeld sind aus Ungarn immigriert und Nachfahren der gut 1000 Jahre zuvor aus Mesopotamien ausgewanderten Landwirte. Sie bringen nun neben Nutztieren auch die Bandkeramik mit. Etwa 200 Einwohner leben in diesem wohl ersten mitteleuropäischen Dorf. In den folgenden Jahrzehnten errichten weitere Einwanderer von der Donau zahlreiche Siedlungen in nahezu allen Teilen Europas. Sie gehören, wie die in den Regionen lebenden Nomaden, zu den Ahnen fast aller Europäer.

5300 v. Chr.

Lesen Sie dazu die Geschichte ab S. 120

Balkan. Angehörige der Vinča-Kultur, die in der Region der heutigen Staaten Serbien, Griechenland, Bulgarien, Rumänien und Ungarn leben, beginnen ihre Gefäße sowie einige andere Gegenstände mit rätselhaften, aus parallelen Linien, Bögen, Punkten und Kreuzen bestehenden Zeichen zu versehen. Manche Wissenschaftler glauben, dass es sich dabei um erste Schriftzeichen handelt. Möglicherweise sind es aber lediglich Erkennungs- oder Eigentumsmarken, denn viele der Symbole sind in die Unterseite von Gefäßen geritzt.

Bayern. Unweit von Regensburg beginnen Bauern aus der Umgebung, gezielt nach Hornstein zu graben, ein dem Feuerstein ähnliches

Klima

WARM- UND KALTZEITEN

Das Klima der Steinzeit folgt einem stetigen Takt

Das seit Milliarden Jahren vorherrschende Warmklima auf der Erde wird immer wieder von Phasen großer Kälte unterbrochen. Vor 2,6 Millionen Jahren hat das jüngste, bis heute währende Eiszeitalter begonnen. Seither prägt ein Wechsel von Kalt- und Warmzeiten das Klima. Er beruht vor allem auf Verschiebungen der Erdachse und ist vor einer Million Jahren in einen festen Rhythmus gefallen: Auf 100 000 kalte Jahre, in denen weite Landmassen der Erde unter dicken Eisschilden verschwinden, folgt jeweils ein mildes Jahrzehntausend. Die letzte kaltzeitliche Ära hat vor 115 000 Jahren begonnen und mündete vor 11 500 Jahren in eine globale Warmphase. Die dauert bis heute an – und wird seit Beginn der Industrialisierung zunehmend durch menschengemachte Faktoren wie die Freisetzung von CO_2-Abgasen verstärkt.

Material. Sie treiben im Laufe der Zeit Tausende Schächte in den Boden, und so entsteht auf einer Fläche von 40 Hektar nach und nach das wohl größte prähistorische Bergwerk Europas.

Serbien. In einer Großsiedlung nahe dem heutigen Pločnik stellen Handwerker die ersten Werkzeuge aus Kupfer her: Deichseln und Beile. Als Werkzeugmaterial löst das kostbare Material Stein indes nicht ab: Zu aufwendig ist die Herstellung; zudem sind Kupfergeräte für die meisten Arbeiten zu weich.

5200 v. Chr.

Dalmatien. An der Adriaküste stellen Bauern erstmals Frischkäse her.

5070 v. Chr.

Lesen Sie dazu die Geschichte ab S. 96

Baden-Württemberg. Bei einem Massaker in einem Dorf beim heutigen Talheim ermorden vermutlich Männer aus der Region 34 Männer, Frauen und Kinder mit Steinbeilen, Hacken und Pfeilen. Die mit bis dahin ungekannter Brutalität ausgeführte Bluttat ist möglicherweise Teil eines Kampfes um Land oder Frauen – oder aber ein Akt von Blutrache. Noch zwei weitere Massaker ereignen sich um diese Zeit: eines in Hessen und eines nahe Wien. Es ist offenbar eine dunkle Zeit gesellschaftlicher Krisen (deren Ursachen auch für Archäologen rätselhaft sind), in der die Kultur der Bandkeramiker in diesem Gebiet untergeht und mit ihr Mitteleuropas erste Agrarkultur.

5000 v. Chr.

Sachsen-Anhalt. Im Saaletal lassen Naturforscher oder Priester ein Observatorium bauen, das unter anderem aus zwei Palisadenringen besteht, die an drei Stellen durch Schmucktore unterbrochen sind. Durch eine Pforte fällt exakt zur Wintersonnenwende das erste und durch eine zweite das letzte Tageslicht.

Naher Osten. Töpfer nutzen erstmals eine Vorform der Drehscheibe zur Herstellung von Keramikgefäßen.

Afrika. Auch in der Sahelzone südlich der Sahara beginnen die Menschen Ackerbau zu betreiben. Zudem züchten sie das Perlhuhn und gewinnen damit ein Nutztier, das sie fortan mit Fleisch versorgt.

4500 v. Chr.

Frankreich. Menschen in der Bretagne errichten eine 21 Meter hohe, 280 Tonnen schwere, mit der Abbildung einer Axt verzierte Säule. Es ist das vielleicht älteste europäische Megalithbauwerk (von altgriech. *mégas*, groß, und *líthos*, Stein).

Bald darauf entstehen auch in der Normandie, dann in Dänemark, Schweden, auf der Iberischen Halbinsel sowie den Britischen Inseln weitere Großbauwerke, darunter Gräber, Kultstätten und Observatorien. Zumeist legen die Baumeister Decksteine auf meterhohe Felssäulen.

4300 v. Chr.

Alpenregion. Viele Großfamilien, die bis dahin als Nomaden durch die Alpenregionen gezogen sind, gründen an Seeufern Siedlungen, deren Häuser meist auf Pfählen ruhen. Die Bewohner werden nun Fischer und Bauern – einige später wohl auch Händler. Denn vor allem der Alpenrand ist bald dicht besiedelt und von einem Netz von Fernhandelswegen durchzogen. Um diese Zeit leben etwa 400 000 Menschen in Europa.

4100 v. Chr.

Armenien. In einer Höhle richten Weinbauern die wohl erste Kelterei zur Rotweinerzeugung ein. Sie besteht aus Wannen, in denen die Trauben zerstampft werden, sowie daran angeschlossenen Bottichen, in denen die Maische gärt.

4000 v. Chr.

Mesopotamien. Bauern nutzen erstmals ein neu entwickeltes Ackergerät: den Pflug. Damit können sie den Ertrag ihrer Felder steigern und größere Äcker bestellen als mit Grabstock und Hacke.

Sachsen-Anhalt. Eine aus drei konzentrischen Ringgräben bestehende Kultstätte wird nahe dem heutigen Halle gebaut. Wissenschaftler vermuten, dass dies das erste von mehreren Heiligtümern ist, an denen die Menschen der Region ihren Ahnen huldigen.

3900 v. Chr.

Mesopotamien. Am Euphrat entsteht aus dem Zusammenschluss mehrerer Dörfer die Stadt Uruk, die in den folgenden Jahrhunderten zur ersten Metropole der Welt heranwachsen wird. Denn dank eines raffinierten Kanalsystems können Bauern nun auch auf abseits des Flusses gelegenen Feldern ganzjährig Getreide anbauen. Damit vermögen sie eine stetig wachsende Zahl von Städtern zu ernähren, darunter auch immer mehr Beamte, die bald wohl im Auftrag eines Fürsten den Ausbau und die Verwaltung Uruks sowie die Versorgung der Bewohner organisieren. Schließlich entstehen weitere Großsiedlungen, die vielfach um Rohstoffe aus fernen Regionen und Absatzmärkte konkurrieren.

3800 v. Chr.

Malta. Auf der Mittelmeerinsel und dem Nachbareiland Gozo beginnen vermutlich Einwanderer aus Sizilien rund 30, teils zwölf Meter hohe Tempel aus bis zu 60 Tonnen schweren Steinen zu errichten. Zudem schlagen sie ein dichtes Netz unterirdischer Gänge und kunstvoll gestalteter Grabkammern, in deren größter 7000 Leichen beigesetzt werden.

3500 v. Chr.

Mittelamerika. Am Golf von Mexiko werden die ersten Maisfelder angelegt. Damit ist die wichtigste Voraussetzung für die Entwicklung der ebenfalls auf Arbeitsteilung beruhenden indianischen Hochkulturen geschaffen.

Mesopotamien. Kämpfer, die wahrscheinlich im Sold des Fürsten von Uruk stehen, bombardieren mit tönernen Geschossen die Handelsstadt Hamoukar im Norden des Zweistromlandes. Die Attacke ist derart heftig, dass Gebäude einstürzen. Verzweifelt werfen die Bewohner mit Tontöpfen und Steinen nach den Soldaten – vergebens: Nach kurzer Zeit ist eine der ersten Schlachten der Geschichte beendet. Von nun an kommt es in der wirtschaftlich blühenden Region immer wieder zu kriegerischen Auseinandersetzungen, meist um Ressourcen und Handelswege.

Naher Osten. Erfinder entwickeln eine Vorrichtung, mit der sie die Kraft von Zugtieren besser nutzen können: das Genickjoch, das bis heute für Ochsengespanne verwendet wird. Bis dahin haben die Bauern den Pflug selbst gezogen oder vielleicht direkt mit einem Strick an die Hörner der Tiere gebunden. Nun wird er an einem Balken befestigt, der den Rindern aufs Genick gelegt und mit Lederriemen am Gehörn fixiert wird.

Armenien. Frühe Lederschuhe werden aus einem einzigen Stück Rinderhaut zugeschnitten, mit Schnürsenkeln versehen und mit Gras gefüttert. Im Jahr 2010 finden Archäologen eines dieser Exemplare in Größe 37.

Polen. Eine Zeichnung auf einem Tongefäß zeigt einen der ersten Wagen mit Rädern. Um diese Zeit fertigen Handwerker an mehreren Orten bereits sogenannte Scheibenräder. Vielleicht lassen sie sich dabei von drehenden Töpferscheiben inspirieren. Das wahrscheinlich älteste Fragment eines solchen Rades werden Archäologen später in Slowenien finden. (Ob die Innovation an mehreren Orten unabhängig voneinander entwickelt worden ist oder ob die Nachricht von der Erfindung durch Händler im Nahen Osten und Europa schnell verbreitet wurde, ist bislang nicht bekannt.)

Die in der Regel von Ochsen gezogenen Wagen werden jedoch nur für kurze Stecken genutzt: Da es noch keine befahrbaren Fernstraßen gibt, dominieren den Handel nach wie vor wandernde Kaufleute.

Lesen Sie dazu die Geschichte ab S. 146

3300 v. Chr.

Tirol. An einem Sommertag wird ein Bergwanderer nahe dem Ötztal durch einen Pfeil in den Rücken und einen Schlag auf den Kopf ermordet. Kurz darauf wird er von einer Schicht Neuschnee bedeckt; erst im Sommer 1991 taucht die Leiche des „Gletschermannes" wieder auf. Seither haben Wissenschaftler einen Teil seines Lebens anhand von Pollen- und Genanalysen sowie Röntgenuntersuchungen rekonstruiert. Viele vermuten, dass er An-

Lesen Sie dazu die Geschichte ab S. 130

FEUERSTEINDOLCH
UM 2900 V. CHR.
Birkenpech hielt die Steinklinge in einem Schaft aus Holunderholz. Umwickelte Tiersehnen stabilisierten die Verbindung (Ansicht von zwei Seiten)

führer eines Clans war, der vielleicht wegen eines Nachfolgestreits fliehen musste.

Mesopotamien. In Uruk, der ersten Großstadt der Geschichte, leben nun 25 000 Menschen. Um Verwaltung und Wirtschaft der wachsenden Metropole effektiv zu organisieren, schaffen Beamte ein einfaches System von Zeichen, das zum Beispiel für Buchführung geeignet ist. Daraus entsteht in den folgenden Jahrhunderten die Keilschrift, durch die etwa Gesetze und Gedichte dauerhaft festgehalten werden können. In der Region entwickelt sich wie in Ägypten, wo mit den Hieroglyphen zeitgleich eine Schrift entsteht, eine der ersten Hochkulturen der Erde.

2800 v. Chr.

Naher Osten. Metallkundige entwickeln die Bronze. Die Legierung ist härter als die bekannten Metalle Gold, Silber und Kupfer und eignet sich hervorragend zur Herstellung von Waffen, Werkzeugen und Schmuck. Doch zunächst bleiben Bronze-Erzeugnisse nur wenigen Wohlhabenden vorbehalten. Denn die Rohstoffbeschaffung für die Produktion der aus 90 Prozent Kupfer und zehn Prozent Zinn bestehenden Legierung ist teuer, weil es im Nahen Osten kaum Zinnvorkommen gibt. So müssen die Handwerker das Metall wahrscheinlich aus Zentralasien importieren. Gleichwohl beginnt mit der Erfindung des künstlichen Metalls ein neues Zeitalter: die Bronzezeit.

TONBECHER
UM 2300 V. CHR.
Dieses Keramikgefäß aus Mitteldeutschland, mithilfe kammähnlicher Werkzeuge reich verziert, hat einen Toten ins Jenseits begleitet

Ukraine. Aus der Steppe nördlich des Schwarzen und des Kaspischen Meeres ziehen bewaffnete Reiterstämme mit ihren Viehherden Richtung Westen, ins steinzeitliche Europa; ihre Schmiede verarbeiten bereits nicht nur Kupfer, sondern auch Bronze. Sie bilden die dritte große Gruppe der Vorfahren der meisten heutigen Europäer (neben den Jägern und Sammlern, die schon in der Kaltzeit unseren Kontinent durchzogen, und den Einwanderern aus Anatolien, die Ackerbau und Viehzucht mitbrachten). Aus ihrem Idiom entwickeln sich fast alle europäischen Sprachen.

2500 v. Chr.

Lesen Sie dazu die Geschichte ab S. 148

England. Auf dem Areal einer bereits uralten Kultstätte in Südengland errichten Baumeister ein Heiligtum aus bis zu elf Meter langen, tonnenschweren Steinblöcken, die sie vermutlich auf geölten, hölzernen Schienen von einer rund 30 Kilometer entfernten Halde holen. Warum die Menschen „Stonehenge" (von engl. *stone hanging*) bauen, darüber rätseln Wissenschaftler bis heute.

2300 v. Chr.

England. In der Region des heutigen Amesbury nahe Stonehenge wird ein offenbar bedeutender Mann mit ungewöhnlich reichen Grabbeigaben bestattet, darunter steinerne Gelenkschützer, wie sie neolithische Bogenschützen tragen. Später werden Archäologen feststellen, dass der „Bogenschütze von Amesbury" aus der Alpenregion eingewandert ist und ein Pionier der Metallurgie war. Denn in seiner Gruft finden sie einen Kissenstein, der zu den Werkzeugen der Schmiede gehört. Dieser Handwerker ist damit wahrscheinlich einer der Ersten, die auf der Insel Gold und Kupfer verarbeitet haben.

2200 v. Chr.

Mitteleuropa. Nun stellen auch Handwerker in Tschechien und im mitteldeutschen Raum Bronze her, während Menschen in Skandinavien noch weitere 600 Jahre fast ausschließlich mit Steinwerkzeugen arbeiten werden (in Nordamerika und Australien wird Metall sogar erst in der Neuzeit durch die europäischen Kolonisten eingeführt).

In weiten Teilen des Erdkreises endet damit die Steinzeit: die erste und mit fast 2,6 Millionen Jahren längste Epoche der Menschheitsgeschichte – in deren letzter Phase der *Homo sapiens* endgültig modern wurde. Und sich die Erde untertan machte. ◊

AUS DER REDAKTION

HEFTKONZEPT & FACHBERATER

Insa Bethke & Fritz Jürgens

Der Steinzeit-Experte Fritz Jürgens hat die Redaktion und vor allem Heftredakteurin Insa Bethke beraten und gräbt als Archäologe auch selber immer wieder nach frühzeitlichen Objekten. Unlängst hat er das Fragment eines vor fast 6000 Jahren gefertigten Kupferbeils aufgespürt – einer der ältesten Metallfunde Deutschlands.

ILLUSTRATION

Samson J. Götze

Für die Rekonstruktion des ermordeten Gletschermannes (Seite 130) hat der preisgekrönte Illustrator nicht nur jedes Detail der gefundenen Leiche studiert – sondern auch die genaue Topographie des Tatortes.

VERIFIKATION

Olaf Mischer

Der Faktenprüfer ist begeistert von der Neugier und Innovationskraft der Steinzeitmenschen. Und von der ihrer modernen Erforscher.

GEO**EPOCHE**
Das Magazin für Geschichte

FOTOVERMERK NACH SEITEN

Anordnung im Layout: l.= links, r.= rechts, o.= oben, m.= Mitte, u.= unten

TITEL: Jim Richardson

EDITORIAL: Benne Ochs für GEO*EPOCHE*: 3 o.

INHALT: Berthold Steinhilber/laif: 4 o.; Heritage Images/Fine Art Images/akg-images: 4 l. m.; ddp images: 4 r. m; Samson J. Goetze für GEO*EPOCHE*: 4 l. u.; Landesamt für Denkmalpflege und Archäologie Sachsen-Anhalt/Karol Schauer: 4 r. u.; Hilde Jensen/Universität Tübingen: 5 o.; Samson J. Goetze für GEO*EPOCHE*:5 m.; Tetra Images/Getty Images: 5 u.

MONUMENTE EINER VERSCHWUNDENEN ZEIT: Paul Williams/Funkystock/Getty Images: 6/7; Berthold Steinhilber/laif: 8/9, 10/11; Lookphotos/Getty Images: 12/13; Martin Kirchner/laif: 14/15; Photononstop/Lookphotos: 16/17; Jim Richardson/Getty Images: 18/19

EINE NEUE SPEZIES EROBERT DEN GLOBUS: Stefanie Peters für GEO*EPOCHE*: 21

ALS DER MENSCH ZUM SCHÖPFER WURDE: Hilde Jensen/Universität Tübingen: 22, 27 u., 28 l., 28 r.; Kenneth Garrett/National Geographic Creative: 25; Corbis/Getty Images: 27 o.; Erich Lessing/akg-images: 27 m.

ÜBERLEBEN IN DER KÄLTE: Samson J. Goetze für GEO*EPOCHE*: 32/45

DIE KATHEDRALE DER KUNST: Sissie Brimberg/National Geographic/Getty Images: 48/49; Arterra/UIG/Getty Images: 50, 52; Science Photo Library/akg-images: 51; Hans Hinz/ARTOTHEK: 54 o.; Heritage Images/Fine Art Images/akg-images: 54/55; akg-images: 59 l. o; Fine Art Images/Album/akg-images: 59 r. o.; Karol Kozlowski/ Robert Harding/ INTERFOTO: 59 u.; The Hummingfish Foundation: 60 o.; imageBROKER: 60 u.

VON GLETSCHERN UND FLUTEN: Alexander Maleev: 62/63; Flemming Bau: 68 o., 68 u., 69; Geo-Grafik: 64, 67

FÜR JÄGER UND BAUERN: Philippe Jugie/RMN-Grand Palais/bpk: 72/73; Jean Schormans/RMN-Grand Palais/bpk: 74/75; Landesamt für Denkmalpflege und Archäologie Sachsen-Anhalt/Juraj Lipták: 75, 76/77, 78/79; A. Dagli Orti/DeA Picture Library/bpk: 80/81

EIN MONUMENT FÜR DIE GÖTTER: Berthold Steinhilber/laif: 83

MIT SAAT UND SICHEL: Igor Kuprin für GEO*EPOCHE*: 86, 89, 90, 93; ddp images: 84/85; Jean Schormans/RMN-Grand Palais/bpk: 87; Anadolu Medeniyetleri Müzesi: 88; Kultur- und Stadthistorisches Museum Duisburg: 91

DAS GRAB DER SCHAMANIN: Landesamt für Denkmalpflege und Archäologie Sachsen-Anhalt/Karol Schauer: 95

MORD AM NECKAR: Landesamt für Denkmalpflege Hemmenhofen: 98 o.; 99 u.; Flemming Bau: 98 u., 99 o., 100, 101, 104, 105; GEO-Grafik: 96, 97

ZEITTAFEL: Hendrik Zwietasch/Landesmuseum Württemberg/akg-images: 107; W. Schmidt, Regensburg: 108; Bridgeman Images: 110; Erich Lessing/akg-images: 111; Regionalmuseum für Geschichte Varna: 112, 113; Prisma/Album/akg-images: 114; Federseemuseum, Bad Buchau: 115; Landesamt für Denkmalpflege im Regierungspräsidium Stuttgart: 117; Landesamt für Denkmalpflege und Archäologie Sachsen-Anhalt/Juraj Lipták: 118

MITARBEITER: Christian Gargerle für GEO*EPOCHE*: 119 l.; Privat: 119 o. r.; Jochen Raiß für GEO*EPOCHE*: 119 u. r.

GEHEIMNISVOLLE ZEICHEN: Muzeul Național Brukenthal: 121

DER SCHATZ AUS DER TIEFE: Dominika Zarzycka/Alamy Stock Photo: 122/123; Hans Hansen für GEO*EPOCHE*: 124, 125 l., 125 m.; Bridgeman Images: 125 r. (1–4); Bridgeman Images: 126 l. (1–3); Ashmolean Museum/Heritage Images/Getty Images: 126 o. r. (2); Dominika Zarzycka/Alamy Stock Photo: 127; PjrStudio/Alamy Stock Photo: 128; Bridgeman Images: 129 r. (1–3)

ENDE EINER FLUCHT: Samson J. Goetze für GEO*EPOCHE*: 130/131, 132/133, 136/137, 140/141; Heiner Müller Elsner/Südtiroler Archäologie Museum: 143; Harald Wisthaler/Südtiroler Archäologie Museum: 144 o., 144 m.; Fotoarchiv des Südtiroler Archäologie Museums: 144 u.

DAS PRINZIP ROTATION: Wolfgang Kehmeier/Landesmuseum Natur und Mensch, Oldenburg: 147

DAS RÄTSEL DES STEINTEMPELS: Tetra Images/Getty Images: 148/149; Mary Evans/INTERFOTO: 150 l.; English Heritage/Mary Evans/INTERFOTO: 150 r.; De Agostini Picture Library/akg-images: 151; ProCip/RobertHarding/Getty Images: 152/153; Andrew Parker/Alamy/mauritius images: 154; Historic England Archive: 155; Jim Richardson: 156/157; Stephen Emerson/Alamy Stock Photo: 158; Andrea Obzerova/Contributor/Getty Images: 160/161

EIN STOFF, DER ALLES VERÄNDERT: Sunday Moulton/study.com

VORSCHAU: Museum der Kulturen Basel: 166/167

KARTEN: Stefanie Peters für GEO*EPOCHE*: 21, 24, 34, 56, 65, 66, 92, 103, 144

Titelbild: Steinkreis von Callanish, Schottland
Kürzungen in **Zitaten** sind nicht kenntlich gemacht.
Redaktionsschluss: 15. März 2019

Alle Fakten, Daten und Karten in dieser Ausgabe sind vom GEO*EPOCHE*-Verifikationsteam auf ihre Richtigkeit überprüft worden.

GEHEIMNISVOLLE ZEICHEN

Vor mehr als 7000 Jahren beginnen Menschen auf dem Balkan, Symbole in Gegenstände zu ritzen – und schaffen so womöglich die erste Schrift der Menschheit

TEXT: *Dominik Bardow*

Um das Jahr 5300 v. Chr. geschieht auf dem Balkan Erstaunliches: Während in Mitteleuropa viele Menschen erst noch dabei sind, die Kulturtechnik des Ackerbaus zu erlernen, existiert am Unterlauf der Donau bereits eine Zivilisation, deren Angehörige Getreide, Hülsenfrüchte und Flachs anbauen, Rinder, Schafe, Ziegen und Schweine züchten, die darüber hinaus töpfern und weben, später auch Gold und Kupfer verarbeiten. Mehr noch: Die Menschen beginnen, geheimnisvolle Symbole in Gegenstände zu ritzen – Kreuze, Bögen, Kringel, Drei- und Vierecke. Auf Tausenden von Objekten aus Stein und Ton sind sie zu finden, vor allem auf Gefäßen, kleinen Statuen und anderen Gegenständen aus Keramik.

Bis heute streiten die Gelehrten: Haben die Menschen der Vinča-Kultur (benannt nach einem Fundort nahe Belgrad) eine Schrift entwickelt – weit mehr als 1000 Jahre vor den Schriftsystemen in Ägypten und Mesopotamien? Dann wären diese Zeichen und die daraus gebildeten Sequenzen die ältesten Texte der Welt. Das zumindest vermuten manche Sprachwissenschaftler.

Nach einer anderen Erklärung handelt es sich hingegen um bloße Töpfer- oder Besitzermarken. Doch wurden Gegenstände mit gleichen Symbolen bei Ausgrabungen Hunderte Kilometer voneinander entfernt gefunden und zudem unterschiedlichen Zeiten zugeordnet; es erscheint unwahrscheinlich, dass sie auf die gleichen Produzenten oder Eigner zurückgehen.

Welchem Zweck also dienten die Zeichen? Waren sie doch Elemente einer Schrift? Bisher gingen die Wissenschaftler davon aus, dass nur eine Hochkultur wie die im Zweistromland oder im Pharaonenreich in der Lage gewesen ist, etwas derart Komplexes zu entwickeln.

Bloße Verzierungen jedenfalls sind die steinzeitlichen Einritzungen nicht. Ornamente, die sich auf der Keramik der Vinča-Kultur finden, bestehen aus streng symmetrischen Elementen. Die Gestaltung und die Anordnung der Vinča-Zeichen hingegen folgen keinen derartigen ästhetischen Kriterien. Für den deutschen Linguisten und Kulturhistoriker Harald Haarmann ist dies ein eindeutiges Indiz: Es handelt sich um eine Schrift.

Mehr als 200 Zeichen aus dem eigentlichen Vinča-Gebiet und angrenzenden, nah verwandten Kulturen lassen sich ausmachen, viele in etlichen lokalen Varianten. Einige der Zeichen sind Piktogramme – also bildhafte, oft stark stilisierte Darstellungen etwa von Tieren, Menschen, Pflanzen oder Naturphänomenen wie der Sonne und Wellen. Doch weitaus zahlreicher und rätselhafter sind die abstrakten Symbole. Eines etwa, ein einfacher Winkel, der aussieht wie ein V, war offenbar die Grundlage für mehr als ein Dutzend davon abgeleitete Zeichen, indem Striche, Punkte oder Kreuze hinzugefügt wurden.

Die meisten Inschriften der Vinča-Kultur sind kurz, sie bestehen aus einem oder höchstens zwei Zeichen, aber es gibt auch Sequenzen mit bis zu 20 Symbolen.

Was die bedeuten, ist ungewiss, doch die Objekte, auf denen sie angebracht waren, geben Hinweise: Meist wurden sie in Figuren, Opfertische und Weihgefäße geritzt oder mit Farbe aufgetragen. Oft standen sie vermutlich für eine Gottheit oder einen besonderen Menschen, der den Gegenstand gestiftet hat. Oder es sind tatsächlich Schriftzeichen, die eine sprachliche Äußerung wiedergeben – Beschwörungsformeln vielleicht, durch die Gläubige mit Göttern kommunizierten. Dann wären die ersten Sätze, die Menschen aufgeschrieben haben, nicht an Menschen gerichtet gewesen.

Der US-Sprachwissenschaftler Toby Griffen glaubt sogar, einen vor rund 7000 Jahren auf zwei tönernen Schwunggewichten eingekratzten, aus sechs Zeichen bestehenden Satz übersetzen zu können: „Bärgöttin und Vogelgöttin sind wirklich Bärgöttin."

Mehr als 1000 Jahre lang sind die Symbole in Gebrauch, dann treten sie seltener auf. Einer Hypothese zufolge dringen Nomaden aus der heutigen Ukraine auf den Balkan vor. Vielleicht übernehmen die Einwanderer aus der Steppe die Herrschaft und setzen ihre Sprache und Lebensweise durch. Um 4000 v. Chr. ist die womöglich älteste Schrift der Menschheit verschwunden – zumindest in der Donauregion, wo sie erdacht wurde.

Aber anderswo, glauben manche Forscher, lebt sie weiter: Eine Schrift, die viele Jahrhunderte später auf Kreta verwendet wurde, habe zur Hälfte aus Zeichen bestanden, die denen der Vinča-Kultur ähnelten. Und so haben einige steinzeitliche Symbole womöglich Eingang in das griechische Alphabet gefunden – jenes Alphabet, auf dem unsere heutige Schrift basiert. ◊

LANGE GINGEN FORSCHER davon aus, dass nur eine Hochkultur wie die im Zweistromland oder im Pharaonenreich eine Schrift hervorbringen könne. Doch die Eingravierungen, die auf dem Balkan entdeckt wurden, unterscheiden sich deutlich von reinen Ornamenten

Der SCHATZ aus der TIEFE

Kein Rohstoff bedeutet den Menschen so viel wie Feuerstein, aus dem sie überlebenswichtige Werkzeuge und Waffen fertigen. Als Ackerbau und Viehzucht Mitteleuropa erfassen und immer mehr Siedlungen entstehen, steigt der Bedarf an steinernen Geräten enorm. Die Bauern beginnen daher um 5000 v. Chr. mit dem systematischen Abbau des Materials – und gewinnen es nun aus unterirdischen Schächten und Stollen

UM DIE VORKOMMEN an Feuerstein ausbeuten zu können, nutzen die Menschen unterschiedliche Techniken. In sandigen Gebieten legen sie bis zu acht Meter tiefe Schächte an. Ist der Untergrund fester, treiben sie mit Geweihhacken und Steinhämmern mitunter ganze Stollensysteme in den Boden – wie hier im polnischen Krzemionki, wo um 4000 v. Chr. eines der größten Bergwerke Europas entsteht

TEXT: *Reymer Klüver*

Der Rauch von Holzkohlefeuer liegt über der Lichtung. Die Talsenke inmitten dunkler Kiefernwälder, nur wenige Stunden Fußmarsch von der Donau entfernt, ist nicht von Natur aus so kahl: Mit planvoll entfachten Bränden sind Bäume und Unterholz gerodet worden. Zwischen verkohlten Stümpfen und Gestrüpp sind kreisrunde Gruben von etwa einem Meter Durchmesser im Waldboden zu erkennen, daneben frisch aufgeschüttete Abraumhalden aus Geröll und Sand.

Männer, Frauen und Kinder schaufeln, ziehen an Seilen ächzend geflochtene Körbe oder Lederbeutel aus den Löchern empor, schwer vom Erdreich der Gruben. Ab und an wuchten sie Gesteinsbrocken aus der Tiefe nach oben.

Sie arbeiten in einer der bedeutendsten Minen der Jungsteinzeit. Um 5000 v. Chr. betreiben Menschen hier, nahe dem späteren Arnhofen in Niederbayern, in großem Stil Bergbau. Sie sind auf der Suche nach einem Rohmaterial, das überlebenswichtig ist: harter, scharfkantig splitternder Hornstein (der dem Feuerstein gleicht).

Aus dem Gestein, mal weißgrau, mal graublau, mitunter auch rostbraun von oxidiertem Eisen, stellen sie Werkzeuge her: Kratzer für die Lederbearbeitung, Sichelklingen für die Getreideernte, Bohrer, Pfeilspitzen und Dolche.

Sie fördern den Rohstoff nicht nur für sich selbst – Steine aus ihren Gruben werden Archäologen später am Niederrhein und im Süden Ungarns finden, am Bodensee und in Böhmen.

Ein weitreichendes Austausch- und Handelsnetz ist in dieser Zeit entstanden, da sich Wanderer auf Trampelpfaden mühsam einen Weg bahnen müssen oder sich Männer im Einbaum wenige Dutzend Kilometer am Tag fortbewegen.

Und Hornstein aus Arnhofen ist einige Generationen lang eines der begehrtesten Wirtschaftsgüter in ganz Mitteleuropa.

Schon früh haben Menschen begonnen, Flint, also Feuer- und Hornstein, nicht nur auf ihren Wanderungen aufzulesen, sondern danach zu schürfen. Im Niltal graben Bewohner bereits vor mehr als 300 000 Jahren im Tagebau nach dem steinernen Rohstoff. Die ältesten Schächte, ebenfalls in Ägypten, sind 38 000 Jahre alt.

Etwa zur gleichen Zeit benutzen auch schon die Jäger und Sammler des Donautals Steine aus Arnhofen. Vermutlich suchen sie die dort, wo ein Hornstein-Flöz aus dem Erdreich tritt, also jene Schicht, in der das Material lagert.

°

ÜBER DIESE KENNTNISSE müssen auch die ersten sesshaften Menschen in der Arnhofener Gegend verfügt haben. Jedenfalls wissen sie offenbar, wo sie suchen müssen, als sie um 5300 v. Chr. beginnen, unter Tage nach den begehrten Steinen zu graben (Holzkohlereste in ausgegrabenen Schächten deuten darauf hin).

Damit ist Arnhofen das wohl älteste Bergwerk nördlich der Alpen.

Vielleicht 350 Jahre später beginnt der systematische Abbau. Zu diesem Zweck arbeiten

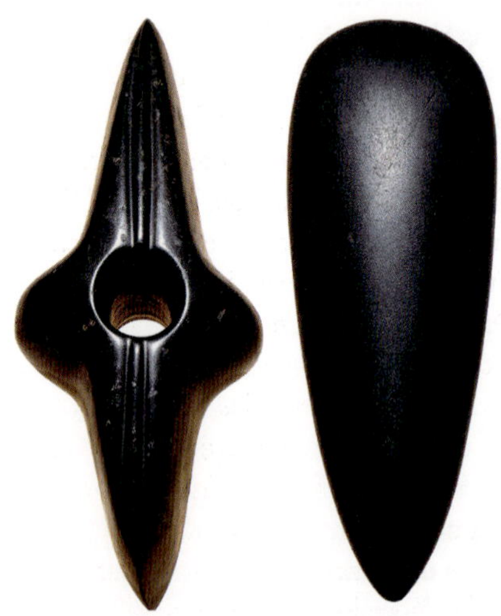

ERST IN DER JUNGSTEINZEIT, ab 5600 v. Chr., glätten Handwerker Steinwerkzeuge mit Quarzsand: Felsgesteinaxt und Beil aus Eklogit

AUF DIE WERKZEUGE, mit denen die Bauern Bäume fällen oder Hausbalken zuschlagen, wirken gewaltige Kräfte. Der steinerne Kopf ist daher meist in einen massiven Holzschaft eingefasst (oben links). Das geschliffene Beil daneben dient wohl nur als Prestigeobjekt

mindestens drei Bergleute an einer Grube. Sie heben die runde Öffnung mit hölzernen Spaten oder den mächtigen Schulterblättern von Hirschen aus, treiben einen senkrechen Schacht nach unten, durch Sand und Kies. Sechs, acht Meter, bis sie auf das Stein-Flöz stoßen. Fünf Tage braucht ein routinierter Bergmannstrupp dafür.

Sobald die Grube auf Mannshöhe ausgehoben ist, legen die Arbeiter eine geflochtene Matte über den Schacht, mit einem Loch, durch das man nach unten schlüpfen kann. Sie müssen jetzt vorsichtig sein, dürfen den Rand des Schachts nicht aus Versehen ins Rutschen bringen. Wahrscheinlich wuchten sie einen dicken Ast über die Öffnung und lassen an einem Seil einen der Männer hinab: wohl den Erfahrensten unter ihnen.

Eigentlich taugt der aus Kies und Sand bestehende Grund nicht dazu, einen Schacht senkrecht in die Erde zu graben. Ein unachtsamer Tritt mit dem fellbeschuhten Fuß, und schon könnte die instabile Schachtwand in Bewegung geraten. Im besten Fall bedeutet das zusätzliche Arbeit, um das nachgerutschte Geröll wieder aus dem Schacht hinauszubefördern. Im schlimmsten Fall ist es für den Mann in der Grube lebensbedrohlich, wenn die ganze Schachtwand einbricht.

Deshalb graben die Bergleute nur, wenn es trocken ist – am liebsten im Winter, wenn es friert und der Sandboden fester bleibt.

Ist das Flöz erst einmal erreicht, löst der Mann auf dem Grubengrund die Hornstein-Brocken aus der sie umgebenden Tonschicht. Mit einfachen Holzwerkzeugen lockert er umliegendes Geröll, hebelt die Steine aus dem Boden und lässt sie in Körben nach oben befördern.

All das haben Archäologen aus Grabungen in Arnhofen und an anderen Orten rekonstruiert. Schon Kleinigkeiten können wichtige Erkenntnisse liefern; aus Einstichspuren schließen die Forscher beispielsweise auf den Einsatz von Holzspaten oder Hirschknochen. Sogar die Breite eines Spatenblattes können sie feststellen: Bei einem Abdruck sind es 20 Zentimeter.

Die Schächte der Arnhofener Bergleute liegen meist eng zusammen, nur maximal drei Meter trennen die Grubenränder voneinander. Die Erfahrenen unter den Bergleuten wissen, wie der Untergrund beschaffen ist, wo sie bereits guten Hornstein gefunden haben und wo sich daher ein weiterer Abbau wohl lohnen würde. Liegen die Schächte nahe beieinander, ist die Chance groß, dass sie erneut Erfolg haben. Und ist das Hornsteinvorkommen in einer Grube ausgebeutet, kann sie gleich mit dem Abraum aus dem neuen Schacht nebenan verfüllt werden. Das verringert die Unfallgefahr: Denn bei Regen sacken die Schachtwände dann nicht in sich zusammen und gefährden umliegende Gruben.

Die Bergleute stammen aus Sippen, die auf Gehöften in der Gegend wohnen. Die meiste Zeit des Jahres sind sie mit dem Vieh und auf ihren Äckern beschäftigt. Doch vor allem im Winter,

FEUERSTEIN
Das glasartig splitternde Gestein lässt sich zu fein geformten Werkzeugen und Waffen verarbeiten

DOLCH
Diese jungsteinzeitliche Waffe imitiert wertvolle Kupferdolche, die um 2800 v. Chr. aufkommen

SICHEL
Die Klinge wird mit einer Hand geführt; die andere umfasst die Getreidehalme

FEUERSTEINSPITZE
Dem Faustkeil ähnlich, dienen solche Geräte seit der Altsteinzeit als Bohrer oder Waffe

wenn die Landwirtschaft nicht viel Arbeit macht, ziehen sie auf die gerodete Lichtung bei Arnhofen, um die steinerne Ernte einzufahren.

In jedem Dorf, wohl in jeder Familie, gibt es Steinschmiede. Sie benutzen steinerne Hämmer, die oft mit beiden Händen geführt werden und unter der Wucht der Schläge zuweilen selbst zersplittern, oder Schlagsteine aus härterem Gestein. Wenn das Material fragil ist und die Arbeiter mit einem Schlag den ganzen Hornstein zertrümmern könnten, benutzen sie Geweihstangen.

Ein geübter Zuschläger kann erkennen, wo der Hornstein unter seinen Hieben brechen wird, und so berechnen, ob sich das gewünschte Werkzeug aus dem Stein formen lässt.

HOCH BEGEHRT ist Jadeit aus dem Piemont – ein seltenes Gestein, das sich zu großen Axtblättern schleifen lässt und bis nach Schottland gelangt

KLINGE
Eine solche Schneide wird als Messer verwendet – oder als Grundform für andere Werkzeuge

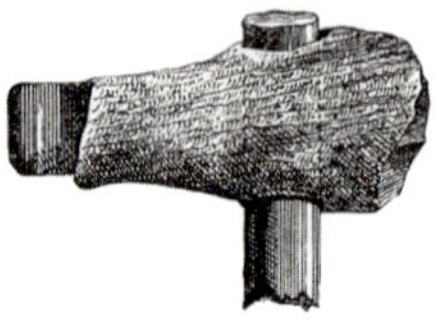

BEIL
Klinge und Griff sind durch Geweih verbunden, einem Material, aus dem auch Nähnadeln entstehen

AXT
Um 3800 v. Chr. kommen Äxte mit Lochschäftung auf. Ihre Herstellung dauert Dutzende Stunden

Anfangs fördern die Männer von Arnhofen den Hornstein fast ausschließlich für den eigenen Bedarf sowie für Siedlungen in der näheren Umgebung. Mitunter werden die Rohlinge bei Verwandten, Freunden oder Nachbarn gegen Getreide oder benötigte Gegenstände eingetauscht, Schleif- oder Mahlsteine zum Beispiel.

Doch um 5000 v. Chr. ändern sich die Verhältnisse. Zwar bleibt das Abbauverfahren im Wesentlichen gleich, aber die Menge des geförderten Steins nimmt enorm zu. Graben die Arnhofener Bergleute anfangs nur ein paar Schächte pro Saison und fördern vielleicht einige Hundert Kilogramm Hornstein zutage, so steigern sie nun die Menge geradezu exponentiell: Zeitweise beuten sie wohl mehrere Hundert Schächte im Jahr aus und gewinnen tonnenweise Werkzeuggestein. Dutzende Abbauteams aus den umliegenden Dörfern müssen nun gleichzeitig graben, womöglich zehnmal so viele wie in den früheren Zeiten.

Die Nachfrage ist deutlich gestiegen, weil die Bevölkerungszahl in Niederbayern stark zugenommen hat, binnen weniger Jahrhunderte um mindestens ein Drittel. Zwei Faktoren sind dabei wohl ausschlaggebend: Trotz gelegentlicher Missernten gibt es keine lang anhaltenden Dürre- und Hungerphasen. Die Bevölkerungszahl wächst auf natürliche Weise. Zudem lassen sich offenbar immer mehr Menschen in den fruchtbaren Flusstälern nieder, angelockt von guten Böden und günstigen klimatischen Bedingungen.

Und mit der Menge der Menschen nimmt auch der Bedarf an Werkzeugen zu. Die Arnhofener Bergleute versorgen nun bis zu 500 Siedlungen mit ihrem hochwertigen Gut.

Die Hornsteinbrocken der Gegend sind begehrt, weil sie groß sind und sich aus einem Rohstück ganze Sicheln mit sehr feiner, messerscharfer Schneide herstellen lassen. Die sind bei der Ernte effizienter als die weitverbreiteten Schneidegeräte aus Holz, in die eine Reihe von scharfen Steinzähnen eingesetzt werden. Auch Dolche aus Arnhofener Hornstein sind gefragt.

Immer mehr entwickelt sich der Bergbau zu einem lukrativen Geschäft, und so werden die Menschen von Arnhofen zu Exporteuren.

Für den Stein tauschen sie vor allem Nahrungsmittel und Felle ein, mitunter aber wohl auch Luxusgüter – beispielsweise Hämatit aus dem Gebirge, den die Menschen zu rotem Pulver zermahlen und mit dem sie Häuser bemalen und ihre Haut einfärben. Oder Schalen von Stachelaustern und Perlenketten aus Kalkstein, deren Herstellung viel Geschick und Zeit erfordert.

Oder Eckzähne von Hirschen, die als wertvoll gelten, da nicht jedes Tier, das erlegt wird, diese Zähne entwickelt hat. Solcher Schmuck demonstriert Wohlstand und Reichtum.

Zudem liegt das Arnhofener Bergwerk günstig am Südufer der Donau, und so können die geförderten Steine auf dem Fluss transportiert werden. Bis nach Niederösterreich werden jene Rohstücke geliefert, aus denen sich die messerscharfen Klingen schlagen lassen.

Andere Routen führen über Land. Ein ausgewachsener Mann kann 20 Kilogramm in einer Trage auf dem Rücken transportieren. Ein wichtiger Weg führt nach Böhmen. An der Handelsroute liegen Siedlungen, in denen sich später Spuren des Arnhofener Hornsteins finden: Schlagplätze, an denen Steinschmiede das Rohmaterial zu Werkzeugen und Waffen geformt und die Splitter an Ort und Stelle liegen gelassen haben.

Neben der Donau sind die Flussläufe in den Nordwesten Transportwege für den Hornstein. Von immer weiter her kommen die Abnehmer, etwa aus den Tälern von Main und Tauber im Westen sowie vom Niederrhein im Norden (auch das schließen Archäologen aus den Steininventaren zahlreicher jungsteinzeitlicher Fundstätten).

Die Altertumsforscher werden Werkzeuge, die aus dem Arnhofener Stein gefertigt wurden, am Rhein nahe der niederländischen Grenze und sogar im südlichen Ungarn finden, 580 Kilometer vom Bergwerk entfernt. Der Hornstein ist offenbar ein äußerst hochgeschätzter Wertgegenstand.

Zehn Tagesreisen sind manche Tauschpartner unterwegs, die nach Arnhofen kommen. Dort treffen sie vermutlich mit Bergleuten zusammen, deren Vorfahren schon von den Ahnen der Händler besucht wurden – die Geschäftsbeziehungen werden weitergegeben wie ein Erbe.

Die Fremden kommen natürlich nicht mit leeren Händen, sie haben selber wertvolle Waren im Gepäck: Schmuck, Getreide, Steine, die sie gegen den Hornstein eintauschen.

°

ARNHOFEN IST NICHT das einzige bedeutende Bergwerk der Jungsteinzeit. Auch auf der Schwäbischen Alb wird Hornstein abgebaut, und im Kleinwalsertal in Vorarlberg gewinnen Bergleute Radiolarit im Tagebau; auch dieses Gestein ist für die Herstellung von Werkzeugen geeignet und

Eine einzige **MINE** versorgt **500** Dörfer

IN DEN STOLLEN arbeiten die Bauern der Umgebung: Sie betreiben den Bergbau nebenbei wohl vor allem im Winter (Krzemionki)

FEUERSTEINKNOLLEN kommen in unterschiedlichsten Farben vor. Um Pfeilspitzen zu gewinnen, fertigen Schmiede aus dem Material zunächst mit faustgroßen Schlagsteinen grobe Klingen – und bringen dann mit angespitzten Geweihstangen gezielt feine Stücke durch Druckausübung zum Abplatzen

Über **FLÜSSE** wird der **STEIN** durch Europa trans-portiert

wird wahrscheinlich bis ins Alpenrheintal oberhalb des Bodensees geliefert. Und im Krumlover Wald im Süden des heutigen Tschechien entsteht ein ausgedehntes Bergwerksgelände, mit Gruben, die wie in Niederbayern bis zu acht Meter senkrecht ins Erdreich gegraben werden.

Allerdings ist der hier gewonnene Hornstein nicht so hochwertig wie der aus Arnhofen, große Sicheln und Klingen lassen sich daraus nicht fertigen. Er ist deshalb auch nur in der Umgebung des Bergwerks verbreitet.

°

IN WESTFALEN UND am Niederrhein übernimmt um 4300 v. Chr. das Bergwerk von Rijckholt in den Niederlanden eine vergleichbare Rolle wie zuvor Arnhofen im Donauraum. Denn zu jener Zeit kommen hier geschliffene Feuersteinbeile in Gebrauch, und für deren Herstellung benötigen die Schmiede große Rohstücke in guter Qualität – der entsprechende Flint findet sich in Rijckholt. Aus ihm lässt sich neben den Beilen das gesamte Sortiment von Werkzeugen fertigen.

Wie bei Arnhofen werden Werkstücke aus dem Rijckholter Material später mehrere Hundert Kilometer entfernt gefunden. Bis an den Bodensee gelangt das Gestein.

Und auch in Rijckholt graben die Bergleute im Laufe der Jahrhunderte zahlreiche Schächte, die mit bis zu zwölf Metern sogar noch deutlich tiefer reichen als in Arnhofen. Die Arbeiter legen mithilfe von Geweihhacken und Steinhämmern nun auch Stollen an, um den Flözen mit den größten Feuersteinbrocken zu folgen, denn in Rijckholt besteht der Untergrund aus Kreidekalk, der im Vergleich zum niederbayerischen Sand- und Kiesboden fest und gleichzeitig gut zu bearbeiten ist. 60 bis 80 Zentimeter sind die Gänge hoch.

Auch in Grime's Graves in Ostengland treiben Männer tiefe Schächte und Stollen in den Kreidefels, um an Flint zu gelangen. In Krzemionki im heutigen Südpolen graben Bergleute gar Stollen, die sie mit stehen gelassenen Felspfeilern oder Haufen aus taubem Gestein abstützen.

Aber wie in Arnhofen arbeiten hier nicht hauptberufliche Bergleute, sondern Bauern der Umgebung, die im Winter nebenbei Bergbau betreiben.

Selbst auf der kleinen Nordseeinsel Helgoland gewinnen Menschen in der Jungsteinzeit Feuerstein. Werkzeuge aus rotem Helgoländer Flint werden später entlang der Nordseeküste von den heutigen Niederlanden bis hoch nach Dänemark gefunden. Wie die Steine von der isolierten Insel aufs Festland gelangt sind, ist unbekannt. Nur so viel steht fest: Die Seefahrer der Jungsteinzeit müssen über gute Navigationskenntnisse verfügt haben, um das 60 Kilometer von der Küste entfernt liegende Felseneiland anzusteuern.

Und es wird nach noch edlerem Gestein gegraben. Am Monte Viso im Piemont bauen Menschen bereits um 5000 v. Chr. Jadeit ab, ein grünlich schimmerndes, ausgesprochen seltenes Gestein, aus dem sich messerscharfe Axtblätter schleifen lassen.

Auch diese Werkzeuge und Waffen sind offenbar hochbegehrt und werden über weite

Strecken exportiert. Einige finden sich später sogar in Schottland – rund 1500 Kilometer von den Steinbrüchen in den Alpen entfernt.

Um das Jahr 4750 v. Chr. endet in Arnhofen die Hochphase des Bergbaus; das zeigt die abnehmende Zahl neuer Gruben in der Gegend.

Eine neue, konfliktreichere Zeit bricht an, zumindest in den Regionen Südwestdeutschlands, wo viele der bisherigen Kunden der niederbayerischen Bergleute siedeln. Das Leben, das 200 Jahre in geordneten Bahnen verlaufen ist, muss irgendwie durcheinandergeraten sein – weshalb, ist heute nicht bekannt.

Das Aufkommen unterschiedlicher Keramikmuster zeugt zumindest davon, dass sich die Siedlungen nun unterschiedlich entwickeln.

In die weit entfernten Absatzgebiete gelangt fortan kein Hornstein aus Arnhofen mehr. Offenbar wird das Reisen über weite Strecken unsicherer, die Tauschpartner können nicht mehr darauf setzen, heil nach Niederbayern und zurück zu kommen. Und selbst wenn sie ans Ziel gelangen, wissen die Fremden offenbar nicht, ob sie wie früher freundlich empfangen werden.

Gleichzeitig beginnt die Produktion im Arnhofener Bergwerk allmählich zu sinken: Die Menschen haben möglicherweise nicht mehr die Zeit, wesentlich über den eigenen Bedarf hinaus den Rohstoff zu fördern. So mancher langjährige Abnehmer geht vielleicht zu oft leer aus und kommt irgendwann gar nicht mehr angereist.

Dennoch wird in Arnhofen noch rund ein halbes Jahrtausend lang systematisch Hornstein gefördert (danach nur noch sporadisch). Abgebaut wird er allerdings lediglich für den Eigenbedarf und einen immer kleineren Kreis an Kundschaft aus der Umgebung.

Inzwischen dämmert auch schon eine neue Ära herauf. Denn im südöstlichen Europa beginnen Menschen, Metall zu verarbeiten. Zunächst in gediegener Form, also so, wie es in der Natur vorkommt. Im Laufe von Jahrhunderten aber entwickeln sie Verfahren zur Verhüttung, um es aus Gestein, aus Erzen, herauszuschmelzen.

Kupfer, Silber und Gold sind die ersten Metalle, die sie verwenden. So wie bisher hochwertiger Flint werden die nun zum Prestigeobjekt: Sie signalisieren Reichtum und Macht ihrer Besitzer. So begraben Hinterbliebene in Varna an der Schwarzmeerküste ihre Toten um 4500 v. Chr. erstmals mit schwerem Goldschmuck (siehe Seite 80). Und um 4300 v. Chr. tauchen in Unterfranken frühe Schmuckstücke aus Kupfer auf, importiert aus dem Südosten Europas.

Doch es wird mehr als zwei Jahrtausende dauern, ehe Metall den Horn- und Feuerstein als Werkstoff verdrängt. Nur allmählich verbreitet sich das Wissen über die neue Technik. Im Alpenvorland etwa kommt es um 3700 v. Chr. an. Dort beginnen die Menschen am Mondsee damit, Erze aus dem Berg zu gewinnen.

Sie leben in lehmverputzten Hütten, die sie auf mächtigen Baumstämmen direkt am Seeufer errichten. Schmuck und Werkzeuge vom Mondsee sind hochbegehrt. Im Fernhandel gelangen sie bis nach Nordeuropa. Doch auch die Menschen am Alpenrand benutzen noch hauptsächlich steinerne Werkzeuge und Waffen, wie Dolche und Feuersteinabschläge zeigen, die aus dem Seeschlick geborgen wurden.

Erst ab 2200 v. Chr. drängt ein Metall die Steine zunehmend aus dem Alltagsleben in Europa: Bronze, eine Legierung aus Kupfer und Zinn.

Hunderttausende von Jahren waren Feuer- und Hornsteine das wichtigste Hilfsmittel des Menschen: als Werkzeug, Waffe, Handelsware. Über Jahrtausende hinweg haben die Menschen den begehrten Rohstoff aus dem Erdreich gefördert. Doch nun, mit Beginn der Bronzezeit, verliert der Flint seine allumfassende Bedeutung.

Auch das Hornstein-Vorkommen von Arnhofen gerät in Vergessenheit – bis Archäologen 1984 in einer Kiesgrube zu graben beginnen und bald eine Sensation entdecken: die Überreste von 20 000 Schächten, die davon erzählen, unter welchen Mühen die Menschen dem Boden das kostbarste Gut der Steinzeit abgerungen haben. ◊

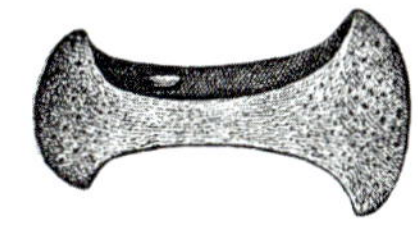

PRESTIGEAXT
Dieses schlanke Werkstück ist für schwere Arbeiten untauglich und soll allein das Ansehen seines Besitzers mehren

ALLESSCHNEIDER
Flintklingen sind universell nutzbar – etwa als Säge, Kratzer oder Schaber

FÜR DIE JAGD
Mit bis zu 15 Zentimeter langen Feuersteinspitzen bewehren die Jäger und Bauern ihre Speere

ENDE *einer* FLUCHT

An einem Frühsommertag vor 5300 Jahren macht sich ein Mann auf, einen Pass der Alpen zu überqueren. Es ist ein riskantes Vorhaben, und der Wanderer nimmt es nicht freiwillig auf sich. In seinem Dorf wird er bedroht, er muss es verlassen. Doch seine Feinde lassen ihn nicht einfach gehen – sie folgen ihm

TEXT: *Katharina von Ruschkowski* **ILLUSTRATIONEN:** *Samson J. Goetze für* GEOEPOCHE

DAS KÄPPI zeigt die besondere Stellung, die der Mann wohl einst innehatte, denn es ist aus dem Fell eines Bären gefertigt – eines besonders großen, wehrhaften Tieres. Vermutlich war der fast 50-Jährige in früherer Zeit ein Clanchef. Doch den Rang hat er mittlerweile verloren – und muss nun sogar um sein Leben bangen

DER MANN AUS DEM TRENTINO war wohl einmal der Herr eines ganzen Dorfes. Gut denkbar, dass er auch als Händler auf weiten Wegen in den Alpen unterwegs war, um etwa an Kupfer zu gelangen: Das Metall, aus dem er sich ein Beil hat anfertigen lassen, das er am Gürtel trägt, ist ein äußerst begehrter Rohstoff in der Jungsteinzeit

Das Felsplateau in 3200 Meter Höhe, knapp unterhalb der hoch aufragenden Fineilspitze in den Ötztaler Alpen, ist eigentlich kein Ort zum Verweilen. Überall schrundige, dunkle Bergrücken, schneebedeckte Gesteinsplatten und Geröll, über die noch jetzt, im Frühsommer, eisige Winde hinwegwehen. Zwischen den Steinen spärlicher Bewuchs aus Flechten und Moosen. Weiter oben sträubt sich die Welt ganz und gar gegen das Leben.

Doch wohl genau deshalb will der Mann, der an einem Tag im Mai oder Juni vor etwa 5300 Jahren im Hochgebirge unterwegs ist, hier rasten. Niemand, so glaubt der Wanderer, den die Welt einmal den „Gletschermann" nennen wird, wird ihn wohl an diesem kargen, entlegenen Ort vermuten.

Seit Tagen, vielleicht einer knappen Woche schon, ist er in den südlichen Alpen unterwegs, Tausende Höhenmeter hinauf und dann wieder hinab. Nun lässt ihn der erneute rasche Aufstieg aus dem Schnalstal noch immer um Atem ringen.

Das sonnengegerbte Gesicht mit den braunen Augen ist verzerrt von Schmerz und Erschöpfung. Der Mann, ein erfahrener Wanderer, ist sehnig, kräftig; deutlich zeichnen sich die Muskelbündel an seinen Waden ab. Doch solch eine Tour hinterlässt auch an ihm ihre Spuren: Allein der letzte Anstieg vom Schnalstal hinauf führte 1800 Meter bergan.

Zudem hat er wohl schon fast 50 Winter überlebt und damit ein sehr hohes Alter erreicht in diesen Zeiten. Längst haben sich graue Strähnen in seinen struppigen Bart gemischt; die zehrenden Ereignisse der vergangenen Zeit haben sicher noch manche hinzugefügt.

Einst war er ein angesehener Clanchef (so die Vermutung vieler Experten; siehe Seite 142), doch nun ist er seit Tagen auf der Flucht vor Widersachern. Hat sich verkrochen in den Wäldern, wie ein gejagtes Tier, hat mit Verfolgern gekämpft. Ein Teil seiner Ausrüstung ist inzwischen kaum mehr einsatzbereit: der Dolch beschädigt, der Bogen noch nicht wiederhergestellt. Aber es ist ihm trotz allem gelungen, in die Berge zu entkommen.

Der Mann legt den Pfeilköcher auf den Felsen ab, einen länglichen Sack aus Rehhaut, lehnt seinen Bogen, an dem die Sehne fehlt, an eine der Steinplatten, die ein wenig Schutz vor dem Wind bieten. Dann gleitet die Rucksacktrage von seinen müden Schultern. Auch sein matt glänzendes Kupferbeil löst er aus dem Gürtel – den Ausweis seines einst hohen Ranges.

Von seinem Rastplatz aus sind es nur noch gut 70 Höhenmeter hinauf bis zum Tisenjoch. Eine kurze Kletterpartie steht ihm bevor, um es zu erreichen. Womöglich haben ihm Händler davon erzählt, die diese Region in den Alpen häufiger passieren.

Über dieses Joch vermag er auf die nördliche Seite des Alpenkammes zu wechseln, in ein anderes Tal, in dem er womöglich unerkannt weiterleben kann. Doch zieht dort hinten in der Ferne nicht ein Schneesturm auf, den er besser nicht ganz oben, auf dem Grat, erleben sollte?

Eine aus Gräsern geflochtene Matte, die ihm auch als Umhang dient, liegt ausgebreitet auf dem Geröll. Aus seiner Rucksacktrage kramt er zwei runde Behälter aus Birkenrinde hervor. In einem verwahrt er ein paar Stücke Glut seines letzten Feuers, um schnell und mühelos ein neues entfachen zu können. Gern würde er damit die Kälte vertreiben!

In der Höhe aber hat der Gletschermann kein Feuerholz zur Hand. Vielleicht umklammert er das Gefäß, um wenigstens die Finger aufzuwärmen. Dann greift er zum zweiten Behältnis, in dem er seinen Proviant verwahrt. Er fischt ein wenig Steinbockspeck heraus. Das Fleisch ist durch Salz und Trocknung haltbar, frisches wäre ihm auf seiner langen Wanderung längst verdorben. Ungelenk schneidet der Rechtshänder mit seiner Linken dicke Streifen von dem nahrhaften Fleisch ab.

Seine rechte Hand ist seit wenigen Tagen unbrauchbar, zwischen Daumen und Zeigefinger klafft eine Wunde bis auf die Knochen: die Folge einer Attacke durch seine Verfolger. Pfeil und Bogen kann er damit nicht reparieren. Doch er hat die Männer ja offenbar abgehängt.

Er schiebt sich das Fleisch in den Mund. Dazu ein paar Happen groben Einkornbrotes, auf dem seine geschundenen Zähne lange herumkauen – der Abrieb der

Mahlsteine, mit denen das Getreide zerkleinert wird, hat seine Zähne stark abgeschliffen. In etliche hat sich zudem die Karies hineingefressen.

Zwischendurch greift er immer wieder zu den fingrigen Blättern des Adlerfarns, die er weiter unten am Berg gepflückt hat, knabbert an einzelnen herum. Er muss achtgeben: Die großen Blätter, so hat man beobachtet, sind giftig. Nur die jungen Triebe können seine Bauchschmerzen lindern, die ihn seit Wochen quälen.

Rasch ist der Proviant verspeist, sein Magen gefüllt. Ein paar Minuten Rast will er sich noch gönnen. Er hört den Wind, das ferne Rauschen wilder Gebirgsbäche, die Gletschermilch zu Tale führen. Vielleicht ertönt der Schrei eines Steinadlers, der die felsige Ödnis überfliegt.

Er wähnt sich allein und in Sicherheit. Ein trügerisches Gefühl – das ihn schon bald das Leben kosten wird.

Fast ein halbes Jahrhundert zuvor ist der Mann im unteren Eisacktal geboren worden, zwei Tagesmärsche in südöstliche Richtung von seiner späteren Heimat entfernt: dem Nonstal in der heutigen Region Trentino, wo er sich, wie man heute weiß, als Erwachsener niederlässt.

Forscher werden später keine Spuren jenes Dorfes mehr finden, in dem es der Gletschermann wohl als Clanchef zu Ansehen bringt. Wahrscheinlich aber unterscheidet sich der Ort im Nonstal kaum von den anderen Siedlungen seiner Zeit, die an den Rändern der Alpentäler liegen oder sich auf kleinen Hügelkuppen drängen. An den Ufern der Alpenseen haben die Menschen ihre Häuser sogar auf Pfähle gepflockt, um sich so vor Hochwasser zu schützen.

Die meisten Dörfer bestehen aus knapp drei Dutzend kleinen, jeweils etwa 30 Quadratmeter messenden Holzhütten, deren Dächer bedeckt sind mit regendichten Grassoden. Oft wohnen drei Generationen auf engstem Raum beisammen. Rundherum liegen die Felder, die die Bauern mühselig dem wild wuchernden Wald abgetrotzt haben. Auf den Äckern reifen Getreide, Erbsen, ölhaltiger Lein. Und spätestens im Juli schimmern rötliche Schlafmohnfelder im Grün.

Trotz Ackerbau und Sesshaftigkeit sind die Menschen auch Jäger und Sammler geblieben. Sommers sammeln sie Beeren, pflücken Pflaumen und Äpfel, die sie trocknen und für den Winter verwahren. Und immer wieder gehen sie – meist gemeinsam – auf die Jagd. Die einen treiben die Hirsche, Gämsen, Steinböcke, sogar Bären aus den Wäldern, die anderen erwarten die Tiere mit ihren Pfeilen und Bögen. Wochen verbringen die Dorfbewohner dann damit, das erbeutete Fleisch zu verarbeiten, die Tierfelle zu spannen, zu schaben und zu enthaaren und das Leder später zu Kleidern zu vernähen.

Der Gletschermann aber gehört nicht zu jenen, die solch harte Arbeiten verrichten müssen. Seine Hände sind grazil, fast frei von Schwielen. Allerdings plagen ihn Schmerzen an Hüfte und Knien. Hohe Berge fassen das Nonstal ein. Oft ist er daher im Hochgebirge unterwegs und der Verschleiß an seinen Gelenken wohl eine Folge davon.

Rücken, HÜFTE, _Knie:_ ALLES SCHMERZT

Als Clanchef mag es seine Aufgabe sein, die umgebenden Felder zu kontrollieren – und vor Konkurrenten zu verteidigen. Denn vorbei sind die Zeiten, als die umherziehenden Menschen die Natur als Allgemeingut sahen. Seit sie in Siedlungen sesshaft geworden sind, begreifen sie sich als exklusive Besitzer ihres Gebiets. Und so haben sicher auch die Leute des Gletschermanns Menhire in ihrem Bereich aufgestellt. Diese aufwendig behauenen Steine markieren die Kultplätze einer Großfamilie. Und sind wohl auch steinerne Mahnung an Fremde, sich von diesem Ort gefälligst fernzuhalten. Sich hier nichts zu nehmen.

Gut möglich auch, dass der Clanchef zumindest vor seinem Aufstieg zum Anführer einer Sippe eine Zeit lang als Händler unterwegs war und sein Tal mit wertvollen Gütern aus anderen Alpenregionen versorgt hat. Vielleicht sogar mit jenem Stoff, den die Menschen seiner Zeit begehren wie keinen anderen: Kupfer.

Das Gestein der Alpen birgt bläuliche und türkisgrüne Kupfererze, aus denen sich das Metall gewinnen lässt. Denkbar, dass der Gletschermann die oft weit entlegenen Förderstätten in den Bergen kennt – und die vielen, unsichtbaren Gebirgspfade, die sie mit den Tälern verbinden. Ist er dort oben auch in die Geheimnisse der Kupferverarbeitung eingeweiht worden?

Weiß er etwa um die hohen Temperaturen, die es braucht, um die unscheinbaren Erze in glänzendes Metall zu verwandeln? Wer einen solch magisch anmutenden Vorgang durchschaut und lenken kann, der ist – in den Augen der anderen – ein besonderer, ja besserer Mensch als die einfachen Bauern! Manches spricht dafür, dass der

AUF SEINEM WEG bergauf rastet der Flüchtende auf einer aus Gräsern geflochtenen Matte und stärkt sich mit Speck vom Steinbock. Einige Stunden zuvor hat ihn ein Verfolger gestellt und seine rechte Hand aufgeschlitzt. Der Angegriffene konnte zwar entkommen – doch mit der Verletzung vermag er nun weder sein Beil richtig zu führen noch einen neuen Bogen fertigzustellen: Den vorherigen hat er unterwegs verloren

Gletschermann dank besonderer Kenntnisse rund um die Kupferverarbeitung innerhalb seines Clans aufgestiegen ist. Er ist, das werden Forscher später aus Arsenspuren in seinen Haaren herauslesen, an der Gewinnung und Verhüttung von Kupfererz beteiligt, wenn auch nur am Rande (Arsen ist im Kupfer enthalten und wird während der Schmelze freigesetzt).

Auf jeden Fall hat es der Mann mit der Zeit auch zu respektablem Reichtum gebracht, den er offenbar gern zur Schau stellt. So streift er vor jeder seiner Wanderungen den knielangen Mantel über, der aufwendig aus den Streifen helleren Schaf- und dunkleren Gamsfells vernäht ist. Sein Käppi, das er mit einem Lederriemchen unter dem Kinn verschnürt, besteht aus dem tiefbraunen Fell eines Bären – eines besonders großen, wehrhaften Tieres.

Und vorn, im breiten Gürtel, wippt sein wertvollster Besitz: ein Beil aus Kupfer, dessen 60 Zentimeter langer Holm aus hartem Eibenholz geschnitzt ist. Kaum jemandem, dem er begegnet, wird so entgehen, dass es sich bei ihm um eine bedeutende Persönlichkeit handelt.

Bloß: Menschen wie er leben gefährlich. Wer über solche Dinge verfügt, der weckt die Begehrlichkeiten anderer.

Ohnehin machen die Menschen in dieser Zeit von ihren Waffen immer häufiger Gebrauch. Mit Pfeil und Bogen tragen sie Kämpfe um Besitz und Einfluss aus, und manche kriegerischen Auseinandersetzungen enden in grausamen Massakern, wie Archäologen aus den Überresten etlicher jungsteinzeitlicher Dörfer herauslesen werden. Viele Siedlungen sind daher mittlerweile auf gut gesicherten Felskuppen errichtet – oder liegen verschanzt hinter Palisaden.

Und auch der Gletschermann hat offenbar bereits mehrmals sein Hab und Gut, seine Position, sein Leben in bitteren Kämpfen verteidigen müssen. Denn er erleidet als Erwachsener Rippenbrüche, die zu seinem Glück gut verheilt sind. Seine Nase allerdings ist schief angewachsen. Ein Schneidezahn ist – vermutlich durch einen Schlag – abgestorben und hat sich verfärbt.

Doch vor allem die letzten Wochen haben ihm zugesetzt. Auf seinen Fingernägeln zeichnen sich quer verlaufende Rillen ab, aus denen Forscher später Anzeichen andauernder Anspannung ableiten werden.

Was ist dem einstigen Anführer widerfahren, was macht ihn zu einem Gejagten?

Möglicherweise trachtet ein anderer Clan nach seinem Dorf. Haben die Fremden nun seine Siedlung besetzt, die Bewohner davongetrieben, viele gar getötet?

Vielleicht stammen seine Widersacher aber auch aus der eigenen Sippe. Steht er Jüngeren im Wege, die aufsteigen wollen? Haben sie ihm gedroht, ihn umzubringen?

In jedem Fall macht sich der Gletschermann wohl Sorgen um sein Leben. Und so verlässt er an einem Tag im Frühsommer vor 5300 Jahren sein Dorf, in dem er nicht mehr sicher ist.

In EISKÄLTE *ein* LETZTES MAHL

DER MANN TRÄGT bei seinem Aufbruch genug bei sich, um eine Zeit lang im Wald und in den Bergen überleben zu können. Rechts an der Hüfte steckt das Kupferbeil. Links, am Gürtel angeknotet, ein kleiner Dolch, stets griffbereit in einer aus Gras geflochtenen Scheide.

Auf den langen, breiten Gürtel, den er gleich zweifach um seinen Mantel geschlungen hat, ist ein Täschchen aufgesetzt, in dem seine Wertsachen stecken, darunter ein Steinbohrer, ein Kratzer, eine scharfe Klinge aus Feuerstein – und eine Knochenahle, geschnitten aus dem Fußknochen eines Tieres. Mit dem spitzen Werkzeug sticht er die Löcher vor, wenn er seine Kleider flicken muss, etwa den Lendenschurz aus weichem Schafsleder, oder die mit Fellbändern daran befestigten Beinlinge aus Ziegenfell, oder den gestreiften, knielangen Mantel, der ihn gegen Wind und Wetter schützt. Regnet es, legt er seine Grasmatte um die Schultern, sodass die darunter liegende Fellkleidung nicht durchnässt.

Die Gürteltasche enthält überdies ein Stück Zunderschwamm, vermutlich in Urin getränkt, damit es sich beim Feuerschlagen besser entzündet (doch weil das umständlich ist und schon bei feuchter Witterung oft misslingt, bewahrt er zudem ein Stück Glut auf, um sich die Arbeit zu erleichtern).

Von seinem Dorf aus flieht der Gletschermann zunächst vermutlich in die umliegenden Wälder. Er geht zügig und doch vorsichtig, achtet wohl darauf, nicht an den dicken Baumwurzeln oder in den Löchern der Tierbauten hängen zu bleiben – denn schon ein verstauchter Fuß könnte nun den sicheren Tod bedeuten.

Seine Schuhe, innen mit einer Lage Heu gepolstert, halten die Füße warm und geben Halt, obwohl die Sohlen aus glattem Rindsleder gefertigt sind; über Kreuz aufgenähte Lederriemen verleihen ihnen Profil.

Trotz der guten Ausrüstung schmerzt jeder Schritt. Selbst wenn der Wanderer anhält, sich gegen einen Baum stützt und kurz verschnauft, lässt die brennende Pein in Hüft- und Kniegelenken nicht nach. Und der Rücken! Immer wieder muss er seine mit Proviant gefüllte, hölzerne Trage justieren, um die Wirbelsäule zu entlasten.

Die Schmerzen sind mit den Jahren schlimmer geworden. Daher hat er irgendwann die Hilfe eines Heilkundigen gesucht, denn sein Körper ist voller dunkler Tätowierungen, die ihm wohl Linderung verschaffen sollten: winzige Kreuze und kurze Striche, entstanden durch feine Schnitte mit einer scharfen Klinge. Zerstäubte Holzkohle, die der Tätowierer in die Wunden gerieben hat, machen die Zeichen halt- und sichtbar.

Einige der 61 Male finden sich auf seinen gepeinigten Gelenken, an Hüfte und Knie, ein weiteres unterhalb seines rechten Rippenbogens.

Gut möglich, dass die Tätowierungen quälende Krämpfe in der Bauchregion lösen sollen. Denn später werden Mediziner Darmparasiten, Gallenblasensteine und den Magenkeim *Helicobacter pylori* in der Mumie nachweisen. (Die meisten Körpermale des Gletschermannes befinden sich exakt auf oder in unmittelbarer Nähe von Akupunkturpunkten, wie man sie aus der traditionellen chinesischen Heilkunde kennt; die Stimulation dieser Körperstellen regt, so die altchinesische Auffassung, bestimmte Heilungsprozesse an.)

Vielleicht auch hat ihm ein Heiler nahegelegt, stets etwas Birkenporling bei sich zu haben, weil dieser bräunliche Baumpilz antibiotisch und blutstillend wirkt. Jedenfalls trägt der Wanderer zwei kugelig geschnittene und auf Lederriemen gefädelte Stücke davon während der Wanderung am linken Handgelenk.

Sein Weg hat zunächst nur ein Ziel: fort von dort, wo man wohl nach seinem Leben trachtet. Er marschiert in Richtung Norden. Es ist ein beständiges Auf und Ab in den ersten Tagen seines Marsches. Denkbar, dass er sich in dieser Zeit eine Schlehe in den Mund steckt, die er in einer seiner Gürteltaschen noch gefunden hat. Der herb-säuerliche Geschmack der blauen Früchte regt den Speichelfluss an und stillt wenigstens etwas seinen Durst, wenn ein Bach oder eine Quelle weit entfernt ist.

Immer wieder durchquert er dichten Wald, der die tieferen Lagen bedeckt. Ausladendes Astwerk versperrt ihm dann den Blick in den Himmel. Um ihn herum sind Sträucher, umgestürzte Bäume. Und doch bietet ihm dieses Dickicht kein sicheres Versteck.

Denn plötzlich schwirren Pfeile durch die Luft. Verfolger! Reflexartig greift er in seinen ledernen Köcher, zieht einen der feuersteinbewehrten Pfeile heraus, spannt damit die Sehne und schießt.

Wieder und wieder versucht er die Angriffe eines oder mehrerer unsichtbarer Kämpfer zu parieren; dann ist sein Köcher fast leer. Er muss fliehen, vielleicht kennt er einen Ort in der Nähe, an dem er sicherer ist.

Eilig steckt er noch einen fremden Pfeil ein, der knapp neben ihm gelandet ist – wer weiß, wann er sich neue Munition fertigen kann! Dann hastet er davon, über Wurzeln und Sträucher hinweg. Bei der Hatz durchs dichte Unterholz, möglicherweise auch schon beim vorangegangenen Kampf, verliert er seinen Bogen.

Er macht sich schon bald auf die Suche nach Ersatz. Denn er braucht eine schussbereite Fernwaffe. Wie soll er sonst an Wild gelangen, wie sich einem Feind entgegenstellen? Das Kupferbeil und der Dolch sind ihm allenfalls im Nahkampf eine Hilfe – und wie die meisten seiner Werkzeuge und Waffen in keinem guten Zustand.

Die kleine Feuersteinklinge seines Dolches ist bereits seit Längerem an der Spitze geborsten, das Feuersteinmesser fast völlig abgenutzt, der Kratzer stumpf. Zudem müsste er dringend neue Pfeilspitzen anfertigen.

Doch wollte er zu jenen Orten wandern, an denen es Material für seine Ausrüstung gibt, hätte er weite Wege vor sich. Das Erz für seine kupferne Klinge etwa kommt aus der südlichen Toskana, rund 400 Kilometer von seiner Heimat im Nonstal entfernt, wie Experten später herausfinden werden. Denn es gibt nur sehr wenige Stellen in den Alpen, an denen sich Kupfererze schürfen lassen. Wahrscheinlich ist die Klinge noch vor Ort von kundigen Handwerkern gegossen, durch Hammerschläge in die richtige Form gebracht und geschliffen worden.

Die Schneide seines Flintdolches stammt aus einer Region, vielleicht 80 Kilometer von seinem Dorf entfernt.

Und die steinernen Pfeilspitzen hat er sich unter anderem aus Minen im nördlichen Trentino beschafft; mindestens ein Tagesmarsch ist es bis dorthin.

Ob sich der geübte Wanderer einst selbst auf den Weg gemacht hat, um sich seine Waffen und Werkzeuge zu besorgen? Das ist durchaus denkbar, doch auch schon zu seiner Zeit überspannt ein weitreichendes, eng geknüpftes Handelsnetz den Alpenraum. Händler vertreiben begehrte Rohstoffe wie Kupfer oder Feuerstein – oft im Tausch gegen Getreide oder Salz, mit denen die Menschen ihre Vorräte haltbar machen.

Vielleicht haben sie ihn mit Waren versorgt. Nun aber muss er sich irgendwie selbst behelfen. Er ist zwar kein Spezialist für Steinbearbeitung. Aber der Gletschermann ist geübt darin, kleinere Reparaturen an seiner

AUF GUT 3200 METER HÖHE, kurz vor dem geplanten Abstieg ins Ötztal, rastet der Verfolgte noch einmal, beobachtet die Umgebung. Da trifft ihn wie aus dem Nichts ein Pfeil ins linke Schulterblatt und zerfetzt eine Arterie. Rasch bricht das Opfer zusammen

Ausrüstung selbst auszuführen und seine Waffen auch immer wieder pfleglich nachzuarbeiten, damit er sie möglichst lange nutzen kann.

Und so lässt er sich irgendwann nieder und versucht es noch einmal. Er zieht seinen Retuscheur aus der Gürteltasche: einen Holzstab mit einer eingelassenen Nadel aus Hirschgeweih, mit der er seine Waffen schärfen kann. Er drückt die Nadel fest auf die stumpfe Schneide seines Kratzers, bis kleine, muschelförmige Stücke des Feuersteins abspringen und eine scharfe Kante zurücklassen.

Bald darauf, möglicherweise nach einer schlaflosen Nacht im Wald, gebettet auf seine Grasmatte, treibt es ihn weiter. Sucht er vielleicht nach einem geschmeidigen, stabilen Ast für einen neuen Bogen?

Tatsächlich gelingt es ihm, den mehr als mannshohen, geraden Ast einer Eibe abzubrechen, der sich als Bogenstab eignet. Er beginnt, ihn mit der Feuersteinklinge zurechtzuschnitzen. Bald fehlen nur noch der Griff und Kerben, um darin die Sehne zu befestigen. Eine hat er sogar noch im Köcher. Die an dem Bogen zu befestigen, wäre eigentlich schnell erledigt.

°

DOCH DANN STEHT WIEDER ein Angreifer vor ihm – und diesmal ist er ganz nah. Ob der Flüchtende ihn kennt? Ist dies der Mann, der ihn vor einigen Tagen bereits attackiert hat? Hat er ihm nachgestellt, um nun, im direkten Duell, zuzuschlagen?

Jedenfalls greift der andere sofort zum Dolch. Um den Hieb abzuwehren, streckt der Gletschermann seine rechte Hand nach vorn – und spürt sofort einen beißenden Schmerz zwischen Daumen und Zeigefinger. Blut quillt aus dem tiefen Schnitt.

Vielleicht gelingt dem Attackierten irgendwie noch ein Gegenschlag, der den Angreifer zu Fall bringt und ihm selbst die Zeit verschafft zu fliehen.

Er ist nun bergauf unterwegs, bewegt sich eine ganze Weile nahe der Baumgrenze in 2500 Meter Höhe, wie Forscher aus Pollenresten in seinem Verdauungstrakt rekonstruieren. Hier oben hat sich der Wald längst gelichtet. Nur noch einzelne Nadelbäume recken sich empor, dazwischen spannt sich ein grüner Flickenteppich aus Moosen, Sträuchern und Gräsern. In der Ferne ragen die

Der SCHNEE *konserviert die* LEICHE

Der Gletschermann ist die am besten untersuchte Mumie der Geschichte. In den fast 30 Jahren seit ihrer Entdeckung haben sich rund 900 Wissenschaftler mit ihr befasst. Durch immer neue Forschungsansätze und Technologien haben sie dem Toten, der seit 1998 in einer eigens konstruierten Kühlkammer in Bozen ruht, immer neue Details entlockt – über seine Zeit, sein Leben, sein Schicksal.

Schon bald nach der Bergung ließen sich Alter, Größe, Gewicht des Toten klären. Die Machart seines Kupferbeils deutete bereits früh darauf hin, dass er in der ausgehenden Jungsteinzeit lebte. Weitere Untersuchungen winziger Proben seines Körpers und der Ausrüstungsgegenstände brachten die Bestätigung: Der Gletschermann lebte irgendwann zwischen 3350 und 3100 v. Chr.

Die Vermessung seiner Muskeln und Knochen ergab, dass er etwa 1,60 Meter groß und rund 60 Kilogramm schwer gewesen sein muss. Mittels eines Verfahrens, das auch Gerichtsmediziner nutzen, um bereits skelettierte Leichen zu identifizieren, konnten Forscher in Ansätzen sein Antlitz mit den tief liegenden Augen rekonstruieren. Dass Falten sein sonnengegerbtes Gesicht durchfurchten, nahmen Forscher aufgrund seines Alters und seines Lebenswandels an. Haarreste, unter anderem gefunden in seiner Kleidung, deuten auf einen braunen, struppigen Schopf hin.

Später ermittelten die Forscher, dass er auch braune Augen hatte. Überdies gelang es ihnen erstmals in der Geschichte der Mumienforschung, aus Zellen des Beckenknochens 95 Prozent der DNS zu gewinnen und so sämtliche Informationen über den Körper des Ermordeten, seine Krankheitsrisiken und Verwandtschafts-

DER TOTE VOM TISENJOCH

Wanderer entdecken 1991 zufällig die Mumie des Gletschermannes in den Ötztaler Alpen. Seither untersuchen Wissenschaftler den Leichnam – und haben über keinen Menschen der Steinzeit so viele Erkenntnisse gesammelt

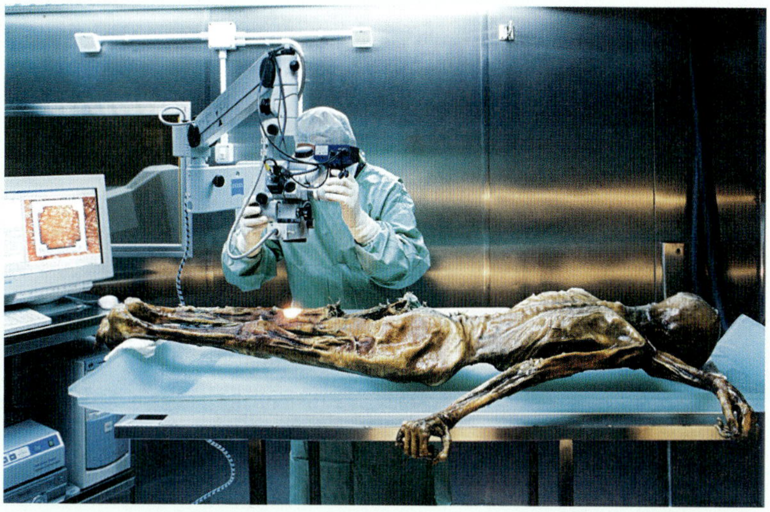

MIT MODERNEN Geräten wie Endoskopen und Computertomographen sowie der Entschlüsselung seines Erbgutes ist es Wissenschaftlern gelungen, nach und nach die Geschichte des Mannes aus dem Eis zu ermitteln

verhältnisse zu entschlüsseln. Bei der Analyse der Daten kamen weitere, verblüffende Details ans Licht – etwa dass er laktoseintolerant war, die Blutgruppe 0 hatte, zu Herz-Kreislauf-Erkrankungen, Herzinfarkt oder Gehirnschlag neigte. Und dass die Vorfahren seines Vaters wahrscheinlich erst vor etwa 6000 bis 8000 Jahren aus Mesopotamien nach Europa eingewandert waren.

Aus dem Erbgut lasen die Forscher auch heraus, dass seine Spermien vermutlich nur eingeschränkt beweglich waren. War der Mann damit ein Clanchef ohne Nachkommen? Ist er daher vertrieben worden?

Das Alter des Toten verriet ein Oberschenkelknochen, denn mit den Jahren kommt es zu Veränderungen in der Knochenstruktur. Demnach war der Gletschermann zwischen 40 und 50 Jahre alt.

Darüber hinaus ermittelten Forscher, in welcher Region er geboren worden ist – das lasen sie aus Proben seines Zahnschmelzes heraus. Bilden sich im Kindesalter die zweiten Zähne, werden chemische Stoffe, die Menschen mit Wasser und Nahrung aufnehmen, in den Schmelz eingebaut. Die Zusammensetzung dieser Stoffe ist typisch für eine Region. Geochemiker verglichen die Zahn- mit Wasserproben aus der Gegend und kamen zu dem Schluss, dass der Tote seine frühe Kindheit im oberen Eisacktal verbracht haben muss, rund 60 Kilometer südöstlich von seinem späteren Fundort.

Sie untersuchten auch Knochenproben. Anders als im Zahnschmelz werden die Stoffe in den Knochen Zeit des Lebens ausgetauscht, sodass sich daraus ableiten ließ, wo der Mann sein letztes Lebensjahrzehnt verbracht hat – nämlich im Nonstal. Sein Heimatdorf lässt sich jedoch nur im Analogieschluss beschreiben. Oft dient die Siedlung Arbon in der Schweiz, von der Reste überdauert haben, als Vorbild etwa für die Maße der Häuser. Welche Tiere die Menschen dort hielten, erschlossen sich Wissenschaftler unter anderem über die Fellkleidung des toten Wanderers.

Womit der Mann seinen Lebensunterhalt verdient hat, deuten Forscher sehr unterschiedlich. Aufgrund des Fundortes seiner Leiche an einer viel begangenen Nord-Süd-Passage der Alpen sehen manche Archäologen in ihm einen Händler; allerdings hatte er kein Handelsgut dabei, was Skeptiker gegen dieses Szenario anführen.

Spuren von Arsen, das beim Schmelzen von Kupfer frei wird, deuten für andere darauf hin, dass er womöglich ein Schmied war. Allerdings hat er keine typischen Schwielen an den Händen. Und nach neuesten Untersuchungen ist fraglich, ob sich das Arsen tatsächlich zu Lebzeiten in Nägel und Haare des Gletschermannes einlagerte – oder ob dies erst nach seinem Tod durch Umwelteinflüsse geschah.

Nur Männer hohen Ranges besaßen ein kostbares Kupferbeil, das bezeugen etliche Funde. Viele Forscher vermuten daher, dass es sich bei dem Gletschermann um einen Anführer oder Clanchef handelte.

Unstrittig ist nach medizinischen Untersuchungen, dass der Tote durch Wandertouren zwar trainiert war, was sich am Zustand seiner Wadenmuskulatur ablesen ließ, aber unter etlichen Gebrechen litt. Röntgenbilder zeigen Verschleißspuren an Hüft- und Kniegelenken sowie an der Lendenwirbelsäule. Bei der Untersuchung sei-

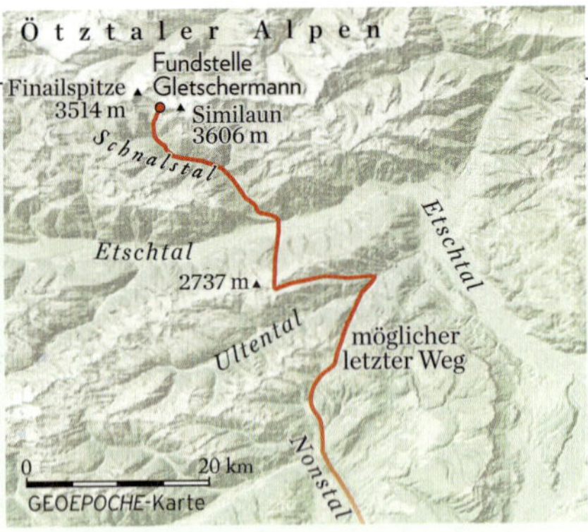

DER LETZTE WEG des Wanderers: Viel deutet darauf hin, dass er durch das Schnalstal zum Tisenjoch gelangte

ner Tattoos kam heraus, dass die Zeichnungen am Rücken und an den Kniegelenken oft exakt auf jenen Körperpunkten liegen, die Akupunkteure zur Behandlung von Gelenkschmerzen und Beschwerden nutzen, die sich durch Kälte verstärken.

Auf Röntgenbildern entdeckten die Forscher erst nach Jahren eine Pfeilspitze in der linken Schulter sowie millimeterkleine Hautverletzungen nahe am Schulterblatt. Untersuchungen ergaben, dass sich die Spitze in die Schulter gebohrt und dabei eine wichtige Ader getroffen hatte, ehe der Schütze den Pfeil wieder aus der Wunde riss. Mit großer Wahrscheinlichkeit ist der Gletschermann an den Folgen dieser Schussverletzung gestorben.

Weitere Indizien deuten darauf hin, dass er ermordet worden und nicht, wie lange Zeit angenommen, im Hochgebirge erfroren ist. So ist der tiefe Schnitt zwischen rechtem Daumen und Zeigefinger eine typische Abwehrverletzung. Dieser Schnitt war zum Zeitpunkt des Todes wohl bereits ein bis zwei Tage alt. Stand er in einem Zusammenhang mit dem tödlichen Pfeilschuss? War der Mann ein Gejagter? Es ist die bis heute plausibelste These.

Wo sich der Tote während seiner letzten Lebenstage ungefähr aufgehalten hatte, vermochten Forscher durch die Untersuchung seines Magen- und Darmtrakts zu ermitteln. Denn wann immer ein Mensch isst, nimmt er auch Pollen aus der Umgebung auf. Die Zusammensetzung und Verteilung der Pollen im Darm lässt darauf schließen, dass der Wanderer im Frühsommer unterwegs war. Und dass er sich bereits anderthalb Tage vor seinem Tod in rund 2500 Meter Höhe aufhielt, dann abstieg, um bald darauf in noch größere Höhen zurückzukehren.

Weitere Analysen brachten die Erkenntnis, dass der Mann kurz vor seinem Tod eine große Menge Speck gegessen und Adlerfarn zu sich genommen hatte – offenbar als Medikament gegen die Peitschenwürmer in seinem Darm.

KUPFERBEIL
Die wertvolle Axt zeigt den hohen sozialen Status des Toten an

FEUERSTEINDOLCH
Die Messerklinge entstammte einem Steinbruch im Trentino

FELLMÜTZE
Eine Trophäe, gefertigt aus der Haut eines Bären

Während seiner letzten Rast war er nicht in Eile, denn niemand, der gejagt wird, nimmt ein so ausführliches Mahl zu sich. Überdies hatte er den Bogen nicht schussfertig oder sein Beil zur Hand. Im Moment seines Todes muss sich das Opfer vor seinen Verfolgern sicher gefühlt haben.

Der Täter wiederum agierte heimtückisch, aus der Ferne – vielleicht weil er bei früheren Kämpfen unterlegen war.

Eine Untersuchung der Werkzeuge und einiger Waffen des Toten fügte die vielen Puzzleteile zu einem vorläufigen Bild zusammen. Den Forschern gelang es zu ermitteln, woher das Rohmaterial für die Werkzeuge stammte – nämlich unter anderem aus dem Südwesten der Region Trentino (die Dolchspitze) sowie aus dem nördlichen Trentino (eine der Pfeilspitzen).

Das Kupferbeil wiederum kam aus der Toskana (das Abbaugebiet lässt sich identifizieren, weil sich die chemische Zusammensetzung von Feuersteinen und Kupfererzen je nach Region unterscheidet).

Die Wissenschaftler prüften auch, in welchem Zustand seine Werkzeuge waren. Und wie es um die handwerklichen Fähigkeiten des Toten stand, der einen Teil seiner Ausrüstung offenbar während seiner Wanderung nachgebessert hatte. Eine zweite Pfeilspitze war definitiv nicht von ihm, einem Rechtshänder, sondern einem Linkshänder gefertigt worden.

Dem Mann fehlte es offenbar an Nachschub, so machten all diese Ermittlungen deutlich. All seine Waffen und Werkzeuge waren abgenutzt. Und obwohl er in tiefere Regionen abgestiegen war, wohl in die Nähe von Siedlungen, war es ihm nicht gelungen, neue Rohlinge zu besorgen.

Das bestärkte die Forscher in der Annahme, dass er in seinen letzten Lebenstagen ein Verstoßener war, der versuchte, sich auf die andere Alpenseite zu retten.

Wenn auch vergebens.

Katharina von Ruschkowski

zackigen, eisverplombten Dreitausender der Ötztaler Alpen auf, darunter der Similaun und die Fineilspitze, beide über 3500 Meter hoch.

Der Gletschermann weiß gewiss, dass es dort in der Nähe einen Pass gibt, der sich in der schneearmen Jahreszeit überwinden lässt und nach Norden führt, zu den fetten Almen des Ötztals.

Er will, er muss dorthin. Doch der Weg führt durch ein Tal – und so steigt er schon bald ein weiteres Mal ab. Angst und Verzweiflung werden ihn auf dem langen Weg treiben. Denn die Wunde an seiner rechten Hand macht es ihm unmöglich, sein Beil zu nutzen oder den Bogen fertigzustellen. Damit ist er jedem Angreifer wehrlos ausgeliefert.

Er bleibt nicht lange unten im Tal, nimmt nur ein Mahl zu sich, dann geht er weiter, wieder hinauf, in Richtung des Bergpasses. Gleich nach seinem Start hat er erneut steile Anstiege zu überwinden. Der Schweiß rinnt ihm über Stirn und Schläfen. Nach mindestens vier Stunden strammen Marsches hat er die Baumgrenze wieder erreicht.

Und er muss noch höher hinauf.

Je weiter er aufsteigt, desto karger wird der Bewuchs. Bald ist alles Grün verschwunden. Wohin sein Auge nun blickt – Steine: große, kleine, kantige, flache, schwarze, graue. Eine farb- und leblose Landschaft. Weiter oben der zackige Bergrücken.

Es ist nicht mehr weit bis zum Tisenjoch, über das er auf die nördliche Seite des Alpenkammes wechseln kann. Doch er ist mittlerweile langsam; es ist sein zweiter zehrender Marsch binnen weniger Stunden. Da entdeckt er ein Felsplateau, gut 70 Meter unterhalb des Jochs: eine von Steinbrocken und Felsplatten umstandene Terrasse am Hang, eine abgeschirmte, ein wenig geschützte Stelle.

Der Wind bläst ihm inzwischen immer eisiger ins Gesicht. Hier oben ist es so unwirtlich und einsam, dass er vermutlich glaubt, seinen Verfolger endgültig abgeschüttelt zu haben.

Und so lässt er sich wohl ein wenig beruhigt nieder, verzehrt seine Vorräte, wartet ab, wie sich das Wetter entwickelt, ruht sich aus, bis langsam die Kräfte zurückkehren in seinen müden Körper. Eine halbe Stunde, mindestens, wird so vergehen. Vielleicht wirft der Gletschermann immer mal wieder einen prüfenden Blick in den Himmel, dann einen ins Tal. Er steht auf.

Da geschieht es.

Plötzlich ein Stich in seiner linken Schulter. Der Wanderer wendet den Kopf nach hinten. Vielleicht nimmt er noch den Pfeil wahr, der sein Schulterblatt durchschlagen und ein großes Blutgefäß zerfetzt hat, das seinen linken Arm versorgt. Der Fellmantel ist sofort blutgetränkt.

Schon übermannt ihn der Schwindel, und fällt auf den Fels.

Der Täter, der dem Gletschermann offenbar in sicherer Entfernung gefolgt ist, hat all dies aus der Distanz beobachtet. Oder hat er ihn am Berg erwartet? Gesichert ist nur, dass er sich nun dem Sterbenden nähert. Möglich, dass es der Angreifer ist, der ihn zwei Tage zuvor mit dem Messer attackiert hat. Dass er diese Niederlage, unten im Wald, nicht auf sich sitzen lassen wollte.

Als er neben seinem Opfer steht, greift er wohl zu einem Stein und schlägt ihm damit auf die rechte Kopfseite, er will ganz sichergehen.

Der Gletschermann ist bereits tot, als sein Mörder ihn auf den Bauch wuchtet und der linke Arm dabei unnatürlich verdreht vor der Brust zu liegen kommt. Er will den Todespfeil aus der Schulter ziehen. Denn dessen ganz spezielle Machart, die sich von Region zu Region unterscheidet, könnte die Herkunft des Täters verraten.

Alles andere jedoch lässt er unberührt zurück, sogar das wertvolle Kupferbeil des Gletschermannes. Wie könnte er erklären, dass es in seinen Besitz gelangt ist? Und sollte es sich bei dem Schützen um einen jüngeren Rivalen aus den eigenen Reihen handeln, fürchtet der vielleicht auch, dass seine Sippe nicht einen hinterhältigen Mörder zum neuen Anführer ernennen würde.

Schon bald darauf schlägt das Wetter um. Aus grauen Wolken stiebt Schnee. Eine mit den Monaten und Jahren wachsende und immer dichtere weiße Decke hüllt den Körper des Toten ein, seine Kleider, Waffen, Werkzeuge – und schützt sie vor dem ewigen Verschwinden.

°

SO FRIERT, HOCH OBEN AUF DEM FELSPLATEAU, die Zeit wahrhaftig ein, entsteht die Momentaufnahme eines menschlichen Schicksals. Der Mann, der einst in die Berge flüchtete, um sein Leben zu retten, wird die Zeiten überdauern; und mit ihm fast seine gesamte Ausrüstung.

Weitaus mehr als 5000 Jahre werden vergehen, in denen immer neue Stürme über die Felsen hinwegfegen und sich irgendwann sogar Gletscher über das Gestein legen. In all diesen Jahrtausenden wird er in seinem eisigen Grab geborgen bleiben. Um dann, als ihn die Berge im Spätsommer 1991 wieder loslassen, seiner Zeit ein Gesicht zu geben.

Und eine ungeheure Geschichte zu erzählen. ◊

LITERATURTIPPS

ALBERT ZINK
»Ötzi«
Übersichtliche Zusammenfassung der wichtigsten Erkenntnisse zum Leben und Sterben des Gletschermanns (Reclam).

ANGELIKA FLECKINGER
»Ötzi 2.0«
Reich bebilderte Aufsatzsammlung führender Experten (Theiss).

DAS PRINZIP ROTATION

Unbekannte Konstrukteure entwickeln in der Jungsteinzeit das Rad – es ist eine der wirkmächtigsten Erfindungen der Technikgeschichte

TEXT: *Frank Otto*

Unter all den Neuerungen, die der Mensch im Lauf der Geschichte ersonnen hat, ist das Rad die vielleicht bedeutendste. Denn ein schwerer Gegenstand lässt sich mit erheblich weniger Kraftaufwand bewegen, wenn man ihn auf einem Gerät mit Rollen anstatt direkt auf dem Boden schiebt oder zieht. Doch zu dieser Einsicht zu gelangen ist alles andere als banal, da die Natur kein Vorbild bietet: Ein Rad rotiert frei um eine starre Achse, was bei lebendigen Organismen undenkbar ist, da biologische Gewebe auf die ununterbrochene Zu- und Abfuhr von Stoffen angewiesen sind.

Und so hat der Mensch Jahrhunderttausende ohne Rad gelebt. Erst für die Ära um 3500 v. Chr. lässt sich die Verwendung von Rad und Wagen nachweisen – dann allerdings fast zeitgleich an mehreren, weit voneinander entfernt liegenden Regionen Europas und Vorderasiens.

So zeigen Bildzeichen auf Tontafeln der mesopotamischen Stadt Uruk rollende Fahrzeuge. In Schleswig-Holstein haben Archäologen parallel verlaufende Radabdrücke aus dem Neolithikum entdeckt. In Polen geben eingeritzte Verzierungen auf einem Tongefäß Darstellungen von Wagen mit vier Rädern wieder. In Ungarn wurden tassenartige Terrakotta-Gefäße in Form von vierrädrigen Wagenmodellen ausgegraben.

Und im sauerstoffarmen Boden eines Moores in Slowenien haben sich sogar das Fragment eines hölzernen Scheibenrades und eine vollständige Achse erhalten – vielleicht die ältesten bekannten Teile eines realen Wagens überhaupt. Ähnlich frühe Artefakte wurden am Zürichsee sowie im Nordkaukasus gefunden.

Für die zahlreichen Nachweise in so unterschiedlichen Regionen haben Forscher zwei mögliche Erklärungen. Manche Wissenschaftler vermuten, das Rad könne an mehreren Orten unabhängig voneinander entstanden sein. Gegen diese Theorie spricht allerdings, dass im Rest der Welt das Rad wohl nur noch ein einziges weiteres Mal erfunden worden ist: in Mexiko, um das Jahr 600 n. Chr. Wieso sollte es dann ausgerechnet in Vorderasien und in Europa mehr als 4000 Jahre zuvor gleich mehrmals konstruiert worden sein?

Andere Forscher halten das annähernd gleichzeitige Auftauchen des Rades an verschiedenen Orten daher für die Folge eines Wissenstransfers von einem Anfangspunkt aus; wo der jedoch gelegen hat, ist nicht bekannt.

Gegen diese Theorie spricht auch nicht, dass sich die neolithischen Räder bereits in früher Zeit deutlich unterscheiden: Bei manchen dreht sich das Rad zusammen mit der Achse, mit der es fest verbunden ist, in einem Lager, bei anderen hingegen rotiert es frei um die Achse.

Fest steht, dass dem oder den unbekannten Erfindern des Rades eine höchst erfolgreiche Innovation gelingt, die sich offenbar sehr schnell weiträumig verbreitet.

Es ist das zentrale Element eines Transportsystems, das vor allem aus drei Komponenten besteht. Da ist einmal das Rad selber, das den Reibungswiderstand beim Bewegen schwerer Gegenstände erheblich mindert. Dann gehört dazu der Wagenkörper – eine Transportfläche, die mit Gütern beladen werden kann. Und schließlich der Einsatz von kräftigen, domestizierten Zugtieren. (Die Schubkarre, die die menschliche Tragkraft vervielfacht, wird erst Jahrtausende später entwickelt, erstmals vermutlich im antiken Griechenland.)

Wo immer es Steinzeitkonstrukteuren gelingt, all dieses zu einem funktionstüchtigen Wagen zu vereinen, gewinnen sie ein wirkungsvolles Fahrzeug – in der Regel ein Gefährt mit zwei Achsen und vier Rädern, das von zwei Ochsen gezogen wird. Fortan lässt sich die Ernte bedeutend schneller einbringen, lassen sich Bau- und Brennholz aus den Wäldern der Umgebung deutlich leichter in großen Mengen in die Dörfer befördern.

Zum Transport auf längerer Strecke hingegen sind die Wagen zumal in Mitteleuropa noch nicht geeignet: Weite Teile des Kontinents sind in der Jungsteinzeit von ausgedehnten Wäldern überzogen, in denen Eichen und andere Bäume dicht an dicht stehen; in den Niederungen breiten sich zudem Moore aus. Fahrtaugliche Wege zwischen den Siedlungen, auf denen die klobigen Vehikel entlangrumpeln könnten, gibt es noch nicht.

Um Güter über größere Entfernungen an Land zu bewegen, bieten noch für Jahrtausende Packtiere die besseren Möglichkeiten. Und Waren wie Bernstein, Gold und Graphit, die in geringen Mengen gehandelt werden, befördern die Menschen wohl noch lange Zeit in konventioneller Weise: auf dem eigenen Rücken. ◊

VOR ETWA 3700 JAHREN fertigt ein Handwerker in Nordwestdeutschland dieses massive Scheibenrad aus einer Erlenbohle; die austauschbare Nabenbuchse ist aus Birkenholz. Vier solcher Räder tragen einen zweiachsigen Wagen

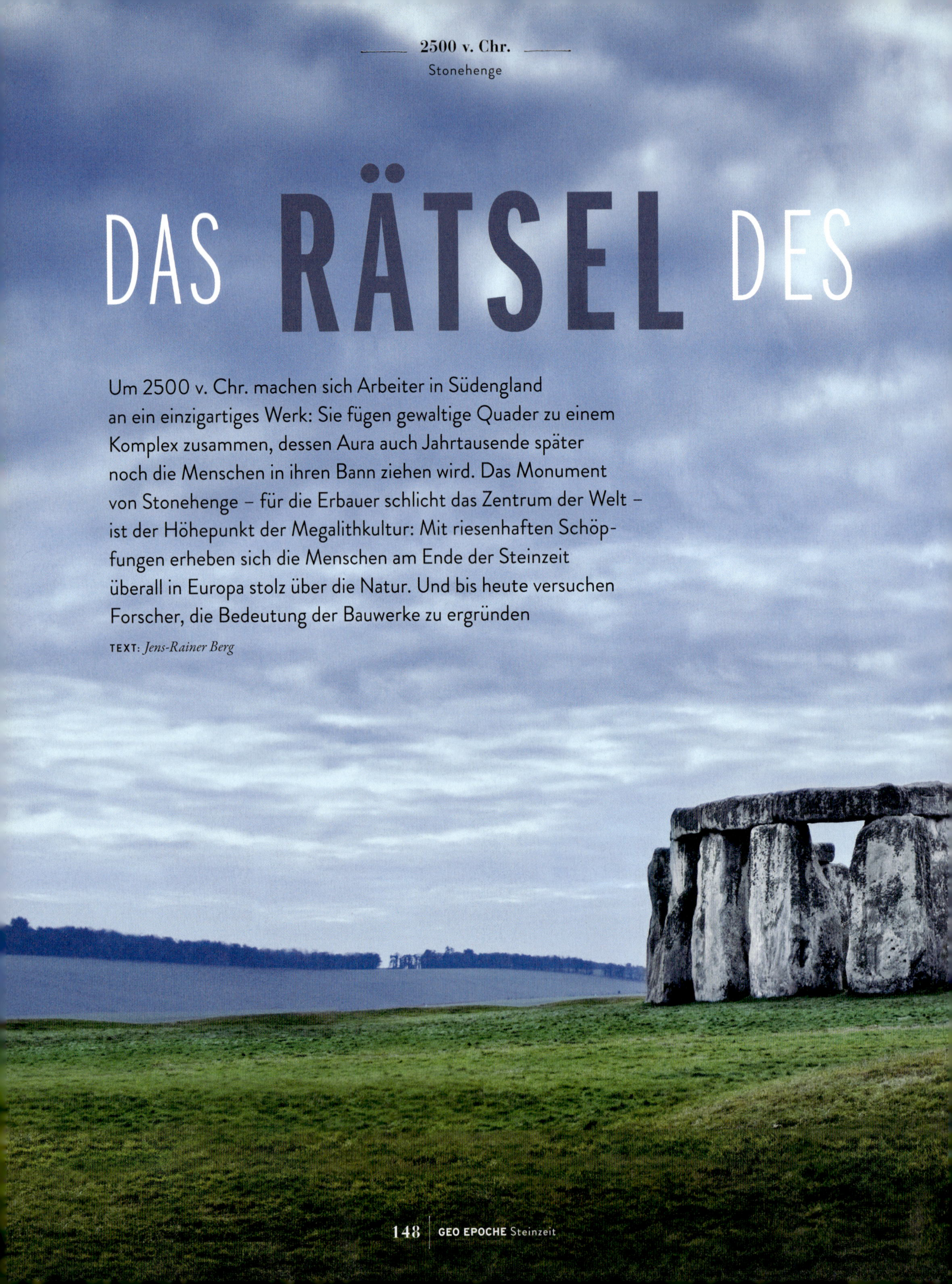

DAS RÄTSEL DES

Um 2500 v. Chr. machen sich Arbeiter in Südengland an ein einzigartiges Werk: Sie fügen gewaltige Quader zu einem Komplex zusammen, dessen Aura auch Jahrtausende später noch die Menschen in ihren Bann ziehen wird. Das Monument von Stonehenge – für die Erbauer schlicht das Zentrum der Welt – ist der Höhepunkt der Megalithkultur: Mit riesenhaften Schöpfungen erheben sich die Menschen am Ende der Steinzeit überall in Europa stolz über die Natur. Und bis heute versuchen Forscher, die Bedeutung der Bauwerke zu ergründen

TEXT: *Jens-Rainer Berg*

STEINTEMPELS

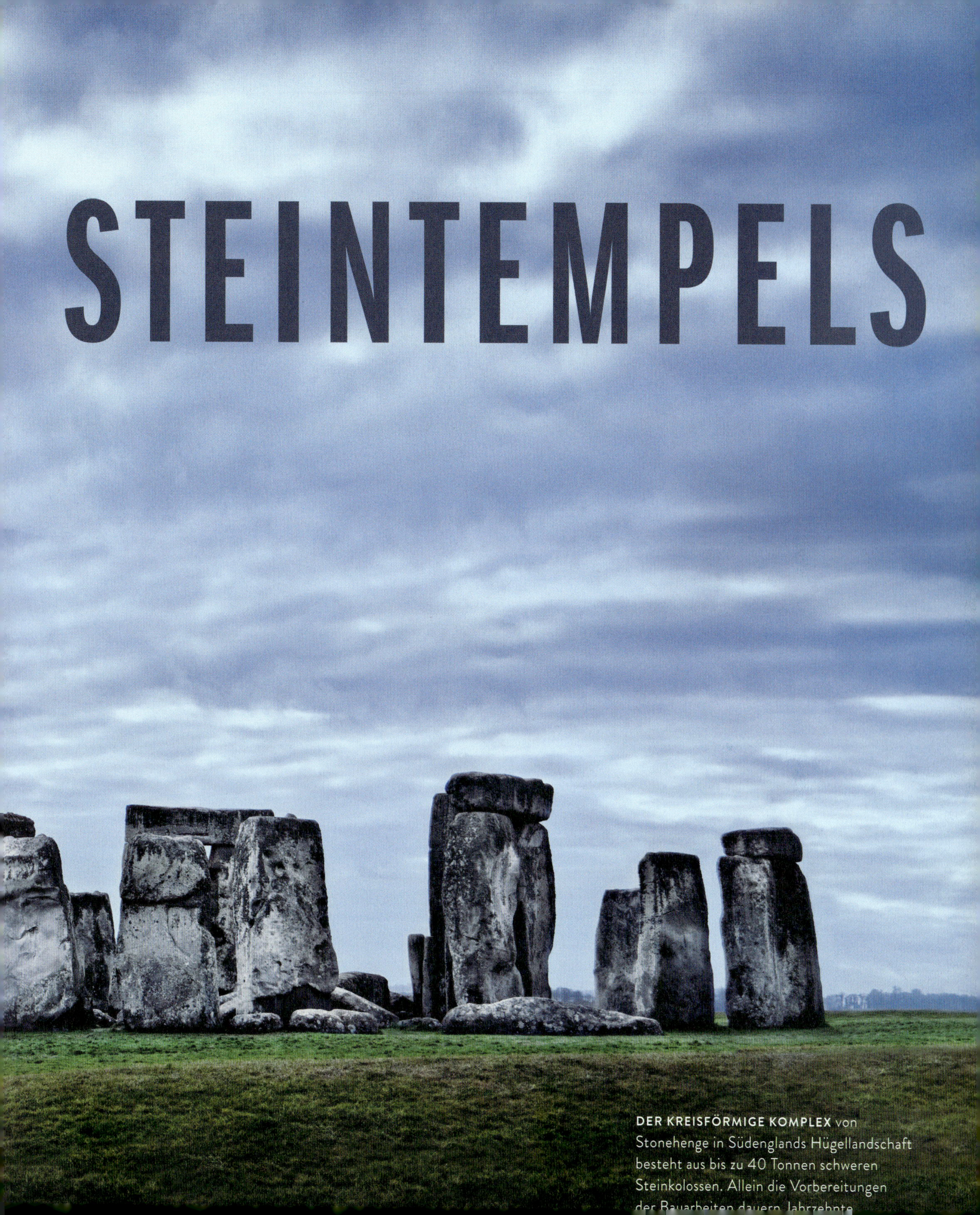

DER KREISFÖRMIGE KOMPLEX von Stonehenge in Südenglands Hügellandschaft besteht aus bis zu 40 Tonnen schweren Steinkolossen. Allein die Vorbereitungen der Bauarbeiten dauern Jahrzehnte

Grad um Grad erhebt sich langsam der Koloss. Hände greifen an grobe Seile, Muskeln spannen sich bis zum Äußersten. Der steinerne Riese ist 600-mal so schwer wie jeder der Arbeiter, die ihn bewegen. Ein Ungetüm aus gut 40 Tonnen härtestem Sandstein, einst von Gletschern in diese Region geschleift.

An ihm stehen an diesem Spätherbsttag um das Jahr 2500 v. Chr. einige Dutzend schwitzende Männer. In einem Wettkampf der Körper und des Geistes gegen die Materie.

Nur wenige Hilfsmittel haben die Menschen hier im Süden Englands für ihre Arbeit: Holz, Taue, gewunden aus Pflanzenfasern und Ästen, andere Steine. Mehr nicht.

Doch die von ihnen ersonnene Konstruktion ist klug. Um den etwa elf Meter langen Riesenquader aufzurichten, haben sie ihn zunächst mit unterarmdicken Tauen, die über ein mächtiges Holzgestänge laufen, auf eine hölzerne Rampe gezogen, bis sein vorderes Ende frei über deren Kante ragte, direkt über dem frisch ausgehobenen Loch, in das der Stein platziert werden soll. Jetzt beschweren sie das über dem Loch schwebende Vorderteil zusätzlich mit einem großen Steingewicht. (Die hier dargestellten Abläufe basieren auf plausiblen Thesen und Theorien, mit denen Forscher die Errichtung des Monuments zu erklären versuchen.)

JEDER BLOCK wird über eine Rampe gezogen, bis das vordere Ende über der Baugrube schwebt, und dann mit Gewichten zum Kippen gebracht

Rufe hallen über die Baustelle. Wie eine Wippe beginnt sich der Koloss allmählich zu bewegen. Zentimeterweise kippt der Stein in die Mulde. Die Rückwand des Lochs haben die Männer mit Holzstämmen ausgekleidet, damit das sich senkende Ende die Erdränder nicht beschädigt und möglichst gleichmäßig in die Aushöhlung gleiten kann.

Denn sollte der Quader festhaken, aus seiner Position rutschen oder – schlimmer noch – plötzlich in heftige Bewegung geraten, könnte niemand seine Masse kontrollieren. Die Schäden wären immens, schwere Verletzungen wahrscheinlich.

Nur einige Meter entfernt stehen bereits zwei gewaltige Steinquader aufrecht nebeneinander. Männer arbeiten dort gerade daran, die beiden Kolosse mit einer Art Dach zu bedecken.

Dazu schichten sie nach und nach eine Empore aus Holzbalken um die beiden Steine auf, die wie ein Hebemechanismus funktioniert: Auf der Empore liegt der dritte Quader, ein länglicher Vier-Tonnen-Block, der waagerecht wie ein Balken auf die steinernen Stützen gesetzt werden soll. Ihn hebeln die Männer jetzt unter maximaler Anstrengung mit langen Stämmen jeweils um einige Zentimeter in die Höhe und schieben dann eine neue Lage Hölzer darunter (siehe Illustration unten).

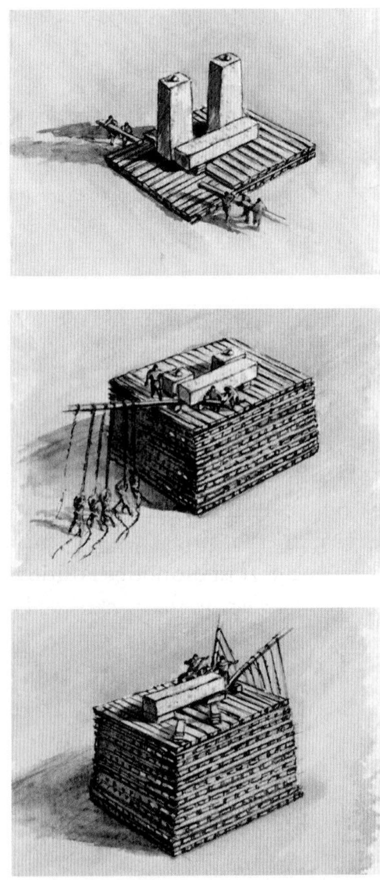

AUF DEN QUADERN liegen Steinbalken, die die Arbeiter immer wieder anhebeln, mit Holz unterfüttern und so schrittweise emporhieven

PRÄZISE AUSRICHTUNG: Zur Winterwende wirft die Sonne ihre Strahlen durch die Mitte des Baus – ein erhebender Moment, in dem sich Anwesende dem Kosmos nahe fühlen können

So bewegt sich der Block, Schritt für Schritt, Holzlage für Holzlage, mit der wachsenden Empore nach oben. Wenn der Quader die Oberkante der Stützen in mehreren Meter Höhe erreicht hat, müssen ihn die Arbeiter noch auf die beiden Pfeiler hinüberwuchten.

Allerdings erst nach einem weiteren Arbeitsschritt: Auf den Oberseiten der Stützen befinden sich bereits, von anderen Arbeitern herausgemeißelt, halbkugelförmig hervorspringende Zapfen. Nun (denn erst jetzt ist die nötige Position der Vertiefungen genau zu ersehen) schlagen die Männer mit etwa faustgroßen Hammersteinen die korrespondierenden kreisrunden Nutlöcher in den Block.

Aufeinandergelegt, wird diese Zapfen-Nut-Verbindung den Steinbalken später stabil in Position halten, allerdings nur, wenn sie, trotz einfachster Werkzeuge, mit äußerster Sorgfalt ausgeführt ist.

Es ist diese Mischung aus Präzision und Wuchtigkeit, die dereinst das fertige Bauwerk ausmachen wird. Jenen mächtigen kreisrunden Kulttempel aus Stein, den die Arbeiter hier erschaffen. Das vielleicht bedeutendste prähistorische Monument Europas: Stonehenge.

Und noch Jahrtausende später, in modernen Tagen, werden Menschen vor den emporragenden Quadern stehen, ergriffen und voller Fragen nach dem Wie und Warum.

Bevor die Blöcke, die die Männer an diesen Herbsttagen aufrichten, an ihren Aufstellort gelangt sind, mussten andere Arbeiter sie überhaupt erst in die gewünschte längliche Form bringen. Nahebei hämmern Dutzende Menschen auf zahlreiche Brocken und Findlinge ein, die sie in den folgenden Monaten und Jahren an ihren Platz bringen wollen.

Mit systematischen Schlägen in Längs- oder Querreihen formen und glätten die Arbeiter das Material. Sie benutzen dafür Hämmer aus Sand- oder Feuerstein, mit runden oder schmalen Köpfen. Einige dieser Werkzeuge sind so groß, dass damit beträchtliche Gesteinsteile abgesprengt werden können. Die meisten Schlagsteine aber, vor allem jene für feinere Arbeiten, sind faustförmig und gut mit einer Hand zu fassen.

Trotz der vielen Menschen – wohl Hunderte arbeiten auf dem Bauplatz – braucht es Wochen, um einen einzigen Stein vorzubereiten und aufzustellen.

Und es ist ja ein gewaltiges Ensemble, das hier entsteht: Insgesamt rund 80 Sandstein-Kolosse und etwa 80 weitere mächtige Steine werden die Menschen über die Jahre hinweg zu ihrem kreisförmigen Bauwerk zusammenfügen.

Mit einem Aufwand, einer Geduld, mit einem Willen und einer Organisationskraft, mit einer Konsequenz und einer technischen Finesse, die beispiellos sind, vollbringen die Menschen ihre steinerne Schöpfung. Zur Ehrung der Toten und der Ahnen, zur Feier der Sonne und ihrer Kraft, für eine Verbindung mit dem Kosmos. Aber vermutlich auch als ein weit ausstrahlendes politisches Symbol. Und für viele Zeitgenossen wird

BEREITS UM 4500 V. CHR. konstruieren Menschen in Europa erstmals kolossale Monumente aus Stein – anfangs in der Bretagne, später auch auf der Iberischen Halbinsel, in Skandinavien und auf den Britischen Inseln. Wie dieses Hünengrab im Westen Irlands sind die Respekt gebietenden steinernen Schöpfungen vor allem Totenstätten, gewidmet dem Ahnenkult

das fertige Werk schlicht nicht weniger sein als das Zentrum der Welt.

Am Ende der Steinzeit kommt jener Stoff, der dem ganzen Zeitalter seinen Namen gibt, so noch einmal zur vollen Geltung: In weiten Teilen Europas erschaffen die Menschen daraus Monumente von kolossalen Ausmaßen. Und gekrönt wird diese Zeit um 2500 v. Chr. in Südengland, auf einer sich wellenden Graslandschaft unweit des Flusses Avon.

E

Eines der ersten Großbauwerke aus Steinen entsteht rund 2000 Jahre zuvor jenseits des Meeres, in Nordwestfrankreich. In der nördlichen Bretagne konstruieren Menschen um 4500 v. Chr. elf Grabkammern aus wuchtigen Schiefer- und Granitplatten und überdecken sie mit einem 70 Meter langen und neun Meter hohen Haufen aus geschichteten kleineren Steinplatten.

Später entstehen im Süden der Bretagne kilometerlange parallele Reihen von Steinstelen, angelegt von örtlichen Clans, möglicherweise, um mit den Kräften des Kosmos in Verbindung zu treten. Die Menschen hier stellen auch Menhire auf, Monumente aus besonders hohen Einzelsteinen; einer davon misst 35 Meter.

Das Prinzip der Steinbauwerke verbreitet sich bald von der Bretagne aus über den Kontinent, erreicht die Gemeinschaften der Iberischen Halbinsel, das nördliche Mitteleuropa, Südskandinavien. In Norddeutschland lassen die Menschen tonnenschwere Findlinge wie ein Dach auf jeweils mehreren großen Steinen ruhen, bestatten Leichname in den sich so bildenden Hohlräumen, überwölben das Ganze meist mit Erdhügeln.

UNGEWÖHNLICH AM STEINKREIS von Stonehenge ist vor allem die Balkenkonstruktion. Sowohl außen wie im Inneren ruhen gewaltige Quader – präzise eingepasst – waagerecht auf Pfeilern

In Dänemark bauen die Einheimischen Tausende von Hünengrabkomplexen aus Megalithen.

Die meisten dieser Monumente sind dem Totenkult gewidmet, sind Gräber oder dienen Ritualen für die Verstorbenen. Es sind Orte einer Kontaktaufnahme zum Jenseits. In begehbaren Kammern oder auf Vorplätzen bringen die Menschen Speise- und Trankopfer dar.

Doch die Steinwerke dienen offenbar noch einem anderen Zweck. Denn die Sitte, mit großen Steinen zu bauen, fällt genau in eine Zeit des Umbruchs – als nämlich die Neolithische Revolution die küstennahen Regionen Nord- und Westeuropas erreicht.

Die Menschen, die in diesen Randgebieten meist noch als reine Wildbeuter gelebt haben, beginnen nun auch damit, domestizierte Tiere zu züchten und zu halten, kultivierbares Getreide und Gemüse anzubauen.

Es ist eine Verwandlung der Lebensweise, wie sie radikaler kaum sein könnte. Und es ist zudem kein klarer Bruch, den die Menschen erleben, sondern ein zäher, zehrender Prozess.

Über Jahrzehnte, Jahrhunderte, zieht sich dieser Wandel hin, pendeln die Menschen nicht selten zwischen dem Alten und dem Neuen, bestreiten ihren Alltag aus zivilisatorischen Versatzstücken, sind mal Bauer, mal Jäger, mal Viehhirt, mal Sammler. Mal wandern sie ruhelos umher, mal lassen sie sich dauerhaft nieder. Für ganze Generationen ist diese Phase der Innovation, des Zivilisationssprunges, sicher auch eine Zeit extremer Unsicherheit und Verwirrung.

Doch die Menschen, so vermuten Forscher, entwickeln ein Gegenmittel zur Linderung der Fortschrittsfolgen, eine Art Selbsttherapie: die megalithischen Monumente.

Denn diese neuartigen Bauwerke schaffen etwas, dessen Effekt kaum greifbar ist, aber trotzdem nicht unterschätzt werden darf: Mit den steinernen Kultstätten geben die Menschen der Neolithischen Revolution sich und ihren Gemeinschaften räumliche und religiöse, physische und metaphysische Ankerpunkte in der Welt.

Die Megalith-Monumente spenden Stabilität in wilden Zeiten. Und Stein ist dafür das perfekte Material: Er gilt als

Symbol für Ewigkeit und Konstanz. Auch dass die Monumente meist Verstorbenen gewidmet sind, den Ahnenkult befördern, verstärkt ihre Wirkung. So verleihen sie den Menschen das beruhigende Gefühl, Teil einer langen Reihe von Vorfahren zu sein.

Doch zugleich – und dieses Paradox zeigt die ganze Dynamik und Widersprüchlichkeit jener Umbruchszeit – sind die Megalithen nicht nur Ausdruck und Linderung von Unsicherheit, sondern auch Zeichen eines neuen Selbstbewusstseins. Denn die Steinwerke künden zum ersten Mal von dem Willen der Menschen, die Landschaft, die sie umgibt, deutlich umzuformen, sie zu dominieren.

In der alten Zeit, als sich der wildbeutende Mensch ganz als Teil der Natur begriff, unterworfen dem stetigen Zyklus aus Werden und Vergehen, bestanden Gräber zumeist nur aus Erde oder vergänglichem Holz.

Nun aber erschaffen die Bewohner Europas ganz bewusst weithin sichtbare Ruhestätten aus Stein, die sich dauerhaft, ja unauslöschlich in die Natur einschreiben, sie förmlich in Besitz nehmen. Kurz: Der Mensch der Neolithischen Revolution erhebt sich über die Schöpfung.

Um 4000 v. Chr. erreicht jener epochale Wandel auch die Britischen Inseln. Immigranten queren Ärmelkanal und Nordsee und bringen mit sich das Wissen um Ackerbau und Viehzucht. Und ebenso wie auf dem Kontinent errichten die Bewohner der Inseln bald die ersten Megalithgräber.

Und noch eine andere architektonische Neuerung findet ihren Weg von Frankreich nach England: das Anlegen gewaltiger runder Grabenkomplexe. Auch am Avon entsteht eines Tages, um 3000 v. Chr., ein solches Monument.

°

DIES IST EIN BESONDERER ORT, das ist klar. Dabei ist die Landschaft, hier auf der Hochebene gut 120 Kilometer westlich des heutigen London, voller Makel. Sie ist nicht sonderlich fruchtbar, bietet kaum Schutz. Ein paar lockere Wäldchen aus Eichen- und Haselnussbäumen

DER RINGTEMPEL befindet sich im Zentrum eines älteren Ritualgrabens. Dort legten die Menschen die Asche wichtiger Personen ab – auf dass sie für das Wohlergehen der Hinterbliebenen sorgen

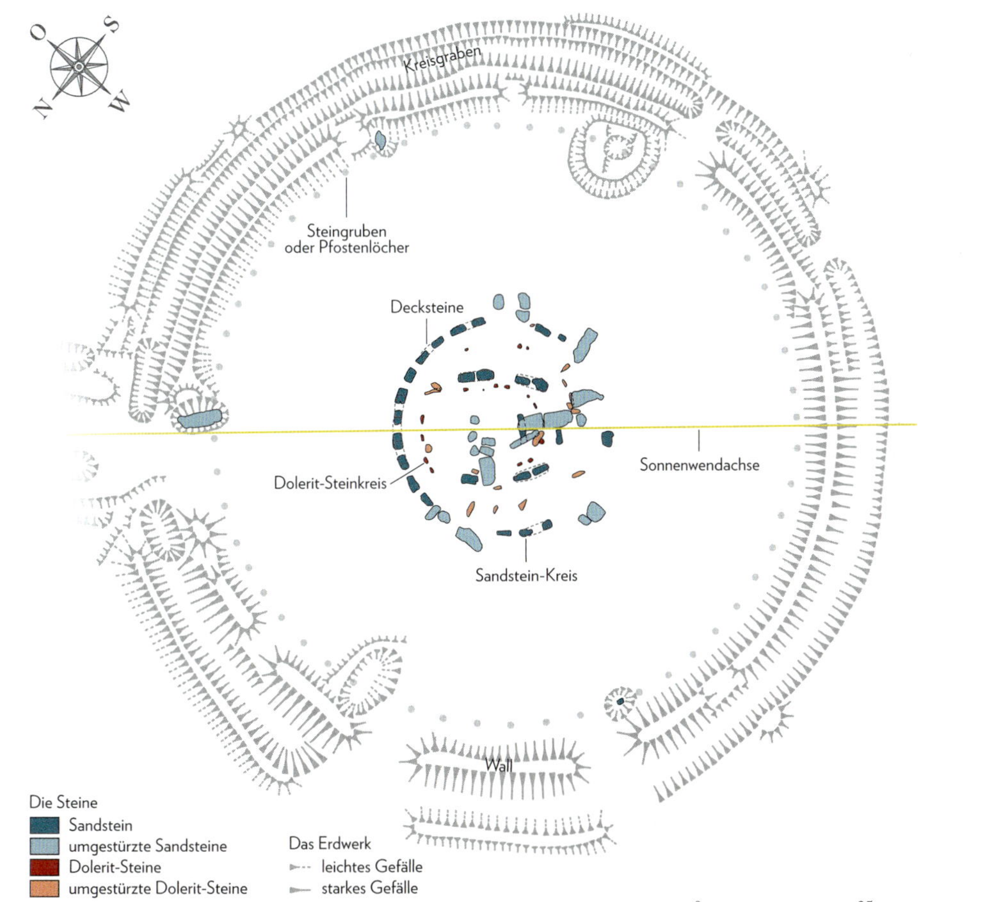

Heutiger Zustand des Monuments, hier ausgerichtet wie auf dem Foto links

sprenkeln die Fläche, einige Flecken mit niedrigen Büschen, und sonst: viel kahles, flaches Grasland auf einer dünnen Schicht Muttererde. Bauern ziehen mit ihren Herden hier entlang, lassen ihre Rinder und Schafe weiden, aber siedeln würden sie hier nicht.

Doch der Ort hat eine besondere Aura. Der Avon windet sich anderthalb Kilometer entfernt durch torfiges Gelände, am Flussufer liegen warme Quellen – Gewässer, die den Menschen jener Zeit als mystisch gelten, womöglich als Wege ins Totenreich.

Und noch etwas Bemerkenswertes ist hier zu finden: Auf der freien Fläche nordwestlich des Flusses zeichnen sich auf etwa 150 Meter Länge dunkle Verfärbungen im Gras ab, zwei Linien, die annähernd parallel verlaufen.

Ströme von Schmelzwasser haben hier vor Jahrtausenden während der letzten Eiszeit Furchen in den tieferen Kreidegrund gezogen, die sich vor allem in trockeneren Zeiten deutlich in der Vegetation darüber abzeichnen.

Die Lage der Linien muss den Steinzeitmenschen irgendwann aufgefallen sein: Wer seinen Blick der Farbspur in westlicher Richtung folgen lässt, trifft genau auf jenen Punkt am Horizont, an dem am kürzesten Tag des Jahres die Sonne untergeht; gen Osten weisen die Linien auf die Stelle, an der am längsten Tag des Jahres die Sonne aufgeht.

Die natürliche Markierung im Gras liegt also exakt auf der Achse der Sonnenwende, jener Himmelskonstellation, die das Jahr winters und sommers genau in zwei Hälften teilt, in die Zeit, in der die Tage länger werden, und jene, deren Tage wieder schrumpfen.

Die Phänomene des Himmels, überaus wichtig für den steinzeitlichen Menschen, um seinen Jahresrhythmus zu bestimmen, scheinen hier mit den Formen der irdischen Natur verbunden zu sein: ein Ort von wahrhaft kosmologischer Bedeutung, eine Achse der Welten – das jedenfalls werden die prähistorischen Menschen möglicherweise denken.

SELBST IM ENTLEGENEN NORDWESTEN der Britischen Inseln erschaffen Menschen megalithische Formationen: Dutzende unbehauene Stelen ragen auf der Hebrideninsel Lewis jeweils drei Meter hoch in den Himmel. Die um 3000 v. Chr. in Kreisen und Kreuzen angeordneten Steine haben die Erbauer vermutlich nach dem Zyklus des Mondes ausgerichtet

EIN GANG FÜHRT in die Totenkammer dieses Megalithgrabes in Irland – an jenen Platz, an dem die Gebeine zahlreicher Personen samt Grabbeigaben bestattet werden, von Steinriesen umschlossen

Und so übt die Gegend um die Bodenlinien schon seit unzähligen Generationen eine besondere Anziehungskraft auf die Bewohner der Region aus. Immer wieder kommen sie hierher, begraben Angehörige, errichten kultische Pfostenmale aus Holz und – ein wenig nördlich der Bodenlinien – eine mysteriöse Ritualstätte, die aus einer eigens angelegten, fast drei Kilometer langen ovalen Wallgrabenanlage und einem Grabhügel besteht.

Um 3000 v. Chr. führen zahlreiche Wege in die heilige Gegend am Avon, ist sie ein wichtiger Treffpunkt geworden, nicht nur aus kultischen Gründen. Denn die zunehmende Landwirtschaft macht die Zusammenarbeit von immer mehr Menschen bei Aussaat und Ernte nötig, das erfordert Planung.

Und sie birgt Konfliktpotenzial: Das Land, abgegrenzt für den Ackerbau, ist nicht mehr Jagdgrund für alle, Bauern konkurrieren mit ihren Herden um die besten Weideflächen. Die Menschen müssen sich absprechen, Streit schlichten, gemeinsame Lösungen finden.

Auf der Ebene am Avon können sie genau das tun, denn die Gegend ist beides: ein idealer Ort, um Tote zu bestatten und um Versammlungen abzuhalten.

In dieser Zeit, um 3000 v. Chr., treffen sich hier auch deshalb Hunderte von Menschen, wohl über mehrere Monate, um einen kreisrunden Graben anzulegen.

Mit Hacken aus Hirschgeweih bearbeiten sie den Boden, nutzen Holzschaufeln und Schlagsteine, um den Kreidegrund zu lösen, auszuheben und auf der Innenseite des entstehenden Grabenrunds zu einem leuchtend weißen Wall aufzuhäufen; an der Außenseite legen sie eine Gegenböschung an.

Der fertige Erdkreis mit einem Durchmesser von 110 Metern ist das erste Monument an jenem Ort, an dem dereinst Stonehenge erwachsen wird. Die neue Anlage berührt das westliche Ende der mystischen Bodenspuren – und genau an dieser Stelle können die Menschen über einen von mindestens zwei im Graben aufgeschütteten Zugängen in das Innere des Runds treten. Die gedachte Sonnenwendachse verläuft exakt durch die Mitte des Kreises.

Auch in anderen Gegenden Britanniens und Europas entstehen in jenen Jahrhunderten solche Grabenwerke, und stets sind sie sowohl Ritualplatz als auch Versammlungsort. Schon ihr Bau ist ein Gemeinschaftswerk. Unterschiedliche Familien, Clans, Stämme aus der Umgebung kommen zusammen und sind jeweils verantwortlich dafür, einen Abschnitt des Runds auszuheben.

Genutzt wird das neue Monument am Avon fortan vor allem als Friedhof. In tiefen Löchern im Inneren des Runds legen Hinterbliebene sorgsam die Asche wichtiger Personen ab – vor allem von Männern –, die im Ahnenreich dafür sorgen sollen, das Wohlergehen der Nachfahren zu sichern. Jahrhunderte geht das so, ist das Rund ein rituelles Zentrum der Region. Bis sich die Menschen daran machen, dem Kreismonument eine vollkommen neue Dimension zu verleihen.

Irgendwann um das Jahr 2500 v. Chr. entscheiden sich die Menschen im Süden Englands dazu, etwas zu erschaffen, das noch nie da gewesen ist – einen säulenumstandenen Tempel. Zwar gibt es inzwischen schon einige megalithische Großmonumente in Britannien, etwa den Steinkreis von Brodgar auf den Orkney-Inseln oder den irischen Grabkomplex von Newgrange. Doch in seiner Anmutung und seiner Komplexität, in seinem Anspruch und seiner Strahlkraft wird Stonehenge alle anderen Megalithbauten übertreffen – und das wissen die Menschen wohl von Beginn an.

Ahnen müssen sie auch, dass dieses Bauprojekt von solchen Ausmaßen ist, dass es die Beteiligten in jeder Hinsicht überragen, nicht eine, sondern mehrere Generationen beschäftigen wird. Auch die runden Grabenwerke von Stonehenge waren aufwendig, erforderten großen Einsatz von vielen Menschen, monatelang. Doch jetzt geht es um Jahrzehnte.

In einer Zeit, in der es in Europa noch keinen Staat gibt, kaum größere Gemeinschaften, in der noch keine Städte existieren und in ganz Britannien nur gut 200 000 Einwohner leben, in der die Menschen hier weder Rad noch Wagen kennen, um Notwendiges zu transportieren, keine Schrift nutzen, um Informationen zu übermitteln oder Wichtiges festzuhalten, ist die Organisation einer derartigen Großbaustelle eine mehr als titanische Aufgabe.

Gebraucht werden: viele Hundert Arbeitskräfte, die dauerhaft ihre Höfe und Weiler und ihren normalen Lebensunterhalt verlassen, sowie feste Unterkünfte für diese Arbeiter und ausreichend Nahrung für sie und ihre Familien. Dazu Werkzeuge in gewaltiger Zahl, Holz für die Baugerüste und Rampen, vorsichtig geschätzt von Tausenden gefällter Bäume. Darüber hinaus wohl kilometerweise aufwendig gefertigtes Seil.

Vor allem aber: tonnenweise Steine, die mühsam herangeschafft werden müssen. Und streng genommen beginnt die Geschichte des Steintransports sogar viele Jahrhunderte zuvor, in einem Steinbruch in Wales, 290 Kilometer von der Hochebene am Avon entfernt.

Um 3300 v. Chr. schon trieben Arbeiter an der Nordseite der walisischen Preseli Hills Holzkeile in die Spalten des dortigen vulkanischen Dolerit-Gesteins und brachen rund 80 ein bis zwei Tonnen schwere Brocken aus dem furchigen Fels. Sie verbauten sie vermutlich zunächst in einem Monument in der Nähe.

Von dort wurden die Blöcke schließlich auf eine lange Reise geschickt, damit sie das erste, runde Grabenwerk von Stonehenge schmücken.

Durch die Täler von Wales und Westengland, auf ausgetretenen Pfaden, entlang von größeren und kleineren Flüssen zogen vielleicht jeweils etwa 40 Männer die Steine an Seilen Richtung Osten durch das Land. Sie hatten sie auf hölzerne Schlitten gebunden, die wiederum über geglättete Baumstämme Meter um Meter voranrollten. So schafften sie mehrere Hundert Meter am Tag.

Die Transporte mussten Aufsehen erregen, Schaulustige und Interessierte anziehen. Gut möglich, dass sich bald ortsansässige Gruppen bei der Arbeit ablösten, die schwere Fracht wie bei einer Staffel nacheinander durch ihr jeweiliges Heimatgebiet zogen und dann an die nächsten übergaben.

Dieser Steintransport, der weiteste im prähistorischen Europa, wurde zu einem echten Gemeinschaftsprojekt.

Und vielleicht reifte auf dem Weg ein weitreichender Einheitsgedanke – eine Idee, welche die Menschen in dieser Zeit auch sonst zu ergreifen schien.

Denn obwohl die Einwohner der Britischen Inseln als Clans verteilt über Tausende von Quadratkilometern lebten, näherten sie sich einander – durch Handel, Reisen, Umzüge – kulturell zunehmend an. Sie wohnten bald in ähnlich konstruierten Häusern, errichteten ähnliche Gräber und Monumente, verzierten ihre Keramik auf die gleiche Weise mit feinen geometrischen Mustern und kleinen kreisrunden Vertiefungen. Mit anderen Worten: Die britischen Steinzeitmenschen entwickelten so etwas wie eine erste gemeinsame Identität.

Doch war da trotz allem noch immer eine Kluft, die wohl tief in der Vergangenheit verborgen lag: Denn einst waren die neuen Ideen der Landwirtschaft und die Immigranten, die die Innovation mit sich brachten, aus unterschiedlichen Regionen des Kontinents auf die Inseln gewandert.

Die Menschen in Wales etwa wurden vom Erbe aus der Bretagne geprägt, der Süden Englands dagegen von der Kultur aus dem Nordosten Frankreichs beeinflusst. Und so ähnlich sich die Menschen auf den Britischen Inseln inzwischen geworden waren – sie beriefen sich immer noch auf unterschiedliche Vorfahren, eine andere Herkunft.

Der Bau von Stonehenge aber führte die Gemeinschaften und den Ahnenkult weiter Regionen zusammen, vermählte die Kulturen, fast wie ein politisches Einheitssymbol. Und so fanden die Dolerit-Steine aus Wales schon im ersten Grabenwerk von Stonehenge einen Platz. 56 von ihnen, im Abstand von je etwa fünf Metern aufgestellt, formten einen Kreis innerhalb des Rundgrabens (die übrigen Steine wurden möglicherweise zu einem kleinen Kreismonument in der Nähe zusammengefügt).

Doch erst in dem nun geplanten Großmonument werden die Dolerit-Brocken aus Wales ihre wahre Bestimmung

60 STELEN bildeten einst diesen Kreis auf den Orkney-Inseln. Tausende Menschen trafen sich an solchen Stätten – um höhere Mächte anzurufen, Streit zu schlichten oder Allianzen zu schmieden

finden – in der Kombination mit Steinen aus der Umgebung von Stonehenge, wo Findlinge so reichlich an der Erdoberfläche liegen, dass sie von Weitem wie Herden von grasenden Tieren aussehen.

Ganz nah am Bauplatz befinden sich diese Sandsteine jedoch nicht – rund 30 Kilometer müssen sie durch teils unebenes Terrain bugsiert werden. Und sie sind mit vier bis 40 Tonnen deutlich schwerer als die Dolerit-Brocken aus Wales.

Auch jetzt nutzen die Arbeiter vermutlich Baumstämme, um die Steingiganten vorwärtszuziehen; aber diesmal laufen die Steine nicht auf Rollen, sondern gleiten wohl über längs platzierte Spuren aus rechteckig geschnitzten Holzbalken, Gleitschienen, mit Öl geschmiert, um den Widerstand zu mindern.

Auf diese Weise kann ein eingespieltes Team von etwa 200 Männern selbst schwerste Findlinge in sehr langsamem Schritt bewegen. Womöglich schaffen manche Gruppen ihre Fracht auch in einer Technik voran, die „Trockenrudern" genannt werden kann: Auf beiden Seiten eines Steins setzen Männer in einer Reihe lange Holzstangen an, hebeln den Koloss ein wenig in die Höhe, schieben gleichzeitig die Hölzer wie die Riemen in einem Boot in eine Richtung, sodass sich der Stein etwa 15 Zentimeter in die andere Richtung bewegt, und setzen ihn wieder ab. Und so weiter.

In jedem Fall ist der Steintransport eine mühsame Arbeit, die einen beträchtlichen Teil der Vorbereitungen für den Bau einnimmt.

Unterdessen gewinnt der Entwurf an Form: Das Steinmonument wird kreisförmig sein wie der alte Rundgraben, angelegt genau in dessen Zentrum.

Der Aufbau der Quader – vor allem der Einsatz der vielen Balkenelemente – ist ungewöhnlich und ambitioniert, die Maßeinheiten und Berechnungen aber, mit denen die steinzeitlichen Ingenieure den Grundriss festlegen, wirken klar und einfach, zu bewerkstelligen ohne höhere Mathematik.

Die Grundeinheit ähnelt vermutlich dem späteren Fuß (der gut 30 Zentimetern entspricht), die meisten Abmessungen umfassen – gut zählbar mit den Fingern der Hände – je ein Vielfaches von fünf und zehn.

Der Umfang des äußeren Steinkreises etwa wird sich so am Ende auf 300 Fuß belaufen. Jede Strecke, wie auch den Radius des Kreises, ermitteln die Planer vor Ort mithilfe von Seilen, bei denen Knoten in bestimmten Abständen die Längeneinheiten anzeigen.

Wahrscheinlich gehört das Markieren des Grundrisses auf dem Boden, womöglich durch Pflöcke oder Furchen,

noch zu den schnellsten Vorarbeiten, mit Korrekturen erledigt an nur wenigen Tagen.

Die gesamten Planungen und Vorbereitungen jedenfalls dauern etwa zwei Jahrzehnte. Dann endlich können die Bauarbeiten beginnen.

°

ÜBER TAUSEND DÄCHERN dämmert der Tag. Die Rauchsäulen der wieder entfachten Feuer steigen empor, Hunde jaulen in die aufgehende Sonne. Dies ist eine der größten Siedlungen in ganz Britannien, doch handelt es sich nicht um die über Jahrhunderte gewachsene Heimat eines Clans oder Stammes – sondern um einen Gebrauchsort, der in kurzer Zeit errichtet wurde: das Arbeitercamp von Stonehenge.

Der Aufbau der Häuser folgt einem immer gleichen Schema: Die Wände aus Flechtwerk sind mit Lehm bestrichen und umgeben einen gut fünf mal fünf Meter messenden Wohnraum, ein heller, glatter Kreideputz bedeckt den Boden, darüber ein Dach aus Schilfrohr, das die Erbauer am Ufer des nahen Avon geschnitten haben.

An den Wänden stehen die kastenförmigen Betten aus Holz, daneben ein hölzernes Regal für Geschirr und alltägliche Werkzeuge wie Feuersteinmesser oder Knochennadeln; auf einer rechteckigen Fläche in der Mitte des Raumes spendet ein Feuer Wärme, liefert Hitze zum Kochen. Beim Komfort stehen die konfektionierten Unterkünfte den Häusern im übrigen Land in nichts nach.

In der Regel geht es den Familien, die hier wohnen, sogar besser als anderswo. Denn es ist für große Mengen an Nahrung gesorgt, wie Forscher aus überdurchschnittlich vielen Lebensmittelresten bei Ausgrabungen geschlossen haben.

Vorräte von Getreide, Nüssen und Beeren lagern in der Siedlung. Und gewaltige Herden von Schweinen und Rindern stehen hinter Zäunen oder auf offener Wiese nahe der Siedlung.

Das Vieh ist mit den Menschen hierhergekommen, auf der Anreise über Land getrieben. Wie jedes Jahr sind die meisten Arbeiter mit ihren Familien im Herbst eingetroffen, wenn ihre eigenen Höfe zu Hause wegen der kalten Jahreszeit weniger Betreuung brauchen (das Klima ist in jenen Jahrhunderten milde genug, um auch im Winter am Bau zu arbeiten).

Manche Ankömmlinge stammen aus der näheren Umgebung, viele aber sind 50 Kilometer oder mehr unterwegs gewesen, nicht wenige kommen von weit her, aus Wales oder aus den schottischen Highlands, 650 Kilometer entfernt im Norden.

Bis zu 4000 Menschen sind in der Siedlung untergebracht. Über Boten müssen sich die Beteiligten schon lange im Voraus verständigt haben, aus welcher Region wie viele Teilnehmer zu erwarten sind, wer wie viele Tiere bereitstellt. Stammesführer oder Familienoberhäupter werden mitunter in ihren Clans bestimmen, wer zur Arbeit nach Stonehenge abgeordnet wird.

Und auch wenn es wohl ebenso viel Ehre wie Pflicht ist, an dem neuen Monument mitzuwirken, müssen jetzt an der Baustelle Vorarbeiter dafür sorgen, dass die gewaltige Menschenmasse sinnvoll für die unterschiedlichen Tätigkeiten eingesetzt wird; dass passende Trupps zusammengestellt werden, stets das richtige Werkzeug vorhanden ist und die Konstruktionspläne befolgt werden.

Es sind wahrscheinlich diese Leiter und Vorarbeiter des Projektes, die in den besonderen Häusern in der Mitte der Arbeitersiedlung leben. Gebäuden, die zwar nicht größer sind als die übrigen, aber von einem eigenen Zaun umgeben.

Diese Leiter müssen ihr Essen nicht selber zubereiten. Aber sie achten darauf, dass Speisen für alle immer äußerst üppig vorhanden sind, genug Energie liefern für die schwere Arbeit. Oft gibt es wahre Festmähler, über offenem Feuer gegrilltes Schwein, Rindereintöpfe – so viel Fleisch, dass nicht selten nur halb abgenagte Knochen schon im Abfall landen. Damit die Tiere möglichst fett sind, werden sie wohl mit Honig gemästet.

Auch für das metaphysische Wohl wird gesorgt. Zwei Kultstätten befinden sich in der Siedlung, kleinere Kreismonumente aus Holzstämmen, deren Pfostenlöcher Archäologen später entdecken werden und an denen die Bewohner vermutlich Rituale abhalten, die ein gutes Gelingen des Tagwerks und ihrer großen Aufgabe am Avon beschwören.

Rund drei Kilometer liegt die Siedlung vom entstehenden Monument entfernt, eine bewusst gewählte Distanz, die den heiligen Ort abschirmt, das Reich der Toten und Ahnen vom Alltag der Lebenden scheiden soll.

Selbst jetzt ist diese symbolische Trennung wichtig, wo sich Tag für Tag die Menschen auf dem Bauplatz massieren, Lärm und Rufe über die Ebene hallen. Und Riesenstein um Riesenstein aufgerichtet wird.

G

Gut ein Jahrzehnt werden die Bauarbeiten in Stonehenge dauern, ein rundes Dutzend Herbste und Winter voller Anstrengung, Euphorie und Frustration.

Es wird – so muss man annehmen – Tote und Verletzte geben, von stürzenden Quadern zermalmte Leiber und Gliedmaßen, es werden Missgeschicke passieren, es wird technische Sackgassen geben und plötzliche Durchbrüche, es werden sich Dramen abspielen, einzelne Arbeiter im persönlichen Streit das große Ziel aus den Augen verlieren, Clans über die gerechte Verteilung der Arbeitslasten in Zwist geraten.

Aber irgendwann werden Britanniens Steinzeitmenschen ihr Werk vollendet haben. Ein steinerner Tempel erhebt sich schließlich in der Ebene am Avon, wuchtig und filigran zugleich. Seine Außenwand spannt sich aus einem Ring von 30 breiten Sandsteinpfeilern, die Durchgänge von je etwa einem Meter zwischen sich offen lassen.

Auf fünf Meter Höhe bekrönt den Pfeilerkreis ein umlaufendes Band von Balken, dessen Elemente meisterhaft aneinandergefügt sind: Passgenau, mit kaum sichtbarem Abstand, greifen die Quader an den Nahtstellen mit Nut- und Feder-Verbindungen ineinander, sind überdies jeweils so bearbeitet, dass sie in ihrer Längsform der Rundung des Ringes folgen.

Im Inneren des Monuments ragen, noch einmal deutlich höher und mächtiger, fünf Trilithen aus Sandstein empor: torähnliche Bauten aus je zwei Stützen und einem Balken, die hufeisenförmig angeordnet sind. Zwischen äußerem Ring und den Trilithen befinden sich, ebenfalls kreisförmig aufgestellt, die Dolerit-Steine aus Wales.

Das Hufeisen der Trilithen öffnet sich genau nach Nordosten, in jene Richtung, in der die geheimnisvollen Bodenverfärbungen vom Monument wegführen, auf der Achse der Sonnenwende. Später werden Arbeiter in der Flucht der Bodenzeichen noch einen Prozessionsweg anlegen: Zwei parallele Wälle flankieren dann im Abstand von gut zehn Metern die Markierung, knicken schließlich nach Süden ab und erstrecken sich bis zum Fluss.

Ein erhebender Anblick bietet sich zur Wintersonnenwende: Dann fallen die Strahlen des Zentralgestirns kurz vor Sonnenuntergang direkt durch die Öffnung des größten Trilithen mit seinen fast neun Meter über die Erde ragenden, 40 Tonnen schweren Stützquadern – genau auf den Prozessionsweg.

NIEMAND WEISS, wann das Monument von Stonehenge eingeweiht wird, mit welcher Zeremonie die Menschen erstmals seine außergewöhnliche Aura beschwören. (Seinen Namen erhält es erst im Mittelalter, wahrscheinlich aus einer beschreibenden Wendung der Angelsachsen für „hängende Steine“.) Sicher ist, dass Bewohner der Insel in den folgenden Jahren und Jahrzehnten regelmäßig hier zu Ritualen zusammenkommen, vor allem in den Tagen um die Sonnenwenden.

Hunderte oder Tausende sind dann vermutlich anwesend, eine vielköpfige Masse wie damals bei den Bauarbeiten, Männer, Frauen, Kinder. Im Inneren des Steinkreises befinden sich jene wenigen Eingeweihten – Priester vielleicht und Angehörige wichtiger Familien –, die die heiligen Handlungen vollführen, Opfer darbringen vielleicht, Formeln sprechen, sterblichen Überresten von Ahnen huldigen. Die übrigen Anwesenden stehen außerhalb des Säulenrunds, wie um eine Arena, können durch die Öffnungen mitunter noch ein wenig von der Zeremonie erhaschen, Wortfetzen hören.

Aber selbst jene Menschen, die Stonehenge bei den Ritualen umringen, ohne je Einzelheiten zu vernehmen, sind zutiefst ergriffen von der bloßen Anwesenheit an diesem einzigartigen Ort, an dem das Werk der Menschen mit dem Erbe der Ahnen und den Kräften des Kosmos zu verschmelzen scheint. An einem wahrhaften Zentrum der Welt.

Gut möglich, dass die Besucher des Rituals anfangs auch in jenen Häusern Quartier beziehen, in denen zuvor die Arbeiter von Stonehenge gewohnt haben. Doch die nahe Siedlung bleibt nicht lange bestehen. Nach einem halben Jahrhundert, vielleicht sogar noch früher, werden die Häuser aufgegeben, wird das Areal selbst in einen Kultort umgewandelt; ein kreisrundes Grabenwerk umgibt nun den ehemaligen Siedlungsplatz – ein weiterer sakraler Ort in der mystischen Landschaft von Stonehenge.

Und noch etwas verändert sich: Um 2500 v. Chr. kommt nach Jahrhunderten weitgehender Isolation abermals eine neue Kultur vom Kontinent. Es sind nur einzelne Reisende und kleinere Gruppen, die den Kanal überqueren, aber sie bringen explosive Neuerungen – sie wissen, wie man Gegenstände aus Metall fertigt. Und sie nutzen das Rad.

Binnen weniger Generationen übernehmen viele Einheimische von diesen Einwanderern nicht nur die neuen Techniken, sondern auch einen Teil ihrer Lebensweise, ihrer Glaubenswelt. Die Kulturen verschmelzen ein weiteres Mal zu etwas Neuem. Und so endet die Zeit der großen Rituale, die Ära der gewaltigen Monumente.

Noch drei mächtige Kulthügel entstehen um 2400 v. Chr. in England, weit nördlich von Stonehenge. Dann errichtet niemand mehr solch große Bauwerke. Die Phase der megalithischen Schöpfungen, die bereits 500 Jahre zuvor auf dem Kontinent abgeebbt ist, erstirbt bald auch auf den Inseln.

Nicht mehr die Ahnen großer Gemeinschaften würdigen die Menschen nun in ihren Kulten, sondern einzelne Tote einer Familie oder einer bestimmten Abstammungslinie.

Die Verstorbenen erhalten Einzelgräber, kleine Erdhügel, die reich bestückte Ruhestätten bergen. Verzierte Keramikgefäße, Perlen, Kupfermesser und Goldschmuck begleiten die Menschen ins Jenseits.

Die Toten werden als Große, als Mächtige ihrer Gemeinschaften verehrt. Denn gerade die Kunst, Metall zu verarbeiten, lässt nun die Hierarchien zwischen Menschen immer weiter wachsen. Wer Metallgegenstände herstellen kann, wer auf diese Weise Waffen und Reichtümer anzuhäufen vermag, sich mit den Preziosen aus dem neuen glänzenden Material auch symbolisch absetzen kann, der steht höher, besitzt mehr Macht.

Die Ära des Metalls hat – noch tief in der Steinzeit – mit dem Kupfer begonnen, zunächst in Südosteuropa, dann allmählich auch im Westen des Kontinents. Die Möglichkeiten des neuartigen Stoffes waren ja auch revolutionär: Viel gezielter als bei Stein, bei dem immer mühsam groben Blöcken kleinere Formen abgerungen werden müssen, konnte man dem metallenen Material – durch Guss vor allem – eine Gestalt geben, konnte feinere Konturen erschaffen, höchsten Glanz erzeugen.

Die Menschen lernten Kupfererz abzubauen, daraus durch Verhüttung das Metall zu gewinnen, es weiterzuverarbeiten. Sie stellten Schmuck her, aber auch kleine Gerätschaften, die ihnen als Statussymbole dienten.

Und dennoch: Erst mit einem kleinen Zusatzstoff entfaltet die Metallkunst ihre ganze Wucht. Durch die Verbindung von Kupfer mit Zinn entsteht Bronze, eine Substanz, die dem Ausgangsmaterial deutlich überlegen ist.

Mit Bronze explodiert die Erzeugung von Metallgegenständen förmlich. Und so wird es zu jenem Stoff, der das Ende einer Großepoche besiegelt. Um 2200 v. Chr. vergeht die Steinzeit auf dem Kontinent, etwa 100 Jahre später auch in Britannien (siehe Seite 164).

In den folgenden Jahrhunderten der beginnenden Bronzezeit errichten die Menschen in der Ebene am Avon Hunderte der kleinen Hügelgräber neuer Art, geben den Verstorbenen metallene Gegenstände mit auf ihre letzte Reise. Die uralte Rituallandschaft, dieser heilige Flecken Erde, wird zu einem großen, weitläufigen Friedhof der Einzelgräber.

Und auch wenn nun womöglich keine Menschenmassen mehr zu kultischen Handlungen nach Stonehenge strömen, so gruppieren sich die Gräber von allen Seiten um den Bau, halten gewissermaßen Kontakt zu ihm, suchen seine althergebrachte Autorität.

Als würden sie in Ewigkeit kreisen um eine steinerne Sonne. ◊

IN KÜRZE

Der Tempel von Stonehenge, angelegt um 2500 v. Chr. in einem Kultbezirk unweit des Flusses Avon, ist mit seiner umlaufenden Balkenkonstruktion aus Decksteinen architektonisch beispiellos. Er dient kultischen Zwecken, hat aber auch eine gleichsam politische Wirkung: Der Bau verbindet Völkerschaften. Über Jahre kommen Arbeiter von weit her für seine Errichtung zusammen. Doch als das Werk endlich vollendet ist, hat die Ära der Megalithbauten ihren Zenit bereits überschritten.

LITERATURTIPPS

MIKE PARKER PEARSON
»Stonehenge«
Zugängliches, reich bebildertes Werk auf neuestem Stand (Council for British Archeology).

GÜNTHER GRÜNIG
»Die Reise zu den Megalithen«
Panorama der Steinkolosse in Europa (Tectum).

Ein STOFF, der alles verändert

Im 3. Jahrtausend v. Chr. verbreitet sich in Asien und Europa ein Material, aus dem sich in großen Mengen robuste Werkzeuge und Waffen fertigen lassen: Bronze. Die Gier nach der Legierung erschüttert die Gesellschaften tiefgreifend – und führt in ein neues Zeitalter

TEXT: *Insa Bethke*

Irgendwann um das Jahr 2800 v. Chr. kommt es in einem Schmelzofen irgendwo in Mesopotamien zu einem folgenreichen Wunder. Sein Urheber, ein Schmied vielleicht, lässt in einem Tiegel zwei Metalle zusammenfließen: Kupfer und Zinn. Doch nur Kupfererze finden sich in dieser Weltregion – das silbrig-graue Zinn gibt es hier nicht. Wie ist der Mann an diese Zutat gelangt? Und was treibt ihn dazu, beide Stoffe in einem Topf zu erhitzen?

Auf jeden Fall verschmelzen sie bei 1083 Grad Celsius zu einer Masse, die ungewöhnlich gut fließt. Als die Legierung ausgekühlt ist, offenbart sie zudem eine faszinierende Farbe; der jetzt erhärtete Klumpen glänzt seidig gelb, fast wie Gold.

Ihr Schöpfer hält ein Material in der Hand, das die Welt verändern wird: Bronze. Die Schönheit dieses Werkstoffes und seine enorme Härte, die gute Formbarkeit und Eignung für die Massenfertigung werden Begehrlichkeiten wecken, die das menschliche Miteinander tiefgreifend wandeln.

Lebten die Menschen über Äonen als Gleiche unter Gleichen, als Jäger, Sammler, Bauern in Clans, die der tägliche Kampf ums Überleben zusammenschweißte, so führt die Produktion von Bronze nun bald vielerorts zu Macht und Reichtum, zum Aufbau von Armeen – und auch zu Kriegen.

Sie lässt Umschlagplätze von ungekannter Größe entstehen, Hochkulturen erblühen, Städte zu Metropolen heranwachsen. Sie spaltet die Gesellschaft in Eingeweihte und Unwissende, Herrscher und Beherrschte, Arme und Reiche.

Doch diese Zeitenwende wäre nicht möglich gewesen ohne jenen grundstürzenden Wandel, der ihr voranging: die Neolithische Revolution.

In den Jahrzehntausenden zuvor, vor ihrer Sesshaftwerdung und der Erfindung von Pflanzen- und Viehzucht, waren die Menschen permanent mit der Nahrungssuche beschäftigt gewesen. Mithilfe der Landwirtschaft aber konnten sie mehr Personen ernähren, als für die Bestellung der Felder und die Ernte gebraucht wurden. Die Bevölkerungszahl wuchs stark. Dadurch waren die Gemeinschaften in der Lage, Männer und Frauen zeitweilig für andere Tätigkeiten abzustellen, etwa zum Anfertigen von gebrannter Töpferware, zum Bau von Häusern, zum systematischen Abbau von Feuerstein.

Da die bäuerlichen Familien fortan oft über Generationen am gleichen Ort lebten, konnten stabile Beziehungen zwischen Clans, Dörfern und Regionen entstehen. Es bildeten sich Handelsnetze, in denen Werkzeuge, Waffen, Rohmaterialien kursierten – darunter auch Kupfer.

°

DER SIEGESZUG DIESES METALLS begann also lange vor der Entdeckung der Bronze. Und wie die Neolithische Revolution nahm er im Osten seinen Anfang.

Im 6. Jahrtausend v. Chr. experimentierten Siedler auf dem Balkan (einer an Erzen besonders reichen Region) erstmals mit Kupfer. Sie begriffen, dass sich das Material aus glitzerndem Gestein herausschmelzen, in Formen gießen und immer wieder verwenden ließ. Aus den Versuchen an der Herdstelle wurde bald eine Werkkunde für Spezialisten: die Metallurgie.

Die Steinzeitmenschen hatten schon bei der Entwicklung gebrannter Keramik gelernt, unterschiedliche Materialien, Mischungsverhältnisse und Brenntemperaturen auszuprobieren, um so zu einem immer besseren Ergebnis zu kommen. Nun nutzten sie ihre Experimentierlust für Versuche mit Kupfer, aber auch mit Gold und Silber.

Kupfer kommt in der Natur häufig vor, doch es hat entscheidende Nachteile: Da es erhitzt sehr schlecht fließt, lässt es sich kaum gießen; auch bilden sich bei diesem Prozess Luftblasen. Überdies verbiegen kupferne Werkzeuge und Waffen leicht und nutzen sich rasch ab – zur Massenfertigung taugen sie daher nicht. Als Prestigeobjekte aber verbreiteten sie sich nach und nach von Südosteuropa aus über weite Teile des Kontinents. Um 3700 v. Chr. verhütteten Menschen selbst in abgelegenen Gegenden Erz, etwa am Bodensee.

Die Kupfergewinnung beförderte das Entstehen sozialer Unterschiede: Experten für das Auffinden von Erzvorkommen sowie Schmiede bildeten eine Elite, die begehrtes Wissen streng hütete. Dennoch waren die Menschen noch weitgehend in Clans organisiert.

DAS ÄNDERT SICH, als um 2800 v. Chr. erstmals Kupfer und Zinn zu jener Legierung verschmelzen, die härter und begehrter ist als alle anderen bekannten Metalle. Das Zinn für den Wunderstoff gelangt vermutlich aus Zentralasien (vielleicht aus Usbekistan oder Tadschikistan) nach Mesopotamien.

Sechs Jahrhunderte später wird auch in Europa Bronze in großen Mengen hergestellt, wahrscheinlich zunächst in Cornwall, wo es Kupfererze gibt, die auch geringe Mengen Zinn enthalten. Gut möglich, dass Metallurgen die Legierung hier ein zweites Mal und völlig unabhängig von den Pionieren im Zweistromland erfinden.

Die Nachfrage nach feinstem Schmuck aus Bronze, nach Dolchen und Lanzenspitzen aus dem edlen und zugleich harten Material bringt nun Metallindustrien hervor. Bronzebarren von einheitlichem Gewicht kursieren bald in Europa, als eine frühe metallene Währung. Und es entstehen spezialisierte Berufsgruppen – etwa Bronzegießer, Schmiede und Köhler. Arbeitersiedlungen wachsen in der Nähe vieler Erzabbaugebiete empor, in denen jeweils Hunderte, vielleicht sogar Tausende Bergleute schuften.

Wer die Schmelzöfen und Bergwerke kontrolliert oder wichtige Umschlagplätze beherrscht, der kann es nun zu großem Reichtum bringen – und den wiederum einsetzen, um seinen Besitz dauerhaft zu sichern.

So gewinnen einzelne Männer nach und nach Macht über ganze Regionen. Im heutigen Thüringen, einer besonders fruchtbaren Gegend, in der sich wichtige Handelswege kreuzen, entsteht um 2000 v. Chr. der vielleicht erste Staat Mitteleuropas – beherrscht von Fürsten, die das Geschäft mit der Bronze kontrollieren und über eine Vielzahl von Kriegern verfügen. Sie sorgen über Jahrhunderte in der Region für Frieden, befehligen Schmiede und Arbeiter, die für sie gewaltige Grabmonumente errichten.

Zur gleichen Zeit wächst in Spanien ein von einer aristokratischen Oberschicht dominiertes Gemeinwesen heran, mit wehrhaften Großsiedlungen, Festungen und einem durchorganisierten Abgabensystem. Auch anderswo entstehen große Orte und Verteidigungsanlagen, die Wohnhäuser, Vorratskammern, Werkstätten umschließen.

UM 2200 V. CHR. fertigen Menschen in Europa erstmals Bronze: Sie verschmelzen Kupfer, bereits seit Langem als Werkstoff bekannt, mit Zinn – und erhalten eine Legierung, die sich besser in Formen gießen lässt und vor allem besonders hart ist

Nun, da es gilt, Besitz und Herrschaft zu verteidigen, kommen auch neue Waffen auf: Schwerter aus Bronze und metallene Schilde, mit denen Europas frühe Fürsten ihre Elitekämpfer ausrüsten. Ganze Armeen schicken sie bald gegen andere Machthaber (davon zeugt etwa ein bronzezeitliches Schlachtfeld im heutigen Mecklenburg, auf dem, so schätzen Archäologen, um 1200 v. Chr. bis zu 6000 Männer gegeneinander gekämpft haben).

Aus sporadischen Attacken unter Bauern ist nun institutionalisierte Gewalt geworden – Krieg.

Auch in Mesopotamien, Anatolien und Ägypten, wo bereits vor der Erfindung der Bronze Hochkulturen entstanden sind, wirkt der neue Werkstoff als Katalysator des Wandels. Denn mit Beilen aus Bronze lassen sich mächtigere Bäume fällen und damit unter anderem Schiffe mit mehr Ladevolumen und größerer Reichweite bauen. So blüht mit dem Aufkommen des neuen Metalls der Seehandel über das Mittelmeer auf, gelangen immer mehr metallene Rohstoffe und Fertigwaren in Umlauf.

Zwar finden in all diesen Regionen noch viele Jahrhunderte Geräte und Waffen aus Stein Verwendung – doch mit der massenhaften Bronzeproduktion hat eine neue Epoche begonnen, in der menschengemachte Werkstoffe das Leben auf Erden immer stärker durchdringen werden.

Die Welt nach der Steinzeit ist eine Welt, in der sich der Mensch nicht mehr mit dem begnügt, was ihm die Natur bietet, sondern nach immer mehr Besitz und permanenter Innovation strebt.

Es ist: unsere Welt.

Der KOLONIALISMUS

Ab Ende des 15. Jahrhunderts versuchen etliche europäische Nationen, den Rest der Welt zu unterwerfen. In einem Wettlauf um Einfluss und Profit bemächtigen sie sich ganzer Kontinente. GEO*EPOCHE* über die Geschichte des Kolonialismus – und dessen Folgen

Im Auftrag der französischen Regierung reist Pierre Savorgnan de Brazza (Mitte, mit befreiten Sklaven) 1875 nach Westafrika, um einen Zugang zum geheimnisvollen Inneren des Kontinents zu finden. 1880 schließt er am Kongo-Fluss einen Vertrag mit einem lokalen Herrscher und sichert Paris damit gewaltigen Einfluss in der Region